U0617974

中共中央党校（国家行政学院）国家高端智库皮书

社会体制蓝皮书
BLUE BOOK OF SOCIAL INSTITUTION

中国社会体制改革报告 *No.11*（2023）

REPORT ON SOCIAL INSTITUTIONAL REFORM IN CHINA No.11 (2023)

主　编 / 龚维斌
副主编 / 赵秋雁

社会科学文献出版社
SOCIAL SCIENCES ACADEMIC PRESS（CHINA）

图书在版编目（CIP）数据

中国社会体制改革报告 . No.11，2023 / 龚维斌主编；
赵秋雁副主编. -- 北京：社会科学文献出版社，
2024.2
　（社会体制蓝皮书）
　ISBN 978-7-5228-2736-0

　Ⅰ.①中⋯　Ⅱ.①龚⋯ ②赵⋯　Ⅲ.①体制改革-研
究报告-中国-2023　Ⅳ.①D61

　中国国家版本馆 CIP 数据核字（2024）第 039263 号

社会体制蓝皮书
中国社会体制改革报告 No.11（2023）

主　　编 / 龚维斌
副 主 编 / 赵秋雁

出 版 人 / 冀祥德
组稿编辑 / 陈　颖
责任编辑 / 桂　芳
责任印制 / 王京美

出　　版 / 社会科学文献出版社·皮书出版分社（010）59367127
　　　　　地址：北京市北三环中路甲 29 号院华龙大厦　邮编：100029
　　　　　网址：www.ssap.com.cn
发　　行 / 社会科学文献出版社（010）59367028
印　　装 / 天津千鹤文化传播有限公司

规　　格 / 开　本：787mm×1092mm　1/16
　　　　　印　张：21.25　字　数：316 千字
版　　次 / 2024 年 2 月第 1 版　2024 年 2 月第 1 次印刷
书　　号 / ISBN 978-7-5228-2736-0
定　　价 / 168.00 元

读者服务电话：4008918866

中国行政体制改革研究会行政改革研究基金资助

北京师范大学中国社会管理研究院资助

社会体制蓝皮书编委会

主要编撰者简介

龚维斌 教授，博士生导师，中共中央党校（国家行政学院）副校（院）长。先后担任过国家行政学院政治学教研部副主任、社会和文化教研部主任、应急管理培训中心（中欧应急管理学院）主任（院长）、进修部主任，中共中央党校（国家行政学院）社会和生态文明教研部主任、教育长。主要研究领域是社会阶层、社会政策、社会治理。个人专著有《劳动力外出就业与农村社会变迁》《社会发展与制度选择：1978 年以来中国社会变迁研究》《公共危机管理》《社会结构变迁与社会治理创新》《中国社会治理创新之路》等，主译和参译著作多部，在报刊上发表论文 100 多篇。

赵秋雁 教授，博士生导师，北京师范大学社会学院党委书记兼中国社会管理研究院副院长，美国哥伦比亚大学法学院访问学者，中国行政体制改革研究会副会长，中国社会工作联合会理事，北京京师律师事务所兼职律师。主要研究领域包括社会治理、社会法、经济法。主持国家社科基金重大专项"社会治理现代化指标构建研究"等多项课题；出版专著《电子商务中消费者权益的法律保护：国际比较研究》等；执笔的多篇研究报告获中央领导批示；发表中英文学术论文多篇；获北京市"四个一批"人才等称号。

摘　要

　　党的十八大以来，中国特色社会主义进入新时代。在以习近平同志为核心的党中央的坚强领导下，党和国家事业取得历史性成就、发生历史性变革，推动我国迈上全面建设社会主义现代化国家新征程。社会体制改革作为全面深化改革和国家治理能力与治理体系现代化的重要组成部分，社会建设作为中国特色社会主义事业"五位一体"总体布局的重要组成部分，也取得了一系列伟大成就，创造了一系列重要经验。

　　新时代十年，是提出和贯彻新发展理念，我国经济实力、科技实力、综合国力、国际影响力实现历史性跃升的十年，是民生福祉持续增长、人民群众得到实惠最多的十年，也是社会体制改革稳步推进、社会领域各方面工作取得重大进展的十年。一是城乡居民收入持续增长，人民生活品质持续提升。二是在发展中保障和改善民生，不断健全基本公共服务体系。三是稳步推进社会体制改革，促进社会事业改革创新，创新社会治理体制。

　　党的十八大以来，以习近平同志为核心的党中央把逐步实现全体人民共同富裕摆在更加重要的位置，团结带领全体人民完成脱贫攻坚、全面建成小康社会的历史任务，深入贯彻以人民为中心的发展思想，坚持在发展中保障和改善民生，加强和创新社会治理，系统回答了一系列有关新时代社会建设的方向性、全局性、战略性重大问题，形成了系统完备、内涵丰富的科学理论体系。总体看，新时代十年我国社会体制改革形成了"九个坚持"的重要经验。一是坚持党对社会建设、社会体制改革的全面领导；二是坚持以人民为中心；三是坚持促进社会公平正义；四是坚持在科学规划中带领人民创

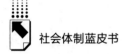

造美好生活；五是坚持在发展中保障和改善民生；六是坚持加强和创新社会治理；七是坚持建设社会治理共同体；八是坚持建强社会建设力量；九是坚持系统和科学的社会建设方法论。

2022年召开的党的二十大，对未来一个时期全面建设社会主义现代化国家作出新的战略部署，标志着中国式现代化发展进入新阶段。2022年，我国社会体制改革取得积极进展：一是党的二十大胜利召开，为社会体制改革指引方向；二是夯实民生保障基础，持续提升兜底保障水平与能力；三是强化政府依法行政，继续推动创新社会治理；四是统筹发展与安全，强化应急处置，为社会稳定创造条件；五是不断优化新冠疫情防控措施，保障正常经济社会生活。

当前，我国发展进入战略机遇和风险挑战并存、不确定难预料因素增多的时期。一方面，世界百年未有之大变局加速演进，新一轮科技革命和产业变革深入发展，国际力量对比深刻调整，我国发展面临新的战略机遇。同时，世界疫情影响深远，逆全球化思潮抬头，单边主义、保护主义明显上升，世界经济复苏乏力，局部冲突和动荡频发，全球性问题加剧，世界进入新的动荡变革期。另一方面，我国改革发展稳定面临不少深层次矛盾，人民群众对高品质生活的追求与经济高质量发展之间的矛盾比较突出。国内外形势的变化，对社会建设和社会体制改革创新提出了许多新课题。改革开放40多年来，我们用改革的办法解决了党和国家事业发展中的一系列问题。正如习近平总书记所说，"改革是由问题倒逼而产生"。面对我国社会发展面临的一系列挑战和难题，我们要在党的二十大精神指引下，以强烈的历史担当、以更大的力度统筹谋划深化社会体制改革，高质量推动社会建设。其一，更加重视经济-社会发展的协调性、联动性。其二，加快构建完善中国特色的社会政策体系。其三，结合财政承受能力继续推进社会事业发展改革和社会治理现代化，优化社会事业结构布局，提高社会事业、社会治理的服务质量和效能。其四，在做大蛋糕的同时以共同富裕和扩大中等收入群体为重点，进一步调整优化社会结构。其五，维护、培育和挖掘人民群众中隐藏着的经济社会发展动能。其六，以秩序和活力相统一提高社会治理效能。

目 录 ↖⟋

Ⅰ 总报告

Ⅱ 社会治理篇

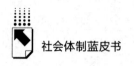

皮书数据库阅读**使用指南**

总 报 告
General Report

B.1

在中国式现代化进程中
加快推进社会体制改革

——我国社会体制改革的成就、经验与未来展望

龚维斌　张林江　马福云*

摘　要： 新时代十年我国社会体制改革取得了伟大成就，同时形成了"九个坚持"的重要经验：一是坚持党对社会建设、社会体制改革的全面领导；二是坚持以人民为中心；三是坚持促进社会公平正义；四是坚持在科学规划中带领人民创造美好生活；五是坚持在发展中保障和改善民生；六是坚持加强和创新社会治理；七是坚持建设社会治理共同体；八是坚持建强社会建设力量；九是坚持系统和科学的社会建设方法论。2022年，我国社会体制改革取得积极进展：一是胜利召开党的二十大，为社会体制改革指

---

* 龚维斌，中共中央党校（国家行政学院）副校（院）长、教授；张林江，中共中央党校（国家行政学院）社会和生态文明教研部社会学教研室副教授；马福云，中共中央党校（国家行政学院）社会和生态文明教研部社会治理教研室主任、教授。

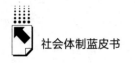

引方向；二是夯实民生保障基础，持续提升兜底保障水平与能力；三是强化政府依法行政，继续推动创新社会治理；四是统筹发展与安全，强化应急处置，为社会稳定创造条件；五是不断优化新冠疫情防控措施，保障正常经济社会生活。面向未来，国内外形势的变化对社会建设和社会体制改革创新提出了新课题。要在党的二十大精神指引下，以强烈的历史担当、以更大的力度统筹谋划深化社会体制改革，高质量推动社会建设。

关键词： 中国式现代化　社会体制改革　民生保障　社会治理

党的十八大以来，中国特色社会主义进入新时代。在以习近平同志为核心的党中央的坚强领导下，党和国家事业取得历史性成就、发生历史性变革，推动我国迈上全面建设社会主义现代化国家新征程。社会体制改革作为全面深化改革和国家治理能力与治理体系现代化的重要组成部分，社会建设作为中国特色社会主义事业"五位一体"总体布局的重要组成部分，也取得了一系列伟大成就，创造了一系列重要经验。2022年召开的党的二十大，对未来一个时期全面建设社会主义现代化国家作出新的战略部署，标志着中国式现代化发展进入新阶段。2022年，在新冠疫情等国内外多重超预期因素冲击下，我们全面落实疫情要防住、经济要稳住、发展要安全的要求，高效统筹疫情防控和经济社会发展，国内生产总值首次突破120万亿元，财政赤字率控制在2.8%，城镇新增就业1200多万人，年末城镇调查失业率降到5.5%，居民消费价格上涨2%，粮食产量1.37万亿斤，人民生活水平再上新台阶，生态环境质量持续改善，我国经济社会发展呈现强大的韧性。2022年末，在新冠疫情防控取得重大决定性胜利、创造人类文明史上人口大国成功走出疫病大流行奇迹的大背景下，我国因时因势优化疫情防控措施，依法将新冠病毒感染从"乙类甲管"调整为"乙类乙管"，标志着我国经济社会发展全面进入"疫情防控新阶段"。

一 新时代十年我国社会体制改革的伟大成就和成功经验

新时代十年，是提出和贯彻新发展理念，我国经济实力、科技实力、综合国力、国际影响力实现历史性跃升的十年，是民生福祉持续增长、人民群众得到实惠最多的十年，也是社会体制改革稳步推进、社会领域各方面工作取得重大进展的十年。

城乡居民收入持续增长，人民生活品质持续提升。经过几代人接续奋斗，我们实现了小康这个中华民族的千年梦想。2012~2022 年，全国居民人均可支配收入从 16510 元增长到 36883 元[①]，农村居民人均可支配收入从 8389 元增长到 20133 元，城市居民人均可支配收入从 24127 元增长到 49283 元，分别增长 1.40 倍、1.04 倍。在城乡居民收入增幅缩小的同时，中西部居民收入增长较快，地区收入差距逐步缩小。全国居民人均可支配收入基尼系数呈现波浪式下降，从 2012 年的 0.474 下降到 2022 年的 0.466。居民恩格尔系数由 2012 年的 33.4% 下降到 2022 年的 30.5%。人民群众的消费结构不断优化，在吃、穿、住、行、用等生存性消费升级换代的同时，发展性消费、享受性消费的支出占比上升。在家用电器城乡普及的同时，住房、汽车等大宗消费快速增加。特别是打赢了人类史上规模最大的脱贫攻坚战，全国 832 个贫困县全部摘帽，近 1 亿农村贫困群众实现脱贫，960 多万贫困人口实现易地搬迁。乡村振兴战略的全面推进，促进了农业农村现代化进程，极大改变了农村面貌，农民群众的获得感、幸福感、安全感全面提高。

在发展中保障和改善民生，不断健全基本公共服务体系。深入贯彻以人民为中心的发展思想，在幼有所育、学有所教、劳有所得、病有所医、老有所养、住有所居、弱有所扶上持续用力，提高公共服务水平，促进社会公正公正。实施就业优先战略，坚持将就业工作放在"六稳""六保"战略首

---

① 如无特殊说明，本文数据均引自国家统计局"国家数据库"或《中国统计年鉴》。

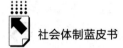
位，多措并举促进就业，劳动力市场保持总体平稳态势。城镇就业人员占全国总就业人口的比重从2012年的48.90%增加到2022年的62.62%。在产业结构升级的同时，就业结构持续优化，一二三次产业就业人员比从2012年的33.5：30.5：36.0变为2022年的24.0：28.8：47.2。城镇新增就业年均1300万人以上，大量的新兴职业不断涌现。建成世界上规模最大的教育体系、社会保障体系、医疗卫生体系。把教育摆在优先发展的战略地位，国家财政性教育经费投入占GDP的比重连续10年保持在4%以上，教育已经成为国家财政一般公共预算中的第一大支出项目。根据教育部的统计，国家财政性教育经费10年累计支出33.5万亿元，[①] 教育改革取得重大突破。教育普及水平实现历史性跨越，义务教育普及程度达到世界高收入国家平均水平，义务教育阶段建档立卡辍学学生实现动态清零。高等教育实现从大众化到普及化。劳动年龄人口的平均受教育年限，从2012年的9.9年提高到2022年的10.9年。不断健全覆盖全民、统筹城乡、公平统一、安全规范、可持续的多层次社会保障体系，社会保障的各项制度不断完善，社会保障的覆盖面持续扩大。全国基本养老、基本医疗、失业、工伤四项社会保险参保人数由2012年的7.9亿人、5.4亿人、1.5亿人、1.9亿人分别增加到2022年的10.5亿人、13.5亿人、2.4亿人、2.9亿人。社会保险在扩面的同时，待遇水平稳步提升，城乡居民基本养老保险基础养老金标准多次提高。及时调整生育政策。改造棚户区住房4200多万套，改造农村危房2400多万户，城乡居民住房条件明显改善。互联网上网人数达到10.3亿人。社会结构开放性不断增强，为人们提供了更多人生出彩的机会。

稳步推进社会体制改革，促进社会事业改革创新，创新社会治理体制。在现代化进程中处理好政府与社会关系，是社会体制改革的核心。党的十八届三中全会通过的《中共中央关于全面深化改革若干重大问题的决定》提出，"紧紧围绕更好保障和改善民生、促进社会公平正义深化社会体制改

---

① 《国家财政性教育经费十年支出33.5万亿元，年均增长9.4%》，央视网，2022年9月27日，https://news.cctv.com/2022/09/27/ARTIZcef5zsxhmgNVRzbyAze220927.shtml，最后访问时间：2023年8月20日。

革，改革收入分配制度，促进共同富裕，推进社会领域制度创新，推进基本公共服务均等化，加快形成科学有效的社会治理体制，确保社会既充满活力又和谐有序"。新时代十年的社会体制改革，是在全面深化改革的背景下展开的，并与"五位一体"中的社会建设密切关联。最为突出的进展表现在两方面，一是加强党对民生建设、社会治理的全面领导。我们党深刻把握社会发展规律，根据社会主要矛盾的变化，紧紧抓住人民群众最关心最直接最现实的利益问题，从社会建设的政治领导、顶层设计、制度创新与完善、组织保证和政策法律实施等各个方面，持续增进民生福祉、完善社会治理体系，全面推进中国特色社会主义社会建设事业。二是在强化政府民生建设和社会治理基本责任的同时，不断调动全社会共建共治共享的积极性和创造性。制定公共服务规划和各项社会事业发展规划，不断完善幼有所育、学有所教、劳有所得、病有所医、老有所养、住有所居、弱有所扶、优军服务保障和文体服务保障等领域的公共服务体系，不断筑牢兜实基本民生底线。加强和创新社会治理，积极化解社会矛盾，更好地维护社会稳定，把专项治理和系统治理、综合治理、依法治理、源头治理结合起来，坚定不移走中国特色社会主义社会治理之路。创新社会建设思维，推动形成党建引领下的多元主体共同参与社会建设新局面，发挥城乡居民、群团组织、社会组织、志愿者、企事业单位、社会工作者等社会主体参与民生服务和社会治理的主动性。

党的十八大以来，以习近平同志为核心的党中央把逐步实现全体人民共同富裕摆在更加重要的位置，团结带领全体人民完成脱贫攻坚、全面建成小康社会的历史任务，深入贯彻以人民为中心的发展思想，坚持在发展中保障和改善民生，加强和创新社会治理，系统回答了一系列有关新时代社会建设的方向性、全局性、战略性重大问题，形成了系统完备、内涵丰富的科学理论体系。总体来看，新时代十年我国社会体制改革形成了"九个坚持"的重要经验。

第一，坚持党对社会建设、社会体制改革的全面领导。党的十八大以来，党对社会建设、社会体制改革的全面领导不断加强。一是从价值观高度明确人民对美好生活的向往就是党的奋斗目标，为开展各项社会建设工作提

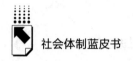
供强大方向指引；二是在党章和《宪法》中明确社会建设在"五位一体"中国特色社会主义事业总体布局中的关键地位，为开展社会建设工作提供最高制度保障；三是在实践上明确社会建设的主要领域是保障和改善民生、加强和创新社会治理，为开展社会建设提供基本遵循；四是在创造美好幸福生活的进程中始终同人民想在一起、干在一起，以维护广大人民群众根本利益的实际行动推动各项社会建设工作顺利开展。

第二，坚持以人民为中心。习近平同志指出，人民生活幸福安康是发展的根本目的，检验我们一切工作的成效，最终都要看人民是否真正得到了实惠、人民生活是否真正得到了改善。如果我们的发展不能回应人民的期待，不能让群众得到看得见、摸得着的实惠，不能实现好、维护好、发展好最广大人民根本利益，这样的发展就失去了意义，也不可能持续。社会建设和社会体制改革的各项具体工作，无论是教育、就业、医疗、社会保障、托育、养老，还是化解社会矛盾、维护社会治安、保障公共安全、调整社会心态、建设基层社区，都直接体现人民利益、反映人民愿望、维护人民权益、增进人民福祉。尊重人民主体地位，调动人民群众的积极性和创造性，投身经济社会发展。在社会建设过程中，广泛发扬民主，广泛汇聚民智，充分激发民力，充分尊重人民所表达的意愿、所创造的经验、所拥有的权利、所发挥的作用，自觉拜人民为师，形成人人参与、人人尽力、人人都有成就感的生动局面。

第三，坚持促进社会公平正义。习近平同志指出："要在全体人民共同奋斗、经济社会发展的基础上，加紧建设对保障社会公平正义具有重大作用的制度，逐步建立以权利公平、机会公平、规则公平为主要内容的社会公平保障体系。"① 党的十八大以来，在社会发展愿景上，我们扎实推进全体人民共同富裕；在保障基本权利方面，我们推进基本公共服务均等化，强调底线公平，依法保护人民群众合法权益；在整体社会环境方面，我们努力营造公平社会环境，不断克服各种有违公平正义的现象，保证人民平等参与、平

---

① 《习近平谈治国理政》（第一卷），外文出版社，2018，第 96 页。

等发展权利；在社会事业各领域，坚持在发展中保障和改善民生，推进各项社会事业改革发展，持续深化收入分配制度改革，把牢司法公正这一社会公正的"最后一道防线"。

第四，坚持在科学规划中带领人民创造美好生活。创造美好生活这一目标贯彻于新时代中国特色社会主义社会建设、社会体制改革的始终。党的十八大以来，我国社会建设进入"从有到好""从分项到集成""从建框架到补短板强弱项"的质量提升期。我们明确提出要通过"三步走"的路线图，带领全体人民创造美好生活、实现共同富裕。第一步，到 2020 年，全面建成小康社会，这一阶段性目标目前已经顺利实现；第二步，到 2035 年，人民生活更加美好、人的全面发展、全体人民共同富裕取得更为明显的实质性进展；第三步，到 21 世纪中叶，把我国建成富强民主文明和谐美丽的社会主义现代化强国，全体人民共同富裕基本实现，我国人民将享有更加幸福安康的生活。

第五，坚持在发展中保障和改善民生。民心是最大的政治，民生直接连着民心。保障和改善民生是一项长期工作，没有终点，只有连续不断的新起点。党的十八大以来，我们因时因势提出"三感""八更""七有"等具有中国原创性的民生建设新目标，民生内容更加丰富，民生制度更加健全，民生保障更加有力，着力为人民群众提供全生命周期社会保护。实践中，我们将经济高质量发展作为持续改善民生的基本前提，防止脱离发展实际谈民生，同时强调改善民生是经济发展的目的，始终坚持让人民群众共享改革发展红利。习近平同志还创造性提出"抓民生也是抓发展"，[①] 进一步阐明了民生投入带来发展动能、经济发展促进民生改善的良性互动关系。

第六，坚持加强和创新社会治理。新中国成立 70 多年来，我们党领导人民创造了世所罕见的经济快速发展奇迹和社会长期稳定奇迹。与近年来的"西方之乱"相比，"中国之治"已经成为中国式现代化道路的重要标志。社会治理是一门科学。习近平同志指出，加强和创新社会治理，关键在体制

---

① 《习近平谈治国理政》（第二卷），外文出版社，2017，第 362 页。

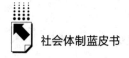

创新，核心是人，只有人与人和谐相处，社会才会安定有序。① 党的十八大以来，我们实现了从"社会管理"到"社会治理"的理念变迁和实践跃升，不断完善党委领导、政府负责、民主协商、社会协同、公众参与、法治保障、科技支撑的社会治理体系，持续提高社会治理的社会化、法治化、智能化和专业化水平，建设人人有责、人人尽责、人人享有的社会治理共同体，走出了一条中国特色社会主义的社会治理之路。具体社会治理实践中，正确把握和处理好维稳和维权，社会秩序和社会活力，法治、德治和自治等方面的关系。坚持和发展新时代"枫桥经验"，创新和丰富"浦江经验"，完善信访制度，运用法治、民主、协商等方法正确处理各类矛盾冲突，不断提高正确处理新形势下人民内部矛盾的本领。加快社会治安防控体系建设，提高社会治安立体化、法治化、专业化、智能化水平。围绕影响群众安全感的突出问题，依法打击和惩治各种违法犯罪活动，对涉黑涉恶、涉枪涉爆、暴力恐怖和个人极端暴力犯罪，对盗抢骗、黄赌毒、食药环等突出违法犯罪，保持高压震慑态势，我国成为世界上公认的最安全的国家之一。

第七，坚持建设社会治理共同体。为推动社会团结、应对各种安全事件，习近平总书记开创性地提出了建设社会治理共同体的重要思想。重视家庭文明建设，努力使千千万万个家庭成为国家发展、民族进步、社会和谐的重要基点。加强社区治理体系建设，将更多资源、服务、管理放到社区，构建基层社会治理新格局，实现政府治理和社会调节、居民自治良性互动。加快推进市域社会治理现代化，加强城市常态化管理，提升城市应急能力，深化拓展网格化管理。建设网络空间命运共同体，唱响网上主旋律，巩固壮大主流思想舆论，推动依法治国、依法办网、依法上网，确保互联网在法治轨道上健康运行。

第八，坚持建强社会建设力量。落实领导责任制，将社会建设工作纳入各级党委和政府重要议事日程，加大民生考核和社会稳定考核在干部政绩考

---

① 中共中央文献研究室编《习近平关于社会主义社会建设论述摘编》，中央文献出版社，2017，第127页。

核中的权重。增强各级领导干部做好社会建设工作的本领，提高新时代群众工作能力、人民内部矛盾化解能力、识别与防范社会风险能力、网络社会管理服务能力、运用现代科技进行社会建设等方面的本领。大力推进工会、共青团、妇联等群团组织改革，保持和增强先进性、群众性、专业性，发挥其在民生保障和社会治理中特殊、重要的作用。加强专业志愿者队伍建设，发挥社会工作的专业优势。不断加强政法工作队伍建设，加快推进政法领域全面深化改革，打造一支党中央放心、人民群众满意的高素质政法铁军。不断完善应急管理体系，全面提升应急管理领导体制、专业人员素质和全社会应急能力。持续强化基层社会治理队伍建设，将严管厚爱相结合，配齐配强基层党务、城乡社区、民政、信访等方面工作人员，不断提高基层管理服务能力。

第九，坚持系统和科学的社会建设方法论。坚持系统理念，强调经济社会协调发展，增强各领域改革关联性和各项改革举措耦合性，努力实现全局与局部相配套、治本与治标相结合、渐进与突破相衔接。统筹发展和安全两件大事，通过不断改善人民基本生活、不断加强和创新社会治理，为新发展阶段全面建设社会主义现代化国家和实现中华民族伟大复兴的中国梦创造良好社会环境。推进共建共治共享进程，不断完善全民共享、全面共享、共建共享、渐进共享的制度体系。把握尽力而为与量力而行的有机结合，正确引导群众的合理预期，将福利水平提高建立在经济和财力可持续增长的基础上。

二　2022年我国社会体制改革的新进展

2022年，我国社会体制改革的主要进展如下。

（一）胜利召开党的二十大，为社会体制改革指引方向

2022年10月，党的二十大胜利召开。党的二十大对我国社会发展的重点任务进行部署安排，包括办好人民满意的教育、完善分配制度改革、实施

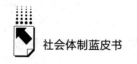

就业优先战略、健全社会保障体系、推进健康中国建设、提高公共安全治理水平、完善社会治理体系、全面发展协商民主，以及加快建设法治社会、繁荣发展文化事业和文化产业等。党的二十大部署的这些重点任务将会成为未来我国深化社会体制改革的着力点。

（二）夯实民生保障基础，持续提升兜底保障水平与能力

面对疫情带来的经济压力，我国继续实施积极的财政政策和稳健的货币政策，力争经济运行在合理区间。大力支持各市场主体，尤其是中小微企业纾困发展，奠定稳就业的基础。推动就业优先政策落地，支持企业稳岗扩岗行动，促进就业市场化与社会化。实施失业保险基金稳岗返还、留工培训补助等政策，使用失业保险基金等支持技能培训。实施高职扩招和职业技能提升三年行动，开展就业困难人员专项帮扶，做好高校毕业生、退役军人、农民工等群体就业工作。持续推进大众创业万众创新，推动新就业形态和灵活就业发展，使其成为就业增收的重要渠道。全年城镇新增就业 1206 万人，年末城镇调查失业率降到 5.5%。

促进教育公平和教育质量提升。持续强化农村义务教育薄弱环节建设，继续消除城镇大班额，推动解决进城务工人员子女入学问题，义务教育巩固率由 93.8% 提高到 95.5%，高中阶段教育毛入学率提高到 90% 以上。持续改善职业院校办学条件，稳妥推进高考综合改革，高等教育毛入学率从 45.7% 提高到 59.6%，高校招生持续加大对中西部地区和农村地区的倾斜力度。继续实施"强基计划"和基础学科拔尖人才培养计划，接续推进世界一流大学和一流学科建设，不断夯实发展的人才基础。

深入推进健康中国行动，把基本医疗卫生制度作为公共产品向全民提供，深化医药卫生体制改革，提升医疗卫生服务能力，进一步缓解群众看病难、看病贵问题。城乡居民医保人均财政补助标准从 450 元提高到 610 元。将更多群众急需药品纳入医保报销范围，提高基本医保和大病保险水平。设置国家医学中心，布局建设国家区域医疗中心，全面推开公立医院综合改革，提升县域医疗卫生服务能力。基本公共卫生服务经费人均财政补助标准

从 50 元提高到 84 元。完善疾病预防控制体系，健全重大疫情防控救治和应急物资保障体系，努力保障人民健康。

加强社会保障服务。建立基本养老保险基金中央调剂制度，提高城乡居民基础养老金最低标准，稳步提升城乡低保、优待抚恤、失业和工伤保障等标准。推进医养结合，稳步推进长期护理保险制度试点，发展社区和居家养老服务，推动老龄事业和养老产业发展。实施三孩生育政策及配套支持措施，完善未成年人保护制度，加强妇女、儿童权益保障。健全社会救助体系，适度扩大低保等社会保障覆盖面，将更多困难群体纳入保障范围。加强对低收入人口动态监测，对遇困人员及时给予帮扶，年均临时救助 1100 万人次，兜住困难群众基本生活保障网。延续实施失业保险保障扩围政策，共向 1000 多万失业人员发放失业保险待遇。基本养老保险参保人数继续增加，覆盖 10.5 亿人，基本医保水平稳步提高。面对新冠疫情影响，将养老保险单位缴费比例从 20% 降至 16%，全国社保基金储备规模从 1.8 万亿元增加到 2.5 万亿元以上，提高风险应对能力。

（三）强化政府依法行政，继续推动创新社会治理

加强法治政府建设，坚持依法行政，推进政府依法履职，持续深化政务公开，严格规范公正文明执法，使经济社会活动更好在法治轨道上运行。进一步简政放权，放宽市场准入，实施市场准入负面清单制度，压减清单管理事项，将行政许可事项全部纳入清单管理。坚持放管结合，加强事中事后监管，严格落实监管责任，推行"双随机、一公开"等方式加强监管，规范行使行政裁量权。管控资本无序扩张，依法规范和引导资本健康发展，加强反垄断和反不正当竞争，改革反垄断执法体制。

持续加强和创新社会治理，推动市域社会治理现代化，完善基层治理，优化社区服务。深入推进国家安全体系和能力建设。支持社会组织、社会工作、志愿服务、公益慈善等健康发展，为巩固脱贫攻坚成果与乡村振兴有效衔接提供支持。加强社会治安综合治理，严厉打击各类违法犯罪，推进扫黑除恶专项斗争，依法严惩黑恶势力及其"保护伞"，平安中国、法治中国建

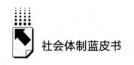
设取得新进展。完善公共法律服务体系，深入推进信访积案化解。加强网络、数据安全和个人信息保护，推进社会信用体系建设。

（四）统筹发展与安全，强化应急处置，为社会稳定创造条件

坚持安全第一、预防为主的根本方针，大力推动以风险治理为中心的应急管理体系建设，更加注重源头治理、风险防控，前移安全关口，更加注重精准治理、科学整治，优化安全监管。强化各项安全责任措施的检查落实，防止漏管失控。深化矿山、危化、消防、工贸、烟花爆竹等重点行业领域专项整治，找准重大风险和突出问题，及时采取针对性措施防范化解。对问题突出的地区和行业领域、不放心的单位和场所加强明察暗访，督促盯紧看牢、务求实效。注重发挥法治、科技、人才的保障作用，利用信息化手段加强风险隐患监测，提高分析研判的前瞻性。

开展安全生产专项整治，改革和加强应急管理，提高防灾减灾救灾能力。2022年全国生产安全事故、较大事故、重特大事故起数和死亡人数实现"三个双下降"，事故总量和死亡人数同比分别下降27.0%、23.6%。全国自然灾害受灾人次、因灾死亡失踪人数、倒塌房屋数量和直接经济损失与近5年均值相比分别下降15.0%、30.8%、63.3%、25.3%，因灾死亡失踪人数为新中国成立以来年度最低。[1]

（五）不断优化新冠疫情防控措施，保障正常经济社会生活

我国疫情防控所实行的"外防输入、内防反弹"策略不断优化，在贯彻"动态清零"总方针基础上，按照疫情要防住、经济要稳住、发展要安全的要求，高效统筹疫情防控与经济社会发展。2022年6月，民政部等下发《新冠肺炎疫情社区防控工作指引》，提出做好新冠疫情社区防控工作总体要求，指导社区"两委"和社区工作者在常态化疫情防控期间了解掌握

---

[1] 《深入推进应急管理体系和能力现代化　为全面建设社会主义现代化国家开局起步创造良好安全环境》，应急管理部官网，2023年1月5日，https://www.mem.gov.cn/xw/yjyw/202301/t20230105_440116.shtml，最后访问时间：2023年6月6日。

社区重点人员、重点机构、重点场所的基本情况，提前做好疫情防控物资储备，从机制建设、任务分工、人员招募、预案演练等方面，明确常态化防控阶段做好社区防控准备等各项任务，配合落实疫情防控工作措施。

2022 年 11 月，国务院应对新型冠状病毒肺炎疫情联防联控机制综合组发出《关于进一步优化新冠肺炎疫情防控措施　科学精准做好防控工作的通知》。该通知提出，科学精准做好疫情防控各项工作。要适应病毒快速传播特点，以快制快，采取更为坚决、果断的措施，尽快遏制疫情扩散蔓延，集中力量打好重点地区疫情歼灭战。通知提出了二十条优化防控措施，包括调整密切接触者、高风险区外溢人员等的隔离及核酸检测措施，将风险区由"高、中、低"三类调整为"高、低"两类，规范开展核酸检测的范围等。优化调整防控措施，做好疫情防控，最大限度减少疫情对经济社会发展的影响，为高效统筹疫情防控和经济社会发展创造了条件。

三　进一步统筹谋划社会体制改革

当前，我国发展进入战略机遇和风险挑战并存、不确定难预料因素增多的时期。一方面，世界百年未有之大变局加速演进，新一轮科技革命和产业变革深入发展，国际力量对比深刻调整，我国发展面临新的战略机遇。同时，世界疫情影响深远，逆全球化思潮抬头，单边主义、保护主义明显上升，世界经济复苏乏力，局部冲突和动荡频发，全球性问题加剧，世界进入新的动荡变革期。另一方面，我国改革发展稳定面临不少深层次矛盾，人民群众对高品质生活的追求与经济高质量发展之间的矛盾比较突出。国内外形势的变化对社会建设和社会体制改革创新提出了新课题。改革开放 40 多年来，我们用改革的办法解决了党和国家事业发展中的一系列问题。正如习近平总书记所说，"改革是由问题倒逼而产生"。面对我国社会发展面临的一系列挑战和难题，我们要在党的二十大精神指引下，以强烈的历史担当、以更大的力度统筹谋划深化社会体制改革，高质量推动社会建设。

其一，更加重视经济-社会发展的协调性、联动性。马克思主义基本原

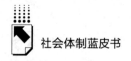

理告诉我们，经济与社会发展是密不可分的关系，两者之间相互影响、相互促进。经济的发展能够带动社会的进步，而社会的进步反过来可以促进经济的发展。党的二十大报告提出："高质量发展是全面建设社会主义现代化国家的首要任务。"下一个阶段，要更好统筹经济高质量发展和民生保障、社会结构调整。在推动高质量发展的过程中，要坚持稳中求进工作总基调，完整、准确、全面贯彻新发展理念，加快构建新发展格局，全面深化改革开放，妥善处理好政府与市场，发展与安全，效率与公平，自力更生与对外开放，经济发展与民生改善、生态环境保护等关系，加大宏观政策调控力度，着力扩大内需、提振信心、防范风险，不断推动经济运行持续好转、内生动力持续增强、社会预期持续改善、风险隐患持续化解，推动经济实现质的有效提升和量的合理增长。制定出台国企新一轮改革、促进民间投资、稳定外资外贸政策措施，着力促进社会投资恢复和信心提升。坚持"两个毫不动摇"，建立健全政府与民企常态化沟通机制，切实优化民企发展环境。着力发挥消费稳增长的基础性作用，千方百计增加居民收入以扩大消费，通过终端需求带动供给侧改革，持续恢复经济增长动能。经济状况的持续好转，将为我国社会建设提供必要的物质基础，也为社会体制改革提供重要的社会环境。加大广义社会政策调节力度，切实兜牢兜实基层"三保"底线。就业工作一头连着消费，一头连着民生和稳定。把稳就业提高到战略高度通盘考虑，下大力气遏制青年失业率持续攀升势头。从供需两端综合发力稳定就业市场，一手抓劳动力素质和技能水平提升，一手抓以民企为主稳就业主体发展。通过减税降费、援企稳岗、开发公益性岗位、开拓非正规就业和灵活就业市场等各项措施，促进经济增长和就业增加良性循环。要更好发挥社会保障体系作为人民生活安全网、社会运行稳定器的功能。在稳步扩面的同时，适时适度提高社会保障水平和服务质量，织密筑牢社会保障安全网，为扩大居民消费、提高人民生活品质、稳定社会预期提供政策支持，为增强国家和社会认同、培育良好社会心态提供物质基石。

其二，加快构建完善中国特色的社会政策体系。目前，我国社会领域的各项政策协调性不够，对社会政策的理解也经常被狭义的国民福利政策替代，部分领域的社会政策（如家庭政策）建设滞后，在一些公共政策制定过程中重经济轻社会（如区域结构调整政策、住房政策等），这与中国式现代化的伟大实践相脱钩，也难以形成经济发展-社会发展彼此统一、相互协调的良性互动。为此，应当在我国经济社会发展的现实国情上，充分调查研究，以构建增加人民福祉和增强社会发展能力为重点，注重政治、经济、社会多元目标均衡，以与经济政策相对应的"大社会政策"为目标，在完善人口家庭政策、社会保障政策、医疗卫生政策、教育及终身学习政策、公共住房政策、劳动就业政策、社会服务政策、收入分配政策、社区及社会公共环境政策、阶层和群体结构优化政策等的同时，构建与我国发展阶段相适应、面向 2035 年和 2050 年的中国特色社会政策体系。此外，要加快党的社会工作部门机构建设和职能到位。我们曾经在 2020 年建议党中央成立中央社会建设委员会，更好地强化和统筹经济与社会协调发展的顶层设计。① 根据新一轮《党和国家机构改革方案》，在党中央机构改革中，组建中央社会工作部，作为党中央职能部门，并要求省、市、县级党委组建社会工作部门。这是推进国家治理体系和治理能力现代化的重要措施，为推进社会体制改革、社会建设工作提供了重要组织保障。目前，党的社会工作部门已经明确在人民信访、党建引领基层治理和基层政权建设、行业协会商会党建和改革、非公党建、社工人才队伍建设等方面的职能。下一步，要加快党的社会工作部门"三定"步伐和挂牌，推进机构运作。

其三，结合财政承受能力继续推进社会事业发展改革和社会治理现代化，优化社会事业结构布局，提高社会事业、社会治理的服务质量和效能。毫无疑问，我国以增进民生福祉为重心的社会建设取得了巨大成就，极大增加了全体人民群众获得感、幸福感、安全感。但也要看到，我国民生投入的GDP 占比、各项公共服务的人均量与发达国家相比还有较大差距，与人民群众对美好生活的期望相比也还有较大差距。比如，根据财政部公布的数

---

① 龚维斌、张林江：《"四型"社会建设：未来社会发展的思路与对策——疫情"大考"之后的社会建设路径》，《行政管理改革》2020 年第 5 期。

据，2022 年我国一般公共预算支出中教育和卫生健康投入分别达到 39455 亿元、22542 亿元，占到一般公共预算支出的 15.14%、8.65%。教育、科学技术、文化旅游体育与传媒、社会保障和就业、卫生健康、城乡社区等宽口径民生支出达到 131943 亿元，占到一般公共预算支出的 50.63%。应当说民生支出总量和占比都不低了。但由于我国人口数量大、民生基础相对薄弱，无论是人均民生支出量，还是直接反映民生发展程度的财政性教育经费占 GDP 比例、生均教育经费、中小学师生比、人均卫生费、个人卫生支出占卫生总费用比重、万人医护人员数、万人医院床位数、最低工资标准、养老保险替代率、人均继续教育与职业教育经费等方面，与发达国家相比还有较大的距离。为此，需要在财力允许基础上继续增加民生领域投入，保证社会事业进一步发展。同时，要继续谋划、大力推进社会事业新一轮改革，全力推进社会治理现代化进程。要用好用活民生建设经费，优化社会事业结构布局，提高社会事业、社会治理的服务效能和服务质量。比如，要逐步解决好大学扩张、扩招过程中人文社会科学发展较快而理工农医等"硬"专业和基础学科发展较慢的问题，处理好卫生健康领域从重治已病、医药经费投入大向重治未病、重视健康管理转变的问题，公共就业服务的投入要更加聚焦重点人群、提高服务实际效果，等等。

其四，在做大蛋糕的同时以共同富裕和扩大中等收入群体为重点，进一步调整优化社会结构。做大"蛋糕"与分好"蛋糕"相辅相成。离开发展，无法做大"蛋糕"；而如果做好的"蛋糕"分配不公平不公正，人民群众不能很好分享发展成果，就无法保证持续做大"蛋糕"所需要的动力和条件。共同富裕是社会主义的本质要求，是中国式现代化的重要特征。现在，已经到了扎实推动共同富裕的历史阶段。要深入研究不同阶段的目标，分阶段促进共同富裕。在推动经济发展的过程中，要完善收入分配制度、提高人民收入水平、着力解决城乡区域发展和收入分配差距较大问题。要鼓励勤劳守法致富，改善收入和财富分配格局，扎实推动共同富裕。要坚持按劳分配为主体、多种分配方式并存，提高劳动报酬在初次分配中的比重，完善工资制度，健全工资合理增长机制，着力提高低收入群体收入，扩大中等收入群体。要完善按要素分配政策制度，健全各类生产要素由市场决定报酬的机制，探索通过土地、资本等要素使用权、收益权增加中低收入群体要素收入，多渠道增加城乡居民财产性收入。要完善再分配机制，加大税收、社保、转移支付等调节力度和精准性，合理调节过高收入，取缔非法收入。要发展慈善事业，发挥第三次分配作用。做好稳定房地产市场、"保交楼"、活跃股市、扩大社会成员财产性收入等相关工作，防范出现大规模的群众利益受损的情况，稳步增加群众经济收益。我国目前中等收入群体人数有4亿左右，仍有很大发展空间。已经进入城市的近3亿农民工，应当是最有可能整体性跨过中等收入门槛进入收入中产的群体。要积极探索保障农民工群体收入稳定增长的机制。探索农民工分类培养、分类使用、分类激励、分类帮扶的措施，帮助他们打通向上流动通道，支持农民就地创业、返乡投资、参与电商创业和绿色农业。帮助解决农民工子女入学和当地参加高考、社会保障、消费保护、住房保障等方面难题。加大对中西部地区和中小城镇发展的支持力度，促进农业转移人口就地城镇化。建议对医护人员、教师、警察等职业群体，在整体评估其薪酬水平和财政承受能力后，稳步提高他们的收入待遇，使他们的工作成为社会向往的职业。继续稳步做好高等教育发展改革工作和终身教育工作，让更多的社会成员通过素养提升和能力增强进入中等收入群体行列。继续做好脱贫群众、困难就业人员、低收入群体、受疫病影响家庭等生活困难群众的针对性救助帮扶，提高其进入中等收入群体的能力。

其五，维护、培育和挖掘人民群众中隐藏着的经济社会发展动能。坚定不移全面从严治党，进一步密切干部群众关系，保持反腐惩贪高压态势，不断提高各级党组织领导人民共同奋斗、创造美好生活的能力。坚持真抓实干，采取有效措施解决不愿担当、不敢担当、不善担当等问题，搭建更多创新创业平台载体，提升社会包容度，净化优化社会环境，激发全社会干事创业活力，真正做到让干部敢为、地方敢闯、企业敢干、群众敢首创。民营经济贡献了我国50%以上的税收、60%以上的国内生产总值、70%以上的技术创新成果、80%以上的城镇劳动就业、90%以上的企业数量，在发展经济、

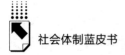
促进就业、保障和改善民生方面有着重要贡献。习近平总书记强调："要引导民营企业和民营企业家正确理解党中央方针政策，增强信心、轻装上阵、大胆发展，实现民营经济健康发展、高质量发展。"要坚定不移落实"两个毫不动摇"，出台优化增强民营经济发展信心、促进民间投资、促进国企民企相互帮助共同发展的制度措施，消除对民营经济的所有制歧视、污名化做法、不平等政策，打破各式各样的"旋转门""卷帘门""玻璃门"，在市场准入、经营许可、日常管理运行、金融支持、招投标等方面为民营企业创造充分市场空间，让民营经济放下包袱，平等参与市场竞争。加强对外资外贸的动向监测、诉求调研和合理引导，防止外资恐慌性流出和外贸形势恶化。继续推进社会事业发展改革，完善激励约束机制，鼓励支持专业技术人员以多种方式创新创业，减轻科研人员和知识创新群体的非必要负担和无关工作，赋予科研人员和科研单位更大科研自主权，更好地调动专业技术人员的积极性和创造性。适度扩大公共住房等各项社会保障范围、减少流动限制，增强对工人、农民、商业服务业员工等的就业扶持、社会保障补助补贴、家庭发展支持等，促进其能力提升、合理流动、稳步发展。支持群团组织、社会组织、社区居民、企事业单位参与基层社会服务和社会治理，以组织化方式解决好社会服务需求、服务供给之间的数量匹配和质量对接。及时总结各地、各部门、各行业、各群体在发展经济、保障民生过程中的创新实践和成功做法，形成可复制可推广经验，推动成熟社会政策和相关措施的复制和扩散。

其六，以秩序和活力相统一提高社会治理效能。传统社会向现代社会的转型，必然伴随着社会矛盾和社会风险的高发。一个现代化的社会，应该既充满活力又拥有良好秩序，呈现活力与秩序的有机统一。中国式现代化必须实现活而有序、稳而有为的动态平衡。继续统筹好发展和安全，贯彻总体国家安全观，健全国家安全体系，坚定维护国家政权安全、制度安全、意识形态安全和重点领域安全。健全党领导下的自治、法治、德治相结合的基层治理体系，健全共建共治共享社会治理制度，进一步完善社会治理体系，加快推进市域社会治理现代化，不断提升社会治理效能。完善城乡社会治理体系，发挥党组织领导下的基层群众自治组织牵头作用，广泛开展居（村）民说事、百姓议事、民情恳谈等基层协商活动。注重运用道德、习俗、契约、协商等社会内生机制、"地方化知识"进行社会治理，规范村规民约、居民公约。有效发挥社区业主委员会和物业企业在社区治理中的作用，强化驻地单位的社区责任。坚持和发展新时代"枫桥经验""浦江经验"，不断创新群众工作方法，完善正确处理新形势下人民内部矛盾机制，努力把矛盾纠纷化解在基层、消除在萌芽状态。关注社会情绪变化，提高社会心态治理能力，防范各类突发事件和恶性社会事件。强化社会治安整体防控，壮大群防群治力量，依法打击各类违法犯罪行为。提高公共安全治理水平，强化食品药品安全监管，切实提高防灾减灾救灾和重大突发公共事件处置与保障能力。

社会治理篇
Social Governance

B.2
2022年城市社会治理进展与展望

陈 鹏*

摘　要： 2022年我国城市社会治理取得积极进展，呈现一些新的特点和趋势：党建引领城市基层治理全面推进，城市基层治理体制变革更加深入，城市治理数字化转型加快，城市治理人本化特征更加彰显。与此同时，我国城市社会治理仍面临一些难题和挑战："大城市病"治理还有待进一步加强，城市基层治理效能还有待进一步提升，城市治理数字壁垒还有待进一步突破，城市治理法治体系还有待进一步完善。面向未来，城市社会治理改革应全面加强宜居城市、韧性城市、智慧城市、法治城市建设，着力提升城市治理的幸福度、韧性度和智能化、法治化水平。

关键词： 党建引领　技术赋能　体制变革　城市治理

---

* 陈鹏，北京师范大学社会学院副教授，主要研究方向为城市社会学与社区研究、社会治理与社会政策。

一　2022年城市社会治理的主要进展

（一）党建引领城市基层治理全面推进

2022 年是党建引领城市基层治理全域推进、整体提升的重要一年。2022 年 1 月，中央组织部等四部委联合印发《关于深化城市基层党建引领基层治理的若干措施（试行）》，成为新发展阶段党建引领城市基层治理的重要行动指南，完善党全面领导基层治理制度，充分发挥基层党组织的战斗堡垒作用和党员的先锋模范作用。

1. 全面加强区域化党建与网格党建

加强区域化党建体系建设，特别是健全党建引领下的社区居委会、业委会、物业企业的协调运行体系；推进物业服务企业党建全覆盖，强化社区物业党建联建，以高质量物业服务推进美好家园建设。加强和夯实了党建引领基层治理的"区域统筹"和"微观根基"。目前，全国 90.4% 的地市建立"市委—区委—街道党组织—社区党组织"四级党建联席会议制度，形成定期沟通、上下协同解决问题机制①。同时，全面加强城市基层党建和基层治理的实体支撑，着力推进和加强党群服务中心建设。

2. 把新就业群体纳入城市基层党建

随着新经济、新业态、新平台的发展，新就业群体大量产生和兴起。一方面，加强快递物流、外卖配送、网约出行等企业党组织建设，另一方面大力推动快递员、外卖送餐员、网约车司机等新就业群体融入基层治理，引导他们积极参加社区志愿服务、平安建设、文明创建等，使之成为基层治理的一支重要力量。

3. 加强在职党员社区报到制度建设

在疫情防控中，机关和企事业单位党员干部成为基层治理的重要骨干力

---

① 张研：《深化系统建设整体建设　不断提升党建引领城市基层治理效能》，《人民日报》2022 年 6 月 24 日。

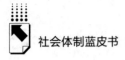

量，由此也推动了这些在职党员参与社区治理常态化建设。以党员先锋模范作用，引领和带动群团组织、社会组织、新社会阶层、社会工作者和志愿者参与基层治理。

（二）城市基层治理体制变革深入推进

2022 年是全面贯彻落实《中共中央　国务院关于加强基层治理体系和治理能力现代化建设的意见》的重要一年，地方各城市陆续制定和颁布实施意见。在加快基层治理现代化建设的背景下，城市基层治理体制变革不断深入。

1. 深化街道管理体制改革

街道是城市治理的基层基础，具有重要地位和作用。深化街道管理体制改革，成为推进城市治理现代化的重要任务。一是明责。明晰对街道的职责定位，包括新增的职能，兜底性和协调性职责，着力抓好党建、治理和服务。相关数据显示，全国有 80.8% 的街道取消了招商引资、协税护税等工作任务[1]。二是赋权。赋予街道党组织综合管理、规划参与等职权，街道办行政执法、组织协调等职权以及必要的应急处置权。目前，全国共有 88.1% 的街道被赋予相关职权[2]。三是扩能。整合街道党政机构设置，推进编制力量向街道下沉。深入推进街道大部制改革，提升街道的"治理枢纽"地位和作用。

2. 完善社区居委会组织体系

随着社区在疫情防控和基层治理中重要性的日益凸显，加强社区居委会组织体系和职能建设成为一项重要内容。一是加强社区居委会分支委建设。主要包括：环境和物业管理委员会、治安保卫委员会、公共卫生委员会、人民调解委员会等，充分发挥各专门委员会基层自治作用。二是加强社区依法

① 张研：《深化系统建设整体建设　不断提升党建引领城市基层治理效能》，《人民日报》
2022 年 6 月 24 日。

② 张研：《深化系统建设整体建设　不断提升党建引领城市基层治理效能》，《人民日报》
2022 年 6 月 24 日。

履职履责。强化社区居委会对业委会、物业企业的监督和指导。同时，明确业委会根据授权决定大额维修资金使用、公共收益支出、公共设施完善等事项前，应主动向社区两委报告。三是持续深化社区减负增效。加强对社区的政策支持和经费保障，充分运用数字技术为社区赋能，持续开展社区减负专项行动。相关数据显示，全国99.8%的社区工作经费纳入财政预算，落实服务群众专项经费的社区达98.7%①。

3. 提升社区综合服务能力

2022年是全面规划和部署社区服务行动、提升社区综合服务能力的重要一年。2021年12月，住建部发布《完整居住社区建设指南》，提出建设安全健康、设施完善、管理有序的"完整居住社区"，更好为社区居民提供精准化、精细化服务。2021年12月，国家发改委印发《"十四五"城乡社区服务体系建设规划》，强调社区为民、便民、安民功能，加强社区综合服务能力建设。2022年9月，全国社区建设部际联席会议审议通过《"新时代新社区新生活"服务质量提升行动方案》，确立了14项服务质量提升专项行动，以全面提升社区服务品质和效能。在这个背景下，全面构建和完善以基本公共服务、便民利民服务和志愿服务为主要内容的社区服务网络和运行机制。优先发展社区就业、养老、托育服务，补齐社区应急管理、风险防控、医疗卫生、社会心理服务等短板弱项，有效保障弱势困难群体基本公共服务供给。完善和畅通便民利民服务，丰富和活跃社区志愿服务。

（三）城市治理数字化转型加快推进

随着《"十四五"国家信息化规划》的颁布和施行，2022年成为以数字化转型整体驱动城市治理方式变革的重要一年。《"十四五"数字经济发展规划》指出，数字经济是继农业经济、工业经济之后的主要经济形

---

① 张研：《深化系统建设整体建设　不断提升党建引领城市基层治理效能》，《人民日报》2022年6月24日。

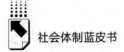

态，正推动生产、生活和治理方式的深刻变革。围绕数字化建设的多项政策文件的出台，为构筑共建共治共享的城市治理体系奠定了重要基础框架。

1. 加强城市运管服平台建设

2022年3月，住建部办公厅印发《关于全面加快建设城市运行管理服务平台的通知》，全面加快城市运行、管理、服务平台建设，推动城市运行管理"一网统管"，提升城市安全智能运行水平。2022年6月，国务院印发《国务院关于加强数字政府建设的指导意见》，要求积极推动数字化治理模式创新，强化政府数字化社会治理能力建设。在地方层面，上海、北京等以数字化转型为契机加快推进城市治理现代化。2021年8月，上海市政府办印发《上海市城市管理精细化"十四五"规划》，提出把"精细化"的理念和要求贯穿到城市管理的全过程和各方面，深入推进城市治理法治化、标准化、智能化、社会化建设。2022年3月，北京市人民政府印发《北京市"十四五"时期城市管理发展规划》，通过组建市城市管理委员会作为城市管理主管部门，实现城市管理体制改革的重大突破；通过推进城市管理、社会服务管理、社会治安"三网融合"实现城市基层治理模式不断创新。

2. 深入推进智慧社区建设

在新型智慧城市建设的背景下，深入推进智慧社区建设成为重要的微观基础。2022年5月，民政部等九部门联合印发《关于深入推进智慧社区建设的意见》提出，智慧社区是基于信息化、智能化管理与服务的社区治理新形态，重点包括六大任务：集约建设智慧社区平台、拓展智慧社区治理场景、构筑数字生活新图景、推进大数据在社区应用、精简归并社区数据录入、加强基础社区建设改造。从实践情况来看，智慧社区建设的服务主体主要面向社区居民、基层政府、物业企业。针对社区居民而言，智慧社区建设有助于推动社区新型数字智慧生活建设，促进居民的便捷生活体验和安全性保障，更好地满足社区居民美好生活需要。针对基层政府而言，智慧社区建设有助于促进基层治理信息化、精细化、智能化，改进和优化基层政务服务流程和机制，促进社区公共服务精准化递送。针对物业企业而言，智慧社区建设主要聚焦降低服务成本、提高服务质量和成效方面。在"互联网+"背景下，物业服务企业着力探索城市服务，着力从传统物企向城市服务商转型，"服务+运营"成为重要发展趋势。

3.加强网格化管理赋能升级

网格化管理、精细化服务、信息化支撑是城市治理现代化建设的重要趋势。2022年与城市治理、基层治理相关的各类文件，都涉及网格化管理内容，主要体现在：一是科学设置社区网格。根据社区规模，合理设置网格，优化网格化管理运行机制，健全即时响应机制，及时回应群众诉求，全面激发社会活力和参与。二是建强社区网格党组织。坚持党建引领网格化管理，一个网格设立一个党支部或党小组，且网格党支部书记兼任网格长，从而把基层党组织的根扎进小区网格。三是全面推进综合网格建设。从网格属性来看，主要分为基础网格和专业网格，前者是指社区属地网格，后者包括综治、民政、城管、卫健等各职能部门网格。依托社区深入推进综合网格建设，整合各类专业网格和基础网格，将党建、治理、服务等各类网格整合成"一张网"，使之成为基层综合服务管理平台。

（四）城市治理人本化特征更加彰显

"人本导向"是城市现代化的根基，城市治理应满足人民需要、提升人民生活质量①。深入推进以人为核心的新型城镇化，需要坚持人民城市人民建、人民城市为人民。2022年3月，国家发改委印发《2022年新型城镇化和城乡融合发展重点任务》，同年6月发布《"十四五"新型城镇化实施方案》；2022年5月，中办国办印发《关于推进以县城为重要载体的城镇化建设的意见》，高度重视以县城为重要载体的城镇化建设。

1.城市空间治理

优化城镇化空间布局和形态是推进城市治理现代化建设的重要内容。2016年6月，中共中央、国务院《关于进一步加强城市规划建设管理工作

---

① 李治国：《"人本导向"是城市现代化根基》，《经济日报》2021年7月27日。

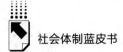

的若干意见》，成为新形势下正确处理好城市规划、建设和管理关系的纲领性文件。2022年4月，住建部办公厅印发《关于进一步明确海绵城市建设工作有关要求的通知》，保护和利用好城市各种生态空间，促进形成生态、安全、可持续的城市水循环系统。2022年9月，自然资源部牵头编制完成《全国国土空间规划纲要（2021～2035年）》，持续深化"多规合一"、统筹划定"三区三线"，推进国土空间治理改革，推动转变城市土地开发利用方式，实现生产、生活、生态空间的统筹布局和治理。

2. 城市人口治理

推进农业转移人口市民化是坚持以人为核心的新型城镇化建设的首要任务。2022年，我国户籍制度改革步伐不断加快，城市落户门槛继续降低。城区常住人口300万人以下的城市，落户限制全面取消；城区常住人口300万～500万人Ⅰ型大城市，落户条件全面放宽；租赁房屋的常住人口可以在城市公共户口落户。截至2022年末，我国常住人口城镇化率为65.22%，比2021年末64.72%提高0.50个百分点①，提前实现"十四五"规划目标。持续推进城镇基本公共服务均等化，健全常住地提供基本公共服务制度，提高农业转移人口融入城市水平。

3. 城市安全治理

城市是各类风险的集聚和扩散之地。2018年1月，中办、国办《关于推进城市安全发展的意见》提出，加强城市安全源头治理，健全城市安全防控机制，提升城市安全监管效能，强化城市安全保障能力，打造共建共治共享的城市安全社会治理格局。2020年9月，国务院安委会办公室印发《国家安全发展示范城市建设指导手册》，"安全发展示范城市"建设成为重要部署。2022年，党的二十大报告提出："建设更高水平的平安中国，以新安全格局保障新发展格局。"这都表明有效统筹城市安全与发展的辩证统一关系日益成为城市治理的重要内容。

---

① 国家统计局：《中华人民共和国2022年国民经济和社会发展统计公报》，国家统计局网站，2023年2月28日。

二 城市社会治理面临的问题与挑战

2022年，我国城市社会治理取得诸多进展和亮点的同时，也面临一些问题和挑战，主要表现在如下方面。

（一）"大城市病"治理还有待进一步加强

我国正处于城镇化中后期较快发展阶段，"大城市病"问题仍较为突出，不仅面临着老难题，比如人口膨胀、交通拥堵、环境污染、房价高企、学位紧张等，而且还面临进一步提升城市包容性和社会活力等新难题[1]。2022年住建部大城市统计年鉴显示，我国大型城市有106个，其中超大城市有8个，特大城市有11个，I型大城市有13个，II型大城市有74个[2]，且随着城镇化的进一步推进，超大城市数量将进一步增加。无论是城市人口规模还是城市地域空间，超特大城市都存在明显的过度扩张倾向，特别是"摊大饼式"无序扩张和蔓延值得警惕。超特大城市的过度扩张问题，具有深刻复杂的原因，是多方面因素综合作用的结果，受到贪大求全的心理、价格机制的扭曲、大城市的偏向作用、撤县改区等影响[3]，需要进行有效的综合治理。

（二）城市基层治理效能还有待进一步提升

虽然我国城市基层治理已经走上快车道，但与治理体系和治理能力现代化要求之间仍有较大距离，基层治理效能仍处于较低层次[4]，也使得基层治理中的权责失衡、形式主义、官僚主义、自治弱化、能动性不足等问题也逐渐凸显[5]。综合来看，影响和制约城市基层治理效能有效提升的主要因素包

---

① 李培林：《面对未来：我国城镇化的特征、挑战和趋势》，《中国社会科学院大学学报》2022年第8期。
② 住房和城乡建设部：《2021年城市建设统计年鉴》，住建部官网，2022年10月12日。
③ 魏后凯：《中国特大城市的过度扩张及其治理策略》，《城市与环境研究》2015年第2期。
④ 赵秀玲：《探索提升城乡基层治理效能有效路径》，《中国社会科学报》2022年3月23日。
⑤ 徐勇等：《破解基层治理的结构性困境》，《探索与争鸣》2023年第1期。

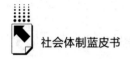

括：相关体制机制改革尚未到位，有效的制度供给不足①；基层治理负担过重，其休制根源在于政府纵向间的"职责同构"②；基层治理队伍的组织领导和服务创新能力仍有待提升。同时，在城市基层治理实践中，仍存在一些认知误区，主要体现在：宏观目标的误区与机关任务的空转、属地管理的误区与纵向考核的空转、人员定位的误区与日常制度的空转③。这都大大影响了城市基层治理目标与效能的有效实现。

（三）城市治理数字壁垒还有待进一步突破

在城市治理的数字化转型过程中，数字科技和信息通信技术致力于整体驱动生产、生活和治理方式的全方位变革，但仍面临一些问题和挑战。一方面，数字治理异化成"数字形式主义"，一些地方政府热衷于搞数字化面子工程、形象工程、政绩工程，不顾实际开发各种数字平台和政务 App，重复建设和分散建设问题仍较为突出，而且建成后由于运营和维护不力，导致不少数字平台"僵尸化""空壳化"，征求意见"水军化"④。另一方面，数字壁垒和信息孤岛问题仍较为突出，也常被视为"信息烟囱"⑤。特别是不同职能部门的信息系统相互区隔和垄断现象较为严重，数字信息平台的共建共享机制仍有待完善和加强。综合来看，城市治理数字壁垒和信息孤岛的大量存在，既有技术、标准方面的问题，也有体制与制度方面的问题；既有能力与素质方面的问题，也有观念与认知方面的问题。

（四）城市治理法治体系还有待进一步完善

法治化是推进城市发展和治理现代化的必由之路。当前，我国城市治理法治体系建设仍有待深化，集中体现在四个方面：法律规范体系的完备性、

---

① 陈松川：《切实提升城市基层治理体系效能》，《经济日报》2020 年 9 月 11 日。
② 朱光磊：《构建政府职责体系是解决基层治理负担过重问题的根本出路》，《探索与争鸣》2023 年第 1 期。
③ 姚尚建：《当前基层治理实践中存在哪些误区》，《国家治理》2020 年第 15 期。
④ 黄新华：《数字形式主义的表征、根源与规制》，《国家治理》2023 年第 6 期。
⑤ 文宏：《基层治理的"信息烟囱"：成因及治理》，《国家治理》2020 年第 26 期。

法治实施体系的高效性、法治监督体系的严密性和法治保障体系的有效性方面仍存在一些不平衡和不充分的问题①。从城市综合执法的角度来看，我国城市治理面临三对法治矛盾：一是城管执法机构权责严重不匹配；二是城镇化进程不断推进与城管执法人员不足存在突出矛盾；三是行政执法需要规范化，但法治能力偏弱，缺乏一部统一、规范的城市管理法②。这些问题的存在，既与人们对城市治理法治化的观念认知、思维定式和路径依赖紧密相关，也与我国从传统的以政府为单一主体的城市管理体制向多元主体参与的现代城市治理体制的转变还不到位密切相连。

三　2023年城市社会治理的展望与思考

党的二十大报告提出："坚持人民城市人民建、人民城市为人民，提高城市规划、建设、治理水平，加快转变超大特大城市发展方式，实施城市更新行动，加强城市基础设施建设，打造宜居、韧性、智慧城市。"③ 这为中国式现代化视野下的城市发展与治理提供了根本遵循。2023年是全面贯彻落实党的二十大重大战略部署的开局之年，本文针对推进城市社会治理提出如下展望与建议。

（一）加强宜居城市建设，提升城市治理幸福度

习近平总书记指出："城市是人集中生活的地方，城市建设必须把让人民宜居安居放在首位，把最好的资源留给人民。"④ 同时指出："推进城市治理，根本目的是提升人民群众获得感、幸福感、安全感。"⑤ 这就要求全面

---

① 赵竹茵等：《在法治轨道上推进地方治理现代化》，《广州日报》2021年5月17日。
② 张克：《城市治理亟待法治破局》，《人民日报》2014年10月8日。
③ 习近平：《高举中国特色社会主义伟大旗帜　为全面建设社会主义现代化国家而团结奋斗——在中国共产党第二十次全国代表大会上的报告（2022年10月16日）》，《求是》2022年第21期。
④ 中共中央党史和文献研究院编《习近平关于城市工作论述摘编》，中央文献出版社，2023，第39页。
⑤ 习近平：《论把握新发展阶段、贯彻新发展理念、构建新发展格局》，中央文献出版社，2021，第437页。

提升城市治理的宜居性。一是坚持生态优先、绿色发展。坚持走碳达峰碳中和的城市转型之路，积极倡导简约适度、绿色低碳的生活方式，使城市更健康、更安全、更宜居。转变超特大城市发展方式，切实疏解非核心功能，开展城市体检，有效治理"大城市病"。加强公园城市、森林城市建设，城市特别是超大特大城市内部，应有湿地和森林来维持生态系统的平衡。二是增强城市包容性和社会活力。城市生活更宜居，有赖于人人享有基本的公共服务，人人都有人生出彩的机会。推进以人为核心的新型城镇化建设，持续解决农业转移人口市民化问题，加快提高户籍人口城镇化率。坚持宜居先安居，不断深化住房保障制度改革，着力解决新市民、青年人等群体住房困难。加强新就业群体的组织和联络，积极动员和充分发挥快递员、外卖骑手、网约配送员等参与城市治理的功能作用。三是涵养城市文脉和文化底蕴。城市的宜居，更离不开城市的情感记忆和文化滋养。城市的历史遗迹、文化古迹、人文底蕴，是城市生命不可或缺的组成部分。应高度重视城市非物质文化遗产的开发和保护，科学推进历史文化街区的更新改造。

（二）加强韧性城市建设，增强城市治理韧性

在新冠疫情全球大流行之后，"韧性城市"建设成为一个重要的发展趋向。2020年11月，党的十九届五中全会首次提出建设"韧性城市"，标志着韧性城市建设正式进入中央政策议程。这就要求加强韧性城市建设和治理，增强城市治理的弹性和韧性：一是牢固树立韧性城市理念。所谓"韧性城市"是指在逆变环境中具备承受、适应和快速恢复能力的城市①。在风险社会的复杂特征日益凸显的背景下，城市面临的风险挑战已由"突发事件应对"转变为"系统性风险治理"②，迫切需要将韧性思维和风险意识贯穿于城市规划、建设、管理、更新的全过程和各环节。二是创新韧性城市管理体制。建立健全韧性城市建设和管理体制，推动和促进韧性城市建设的社

---

① 王昊男：《北京加快推进韧性城市建设》，《人民日报》2021年11月22日。
② 李智超：《从突发事件到系统风险：城市级联灾害的形成与治理》，《行政论坛》2022年第6期。

会参与，充分发挥多元主体的协同治理作用，涵育和构造自下而上的城市自我治理和自我修复机制，使城市更有弹性、更有韧性，逐步形成可持续发展的动力系统。三是科学编制韧性城市规划。从规划上加强韧性城市建设的顶层设计和引领，构建和完善科学合理的韧性城市建设评价标准体系。加快韧性社区试点建设，夯实韧性城市微观基础。

（三）加强智慧城市建设，提高城市治理智慧化水平

从国家战略的角度来看，从"智慧城市"到"新型智慧城市"，标志着我国智慧城市建设的持续深化和不断深入。习近平总书记指出："从数字化到智能化再到智慧化，让城市更聪明一些、更智慧一些，是推动城市治理体系和治理能力现代化的必由之路，前景广阔。"① 一是强化理念认识，树立科学的智慧治理观。数字时代的城市作为一种有机生命系统，呈现为"四元时空有机体"，良好的城市治理需要实现人、物、信息、时间科学高效运行②；同时，需要全面提高和增强城市治理各类主体的数字素养和能力。二是创新平台载体，促进城市敏捷治理。运用大数据、人工智能、区块链等前沿技术，推动和倒逼城市治理理念、手段、模式创新；以"城市大脑"迭代升级建设为抓手，为智慧城市建设和治理注入全新动能；加强街道社区智慧化平台建设，全面构建综合网格管理体系，实现网格化管理与智慧社区、智慧城市的有效衔接和融合。三是优化运营管理，引导多元主体参与。坚持运用市场化的方式，积极探索引入 PPP 模式推动智慧城市建设运营，实现经营性项目与公益性项目捆绑开发③，充分调动和发挥社会资本的作用。

（四）加强法治城市建设，提升城市治理法治化水平

法治城市建设是推进法治中国、法治政府、法治社会一体化建设的重要

---

① 中共中央党史和文献研究院编《习近平关于城市工作重要论述摘编》，中央文献出版社，2023，第 115 页。
② 刘兴华：《超大特大城市治理要主动适应数字时代要求》，《新型城镇化》2023 年第 3 期。
③ 单志广：《智慧城市建设持续深化》，《经济日报》2022 年 6 月 16 日。

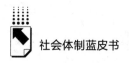
载体。习近平总书记指出："要强化依法治理，善于运用法治思维和法治方式解决城市治理顽症难题，努力形成城市综合管理法治化新格局。"① 坚持在法治轨道上推进城市治理现代化是中国式城市现代化的必由之路。一是强化城市治理法治精神理念。厚植"法治"元素，培育城市的法治精神，涵养城市的法治文化，让"法治"成为城市强大的基因和核心的竞争优势。大力加强培育城市居民的法治意识和法治思维，广泛深入开展普法教育，全面提升市民法治素养，尊崇法治、信仰法治。二是创新城市治理法治协同机制。深化城市在立法、执法、司法等领域的法治协同机制建设。坚持科学立法、开门立法，创新执法方式，规范执法行为，维护司法公正，提高司法公信力。高度重视加强领导干部法治能力建设，把法治城市建设纳入地方领导干部绩效考核。相关数据显示，我国80%的法律、90%的地方性法规和所有行政法规都是由行政机关来执行，抓住行政机关执法工作，就抓住了严格执法的"关键少数"②。积极发挥城市人大及其常委会对法律法规执行情况的监督。三是优化公共法律服务体系建设。在更好发挥政府主导作用的基础上，激发各类社会主体参与公共法律服务的积极性和主动性；全面加强和完善法律顾问制度建设，明确公职律师、公司律师、社区律师的法律地位。着力加强公共法律服务平台建设，推进"互联网+公共法律服务"；创新公共法律服务内容、形式和供给模式，开发和提供优质公共法治产品，更好地满足人民高品质、多元化法律服务需求。

---

① 中共中央党史和文献研究院编《习近平关于城市工作论述摘编》，中央文献出版社，2023，第153页。

② 李群：《让"法治"成为重要的城市基因》，《人民日报》2016年1月6日。

B.3
2022年乡村社会治理回顾与展望

袁金辉*

摘 要： 乡村治理是国家治理的基石，是乡村振兴的重要内容和重要保障。2022年，持续推动农村人居环境整治，大力增加乡村建设，努力增加乡村基本公共服务供给，乡村社会治理能力持续提升，乡村治理体系日趋完善。但与全面乡村振兴和农业农村现代化相比，乡村社会治理机遇与挑战并存，可谓任重道远。展望未来，要建立健全党组织领导的自治、法治、德治相结合的乡村治理体系；继续强力推进乡村建设工作；持续开展乡风文明建设；不断深化推动农村改革；着力加强乡村治理队伍建设。

关键词： 乡村治理 乡村建设 乡风文明 农村改革

2022年是党的二十大召开之年，也是我国乡村社会治理持续推进的一年。过去的一年，在各方力量的共同努力推动下，我国脱贫攻坚成果得到了持续巩固拓展，乡村振兴战略全面有序推进，和美乡村建设效果明显，乡村社会治理取得了显著成效。但面对新形势新任务，乡村社会治理与全面实施乡村振兴和农业农村现代化的目标要求以及农民群众的期待之间，还存在一些问题和差距，需要我们持续推进乡村社会治理改革创新。

---

* 袁金辉，中共中央党校（国家行政学院）研究员，博士生导师，主要研究方向为乡村治理。

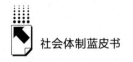
一 2022年乡村社会治理的总结回顾

2022年是很不平凡的一年，我们顺利召开了党的二十大，疫情防控取得了全面胜利，脱贫攻坚成果不断巩固拓展，乡村振兴战略全面展开实施。一年来，我们根据2022年5月中共中央办公厅、国务院办公厅印发的《乡村建设行动实施方案》，大力推动实施乡村建设行动，乡村治理体系日趋完善，乡村治理能力不断提升。

（一）继续做好巩固脱贫攻坚成果和乡村振兴工作

巩固拓展脱贫攻坚成果是未来贫困治理的主要内容，也是全面实施乡村振兴战略的底线任务，为防止发生规模性返贫现象，各级党委政府压紧压实工作责任，确保脱贫攻坚工作不松劲、队伍不减弱。一是做好对脱贫返贫的动态监测工作，努力做到及早发现、尽早干预，特别是对有劳动能力的脱贫监测户，要采取切实有效的措施进行帮扶。二是确保脱贫群众稳定就业。比如，通过深化东西部劳务协作、发挥乡村公益岗位保障作用、实施搬迁群众就业帮扶专项行动、深入开展"雨露计划+"就业行动等方式，确保脱贫劳动力就业规模2022年达到3277.9万人，超过年度目标任务258.7万人。三是努力增加脱贫人口家庭收入。比如，通过帮助有条件的脱贫户发展庭院经济来持续增加收入，通过开展形式多样的消费扶贫帮助贫困户增加收入，通过建立健全经营性帮扶项目的利益联结机制来带动农民增收等。2022年，脱贫地区农民人均可支配收入达到15111元，增长7.5%，比全国农民人均可支配收入增速高1.2个百分点；脱贫人口人均纯收入达到14342元，同比增长14.3%，比全国农民人均可支配收入增速高8个百分点①。此外，还通过多种方式不断增强脱贫地区和脱贫群众内生发展动力，不断调动贫困地区贫困人口巩固脱贫成果的积极性和主动性。

---

① 相关数字来自2023年2月14日国务院新闻办公室举办的新闻发布会。

（二）持续推进农村人居环境整治成效显著

自 2018 年 12 月农业农村部等部门联合印发《农村人居环境整治村庄清洁行动方案》以来，各地积极发动村民组织开展"三清一改"行动①，主要解决乡村普遍存在的"脏、乱、差"问题。4 年多来，全国各地农村闻令而动，主动作为，95%以上的农村地区开展了村庄清洁行动，全国各地村容村貌焕然一新，农村人居环境得到全面改善。同时，为鼓励成绩、表扬先进、树立典型，以激发干部群众开展村庄清洁行动的积极性和主动性，2022 年全国评选出 94 个村庄清洁行动先进县进行通报表扬，以充分发挥先进典型的示范作用。特别值得专门提出的是农村厕所革命成效显著，不仅鼓励农民户内改厕，还加强农村公厕的建设、维护和管理。2022 年 1 月，农业农村部和国家乡村振兴局为提升农村改厕的实效、鼓励先进，在各省、自治区、直辖市推荐的基础上，遴选了 6 个农村厕所革命典型范例在全国推广。2022 年 8 月，农业农村部办公厅、自然资源部办公厅、生态环境部办公厅等 7 部门联合下发《关于加强农村公共厕所建设和管理的通知》，要求各地从提高农民获得感幸福感的高度，加强对乡村公共厕所的建设和维护。

（三）乡村社会治理方式方法不断创新

为提升乡村社会治理效能，2022 年全国各地继续推进乡村社会治理创新，在农村基层组织建设、农村矛盾纠纷调处和乡风文明建设等方面进行了大胆探索，涌现了一大批典型案例和先进经验。2022 年 3 月，农业农村部和国家乡村振兴局为进一步发挥典型案例的示范引领作用，发布通知面向全国征集第四批乡村治理典型案例。经过各地推荐、优中选优，最终全国有 31 个典型案例入选第四批全国乡村治理典型案例，并在同年 11 月面向社会公布。其主要领域包括：一是加强农村党组织建设，推动乡村"自治、法

---

① 即清理农村生活垃圾、清理村内沟塘、清理畜禽养殖粪污等农业生产废弃物，改变影响农村人居环境的不良习惯。

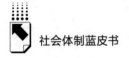

治、德治"融合发展。比如，宁夏聚焦农民"急难愁盼"问题，开展"一村一年一事"行动，推动服务重心向基层农村下移；江苏如东通过"融合党建"模式，将党组织引领优势转化为乡村治理优势；湖南耒阳市"用好湾村明白人管好湾村那些事"，以湾村为基本治理单元，做到就地化解矛盾纠纷；上海浦东航头镇基于"科技+积分"，通过数字赋能打造积分平台，提升乡村治理水平；贵州关岭县新铺镇卧龙村通过"党群议事小组"，疏通乡村治理的"毛细血管"，激活乡村振兴的"神经末梢"。上述乡村治理创新案例都坚持党建引领，以不同的形式和载体推进乡村善治。二是加强县、乡、村三级联动，推动服务资源向基层下沉、治理力量向农村下行。比如，浙江云和县创新"街乡共治"模式，推动城乡融合治理，破解进城农民管理难、融入难的问题；山东嘉祥推广"一网三联五清单"，精细划分治理网格，系统提升乡村善治能力；海南乐东创设乡村法治服务中心，探索农村矛盾纠纷调处机制，做到矛盾化解不出村；广西武宣县通挽镇建立"五事共治"机制，打通服务群众的最后一公里，打开了乡村治理新局面。三是通过强化数字赋能，不断提升乡村治理水平。比如，河北巨鹿打造"巨好办"服务平台，实现乡村网格管理全覆盖，构建乡村治理新格局；江苏东台市创建数字化治理平台，构建村庄小微权力监督机制，实现乡村权力在阳光下运行；浙江建德通过"建村钉"实现一键直达村民，向基层群众敞开乡村数字治理大门；象山县加大数字开发利用力度，通过搭建线上"村民说事"实现一键智达，畅通了群众议事协商渠道；江西新余渝水区推进农村集体产权数字化管理，夯实乡村治理基础；河北省魏县沙口集乡创新服务"小程序"，通过"使命在线、服务365"平台，助力乡村"大治理"；重庆酉阳花田乡构建四种机制，以科技赋能乡村治理，走好乡村治理"数字路"；福建南安市梅山镇灯光村运用"智慧治理"赋能乡村振兴，实现党群服务零距离等。四是聚焦乡村突出问题和农民关注的难点问题，加强对重点群体和重点区域的治理。比如，山东巨野通过白事"一碗菜"，大力推动殡葬习俗改革，减轻了农民负担，树立了农村新风；湖南永州零陵区建立"五基"机制，实行"六自"互助，通过老年互助社的方式实现留守老人互帮互助；

广西崇左市天等县通过"三站四会五家"治理模式，让搬迁群众搬得出留得住，做好易地扶贫搬迁"后半篇"文章；贵州湄潭实施"车不过十，礼不过百"，通过村规民约约束婚丧不良习俗，创新红白理事会助推乡村治理；上海青浦重固镇找准治理"短板"，提升治理手段信息化水平；甘肃陇南迷坝乡通过办理群众"微心愿"，帮助群众解决烦心事，团结了群众，密切了干群关系，实现了乡村社会"大和谐"；天津市静海区吕官屯村通过弘扬耕读文化、乡贤反哺乡风文明建设，推进乡村文化建设；内蒙古鄂托克前旗黄海子村推行"135+让一步"工作方法，调处化解乡村矛盾，夯实乡村治理基础。

（四）农村公共服务能力水平大幅提升

农村公共服务建设是全面实施乡村振兴的重要内容，是提升乡村社会发展质量和农民生活水平的重要途径，也是乡村社会治理的重要方面。2022年，围绕城乡基本公共服务均等化这个目标，全国各地加大了农村公共服务供给的力度，农村公共服务的短板和弱项得到了弥补和加强，乡村社会治理的基础得到了巩固和夯实。同时，为充分发挥典型案例的示范和引领作用，2022年4月，农业农村部、国家发改委和国家乡村振兴局在总结以往经验做法的基础上，在全国范围内开展了第四批农村公共服务典型案例的征集和评选工作，最终有22个案例成功入选。比如，北京延庆区通过"点单派单"数字化服务平台，破解了农村公共服务没人做、无人管的难题，解决了农村公共服务最后一百米问题；黑龙江密山通过"四好农村路"建设，提高农村公路质量和路网服务功能，从而助力乡村振兴高质量发展；江苏昆山市通过"三个一"机制，全面推进基本公共服务向农村覆盖，实现县域公共服务城乡一体化；浙江建德紧扣"一老一小"这两个特殊群体，着力解决养老和托育这些群众关心的难点问题，为和美乡村建设奠定了坚实基础；安徽南陵县在农村厕所革命中坚持"三分建、七分管"，创造了"11422"长效管护新模式，做好农村厕改后"半篇文章"；山东胶州市实施党组织领办"农村夜校"，全面提升农民群众素质能力，增强了农民同奔富

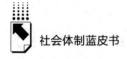

裕路的内生动力；湖北来凤县通过摆手舞的"统建传服"，以文化"软实力"推动农村公共服务建设；湖南永州同龙圩管理区通过发动义工"微服务"，实现乡村"微治理"，走出一条自己家园自己建的乡村振兴之路；云南大关县通过"背篓图书馆"，实现了"流动的书香"，为大山深处的群众送去"精神食粮"，打通乡村公共文化服务"最后一公里"；等等。这些案例覆盖农村公共服务方方面面，直面农民群众痛点、难点和堵点，是农村公共服务有效提升的生动写照。

（五）乡村文化和乡风文明建设再上新台阶

大力实施乡村文化振兴，因地制宜推进各地乡风文明建设，依然是2022年乡村治理的重要内容。各地农村继续开展听党话、感党恩、跟党走的宣传教育活动；支持各地乡村自办群众性文化活动，办好农民节庆日；结合推进农村丧葬习俗改革，继续推动各地移风易俗等。比如，各地利用"中国农民丰收节"等重大节庆载体，积极开展农民群众广泛参与的群众性文化体育活动，倡导农民群众养成健康文明的生产生活方式。比如，通过开展"家风润万家""新时代农民讲习所""院坝讲座"等活动狠抓乡风培育。同时，通过结合农村婚丧习俗改革，广泛在农村开展移风易俗活动，不断加强乡风文明建设。此外，2022年11月，农业农村部还在规范评选的基础上，公布2022年中国美丽休闲乡村名单，充分发挥美丽休闲乡村在乡村文化和乡风文明建设中的示范作用。

二 乡村社会治理面临的新形势新任务

新时代新任务为乡村治理提供了新目标和新要求，但也给乡村治理带来了一系列新问题和新挑战，需要我们正确认识、理性分析、科学应对。

（一）守住不发生规模性返贫底线任务依然艰巨

不发生规模性返贫是巩固脱贫攻坚成果的基本要求，也是我国全面实施乡村振兴和推进农业农村现代化的首要前提。过去的两年时间，各级党委政府压紧压实工作责任，努力做好返贫动态监测工作，及时化解因病因灾返贫致贫等风险隐患，取得了显著成效。但要帮助脱贫农民加快发展步伐，不断提高脱贫家庭的收入，我们还有很多工作要做。特别是针对贫困边缘户，以及因病因灾因意外等原因导致其基本生活都有困难的贫困家庭和贫困人口，如何开展常态化监测预警，建立健全快速发现和精准响应帮扶机制，是我们不得不面临的一个难题。此外，如何激发脱贫户和脱贫群众的内生发展动力，怎么调动社会各界积极主动参与贫困治理，如何继续深化中央单位定点帮扶、加强东西部协作帮扶等机制，也是巩固拓展脱贫攻坚成果的重要议题。

（二）乡村振兴全面实施亟待健全乡村治理体系

乡村振兴是一个全面的系统工程，不能只盯着农村产业发展，还必须高度重视农村基层党组织建设，加强农民思想道德教育，深化村民自治实践，建立健全乡村社会治理体系。近几年来，各地坚持做到党建引领乡村治理，不断强化县、乡、村三级治理体系功能，大大提升了乡村治理效能。但与全面乡村振兴的要求和农民群众对美好生活的向往相比，乡村治理体系和治理能力建设还有较大的差距。比如，如何健全党组织引领下的乡村"自治、法治、德治"有机融合机制；如何推广村级事务阳光工程，完善党务、村务、财务"三公开"制度；如何学习借鉴新时代"枫桥经验"，健全乡村矛盾纠纷调处化解机制；都要求我们在深化试点改革的基础上，逐步全面推动展开。再比如，在如何利用传统治理资源和现代治理手段，不断提升乡村治理效能方面，我们也还有许多工作要做，特别是如何完善推广积分制、清单制、接诉即办等治理方式，如何推进乡村数字治理、建设数字乡村等。此外，还要切实纠治全面推进乡村振兴中的形式主义、过度留痕等问题，切实减轻乡村基层负担，推动乡村把主要精力放到为群众办实事、为百姓谋福利上来。

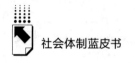

（三）农业农村现代化对乡风文明提出了更高要求

推进农村现代化，不仅物质生活要富裕，精神生活也要富足。所以说农业农村现代化，不仅要看农村的硬件设施，还要看农村的软实力。近些年来，通过实施脱贫攻坚、乡村振兴和乡村建设等重大战略，各地农村的基础设施建设不断改善，乡村基本公共服务能力和水平得到了明显提升，为实现农业农村现代化奠定了坚实的基础。但从农村软件发展来看，乡村文化和精神文明建设还存在不小差距，特别是乡风文明建设任重道远。一方面，乡村发展还不适应现代精神文明建设的要求；另一方面，乡村优秀传统文明面临衰落甚至失传的危险。

（四）通过乡村建设实现基本公共服务均等化任重道远

自《乡村建设行动实施方案》实施以来，以农村人居环境整治等为重点内容的乡村建设活动在全国各地蓬勃开展。实事求是地看，这几年乡村建设取得了一定成效，但从乡村长远来看，城乡差距依然很明显，尤其是在基本公共服务领域，农村的欠账还很多。比如，要让农民就地过上现代文明生活，农村在医疗、养老、教育等方面的建设还需要大大加强，基本公共服务的便利度、人居环境的舒适度以及农民群众的生活满意度等也还需要大幅提升。特别是在促进县域城乡融合发展背景下，推进县域内义务教育优质均衡发展差距还比较大，推进县域医疗卫生资源统筹、提升农村医疗保障能力难度还不小，加快乡镇区域养老服务中心建设和养老服务项目开展任务还很艰巨。

三　我国乡村社会治理的未来展望

全面建设社会主义现代化国家，最艰巨最繁重最重要的任务依然在农村。因此，要深入学习贯彻党的二十大精神和习近平总书记关于"三农工作"的重要论述，继续坚持农业农村优先发展，把乡村社会治理放在更加突出的位置抓紧抓好。

（一）建立健全党组织领导的"三治"结合的乡村治理体系

乡村社会治理是一项复杂的系统工程，需要顶层设计和统筹安排。一方面，要在乡村治理工作中全面加强党的领导。在农村加强党的领导，首要的就是要发挥基层党组织在乡村的战斗堡垒作用，特别是要加强农村基层党组织对村民自治组织、村务监督组织、农村集体经济组织和农民合作组织等的指导引领，以提升村级组织的凝聚力和感召力；同时要发挥农村党员在乡村治理中的先锋模范作用，做到一个党员就是一面旗帜，通过党员作用发挥密切党群关系、干群关系。另一方面，要充分发挥自治、法治和德治在乡村治理中各自的独特作用，深入探索"三治"有机融合，创新乡村治理抓手载体，完善推广积分制、清单制等创新治理方式，推动乡村治理和服务重心下移、资源下沉，不断推动乡村治理走新走实，切实提高乡村治理效能。

（二）继续大力推进乡村建设工作

乡村建设是全面实施乡村振兴战略的重要任务，也是社会主义现代化国家建设的重要内容。自2022年5月正式公布《乡村建设行动实施方案》以来，各地积极响应，成效显著。但乡村建设是一个较长时期的行动，不可能一蹴而就，需要稳扎稳打持续推进。首先，要做好村庄的建设规划工作，充分尊重农民意愿，做到建什么、怎么建，多听取群众意见，禁止违背农民群众意愿搞撤并村庄、组建大社区和其他大拆大建。其次，要持续推进农村人居环境整治工作，继续加强农村的道路、供水、供电、网络等基础设施建设，尽可能缩小城乡差距。最后，要大力提升农村基本公共服务水平和能力，加快教育、医疗、养老等领域的公共服务设施建设。

（三）持续开展乡风文明建设

乡村文明程度的提升是一个长期的过程，需要久久为功、持续用力、常抓不懈。一是要在农村大力加强传统文化尤其是优秀农耕文化的宣传和教育，弘扬守望相助、敦亲睦邻、诚信重礼的乡风民风。二是要用好用活村规

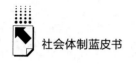

民约等手段，注重倡导性和约束性措施并举，特别要发挥农村红白理事会在农民群众自我教育、自我管理、自我服务中的重要作用，引导群众自觉抵制陈规陋习，推行移风易俗，进一步整治农村婚丧大操大办、铺张浪费、厚葬薄养等不良习俗。三是要着力塑造人心和善、和睦安宁的乡村精神风貌。要通过和美乡村建设，做到乡村塑形与铸魂并重，以和的理念贯穿乡村社会治理全过程，以达到德化人心、滋润身心、汇聚民心的善治目标，确保农村社会安定团结、和谐稳定。

（四）不断深化农村改革

我国改革是从农村起步的，农村改革成功调动了亿万农民的积极性和主动性，极大解放和发展了农村生产力，推动了农村经济社会大发展。近年来，农村改革成效显著，为全面实施乡村振兴战略、不断推进农业农村现代化奠定了制度基础。未来要进一步加大农村改革力度，特别是要通过改革处理好农民与土地的关系，加快农村重点领域和关键环节的改革创新。一是要稳步推进农村承包地"三权分置"改革，确保农村土地承包关系相对稳定。同时，丰富创新土地"三权分置"的有效实现形式，为开展多种形式的适度规模经营创造条件。二是稳慎推进农村宅基地改革。要在坚守"土地公有制性质不变、耕地红线不突破、农民利益不受损"这个底线的基础上，完善农民闲置宅基地和闲置农房政策，积极稳妥开展闲置宅基地和闲置农房的盘活利用工作。三是稳妥开展农村集体经营性建设用地入市。要在符合"国土空间规划、用途管制和依法取得"的基础上，鼓励各地因地制宜，努力探索推进农村集体经营性建设用地有序入市的制度设计。

（五）着力加强乡村治理队伍建设

乡村治理需要乡村社会多元主体共同参与，充分发挥基层党委政府、村支两委、农村经济社会组织以及村民等各类主体在乡村治理中的功能和作用。其中人是最主要的因素，因为乡村振兴也好，乡村治理也罢，都要靠人来推动实施，因此加强乡村干部、乡村人才以及新型农民等队伍建设是乡村治理的重要任务。一是要加强乡村振兴干部队伍建设。要按照懂农业爱农村爱农民的目标要求，打造一支政治过硬、本领过人、作风过强的乡村干部队伍。二是要加强乡村人才队伍建设，推动城市和农村人力资源双向流动。特别是要建立一些激励机制，鼓励和动员城市教科文卫体等专业人才定期服务乡村。三是加强新型农民培育。一方面要注重农村本土人才的培养和使用。比如，通过高素质农民培育项目，着力培养一批农村致富带头人等。另一方面要通过政策引导本土大学生返乡、乡村能人回乡就业创业，以不断优化乡村治理队伍结构。

参考文献

徐勇：《乡村治理的中国根基与变迁》，中国社会科学出版社，2018。

贺雪峰：《治村》，北京大学出版社，2017。

刘守英：《中国土地问题调查：土地权利的底层视角》，北京大学出版社，2018。

贺雪峰：《乡村治理中的公共性与基层治理有效》，《武汉大学学报》（哲学社会科学版）2023 年第 1 期。

陈玉华、舒捷：《从制度建设到技术治理：我国乡村治理的合法性改善及未来走向》，《理论月刊》2022 年第 11 期。

李艳营、叶继红：《乡村韧性治理的三重维度：权力、制度、技术——基于国家-社会关系理论的分析》，《湖湘论坛》2022 年第 6 期。

B.4
2022年中国数字社会发展与趋势

姬凌岩*

摘　要： 2022年是极不平凡的一年。这一年党的二十大胜利召开，我国成功举办了第24届冬季奥林匹克运动会，新冠疫情防控转入常态化新阶段。这一年，我国数字社会建设持续深入，基础设施加快升级进度，数字社会环境治理愈加精细，配套法律法规体系日趋完善，相关基础建设标准规范进一步细化。与此同时，社会数字化发展进程中技术安全、技术伦理等问题进一步凸显。为推进数字化社会可持续健康发展，数字社会建设需更加关注配套法治体系、人文素养、社会规范、安全技术、平等化应用等软性领域。

关键词： 数字基础设施　数字伦理　数字素养　数字乡村

一　中国数字社会2022年发展状况

（一）数字基础设施建设稳步推进

近年来，我国持续推进数字化基础设施建设，IPv6、5G、移动互联网、大数据、云计算等新型基础设施建设取得新的成效。《第51次中国互联网络发展状况统计报告》相关数据显示，2022年，我国IPv6地址数量为

---

* 姬凌岩，中共中央党校（国家行政学院）信息技术部调研员，主要研究方向为社会数字化建设、教育信息化。

67369块/32，比2021年增长6.8%，IPv6活跃用户超7亿个，达7.28亿个，比2021年增长16.4%；我国移动基站数量与2021年相比增加87万个，达1083万个，其中5G基站总数占21.3%，数量为231.2万个，与2021年相比增加7%，约占全球5G基站总数的60%。我国光纤通信基础设施建设同步推进，2022年我国全年新建光纤线路477.2万公里，光纤线路长度比2021年增长8.7%。随着移动互联网基础设施不断完善，我国移动互联网接入流量呈较快增长趋势，2022年达2618亿GB，同比增长18.1%。2022年，我国蜂窝物联网终端用户发展迅速，与2021年相比增加32.0%，达到18.45亿户，占移动网终端连接总数的52.3%。同时，我国数据中心体系完成整体布局，"东数西算"工程正式全面启动，京津冀、长三角、粤港澳大湾区、成渝、内蒙古、贵州、甘肃、宁夏启动国家算力枢纽节点建设，张家口集群等10个国家数据中心集群被纳入建设规划。①

（二）数字应用基础更加成熟

2022年，我国网民人数特别是移动互联网用户，整体呈平稳增长态势，应用群体规模稳定。《第51次中国互联网络发展状况统计报告》有关数据显示，2022年我国网民规模达10.67亿个，比2021年新增2.6%，互联网普及率达75.6%，5G移动电话用户总数达到5.61亿户，占移动电话用户的33.3%，比2021年增长11.7%。我国网民使用手机上网的比例达99.8%；而通过台式电脑、笔记本电脑、电视和平板电脑上网的比例分别仅为34.2%、32.8%、25.9%和28.5%。

我国支撑数字社会服务的各类应用也日趋丰富，应用数量进一步增加，应用体验进一步优化，应用范围逐步从生活服务向工作生产扩展。《第51次中国互联网络发展状况统计报告》有关数据显示，即时通信类应用在所有网络应用中用户最多，用户规模达到10.3亿个，视频、支付、购物、新

---

① 《正式启动！"东数西算"工程全面实施》，工业和信息化部，2022年2月17日，https：//wap.miit.gov.cn/xwdt/szyw/art/2022/art_8fb3634ef30b4a5aa381c57667f3f962.html，最后访问时间：2023年5月9日。

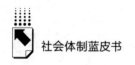

闻等应用用户规模紧随其后，均占互联网用户的70%以上，近年来新兴的互联网医疗、线上健身类应用用户规模稳步增长，占互联网用户规模的30%以上。百姓衣食住行、娱乐医疗教育等都有方便快捷的网络渠道可寻。同时，随着5G与工业互联网的融合运用，航空航天、石化化工、建材、港口、纺织、家电等行业中数字化应用增多，各类数字应用主要致力于提升生产效率、提高质检水平、降低生产成本、加强生产安全。

同时，我国公众数字素养日渐提升，为数字社会风清气朗奠定了人文基础。《第51次中国互联网络发展状况统计报告》有关数据显示，从网民掌握的数字技能熟练程度看，截至2022年12月，初步、熟练掌握数字化初级技能的网民分别占我国网民的40.7%、47.0%，初步、熟练掌握数字化中级技能的网民分别占我国网民的27.1%、31.2%。

（三）配套法律法规体系进一步健全

2022年，我国加大了对数据和算法的立法强度，数字领域法律法规体系进一步健全完善，逐步形成了一套符合新时代中国特色社会主义特点的数字领域法律法规体系。2022年6月，第十三届全国人民代表大会常务委员会第三十五次会议表决通过《全国人民代表大会常务委员会关于修改〈中华人民共和国反垄断法〉的决定》，修订后的《反垄断法》第九条明确规定，经营者不得利用数据和算法、技术、资本优势以及平台规则等从事垄断行为；第二十二条明确要求，具有市场支配地位的经营者不得利用数据和算法、技术以及平台规则等从事滥用市场支配地位的行为。2022年9月，第十三届全国人大常委会第三十六次会议表决通过《中华人民共和国反电信网络诈骗法》，加强反电信网络诈骗法治工作，依法预防、遏制和惩治电信网络诈骗活动，保护公民和组织的合法权益，维护社会稳定和国家安全，该法专设"互联网治理"章节，对用户身份验证、账号核验、应用程序许可备案、域名解释跳转管理以及相关活动监测识别处置，规定了明确法律条文。

2022年，国家互联网信息办公室、工业和信息化部、国家市场监督管理总局等相关部委，围绕互联网信息与账户保护、数据保护、平台经济监管等，相继出台本监管领域法规。2021年12月，为确保关键信息基础设施供应链安全，保障网络安全和数据安全，维护国家安全，经国家互联网信息办公室2021年第20次室务会议审议通过，并经国家发展和改革委员会、工业和信息化部等部门同意，公布《网络安全审查办法》；为规范互联网信息服务算法推荐活动，促进互联网信息服务健康有序发展，国家互联网信息办公室、工业和信息化部、公安部、国家市场监督管理总局联合印发《互联网信息服务算法推荐管理规定》。2022年6月，为加强对互联网用户账号信息的管理，国家互联网信息办公室印发《互联网用户账号信息管理规定》。5月，为规范数据出境活动，保护个人信息权益，维护国家安全和社会公共利益，促进数据跨境安全、自由流动，国家互联网信息办公室审议通过《数据出境安全评估办法》。11月，为加强互联网信息服务深度合成管理，国家互联网信息办公室、工业和信息化部、公安部联合印发《互联网信息服务深度合成管理规定》。

（四）相关标准规范体系进一步完善

为贯彻实施《国家标准化发展纲要》，更好发挥标准化在推进国家治理体系和治理能力现代化中的基础性、引领性作用，2022年7月，国家市场监管总局、中央网络安全和信息化委员会办公室、国家发展改革委、科技部、工业和信息化部等部门联合印发《关于印发贯彻实施〈国家标准化发展纲要〉行动计划的通知》，通知明确提出加大数字化、信息化等新兴产业支撑力度，实施工业互联网、车联网、能源互联网、时空信息等新型基础设施标准研制。纵观2022年全年，国家标准化管理委员会行业标准信息服务平台数据显示，我国新颁布实施信息化类标准规范460余个，其中基础设施建设相关标准140余个，数字工业、交通运输、城市建设、印刷物流、公安警务等信息化专项应用标准60余个，数据信息规范、交换、共享类标准30余个，密码生成、签名服务、生物识别、网络认证等账户数据保护标准近30个，5G相关标准20余个，数据中心、大数据、存储网络等数据建设相关标准20余个，网络安全类标准20余个，物联网标准10余个，人工智能医疗、金融等应用领域标准7个，IPv6专项标准6个，云计算类标准5个。

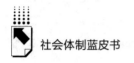

（五）网络空间治理持续开展

2022年，我国继续围绕网络空间执法深入开展数字领域治理，着重打击网络谣言，整治网络直播、短视频领域乱象，整治应用程序信息服务乱象，开展算法综合治理，整治暑期未成年人网络环境等。国家网络信息化办公室相关数据显示，2022年全国网信系统累计依法约谈网站平台8608家，警告6767家，罚款512家，暂停功能或更新621家，下架移动应用程序420款，会同电信主管部门取消违法网站许可或备案、关闭违法网站25233家，移送相关案件线索11229件①。4月，中央网信办部署开展"清朗·网络暴力专项治理行动"，防范和解决网络暴力问题，保障广大网民合法权益；部署开展"清朗·整治网络直播、短视频领域乱象"专项行动，着力破解平台信息内容呈现不良、功能运行失范、充值打赏失度等突出问题；牵头开展"清朗·2022年算法综合治理"专项行动，落实《互联网信息服务算法推荐管理规定》要求，对互联网信息服务算法实施综合治理。7月，中央网信办、国务院未保办（民政部）、教育部、共青团中央、全国妇联在京联合举行"清朗·2022年暑期未成年人网络环境整治"专项行动，针对危害未成年人身心健康问题、诱导未成年人违法犯罪问题、诱导未成年人网络沉迷问题等进行严管。9月，中央网信办在全国范围内启动了"清朗·打击网络谣言和虚假信息"专项行动，深入清理网络谣言和虚假信息，微博、腾讯、抖音、快手、百度、哔哩哔哩、小红书、知乎、豆瓣等重点网站平台共处置传播涉疫谣言账号2700余个②。11月，国家市场监管总局、中央网信办等七部门联合印发《关于进一步规范明星广告代言活动的指导意见》，规范明星广告代言活动，维护广告市场秩序、保障消费者合法权益。12月，中央

① 《2022年全国网络执法工作持续发力增效》，国家互联网信息办公室，2023年1月19日，http://www.cac.gov.cn/2023-01/19/c_1675676681798302.htm，最后访问时间：2023年5月9日。

② 《"清朗·打击网络谣言和虚假信息"专项行动曝光第二批网络谣言溯源及处置典型案例》，国家互联网信息办公室，2022年10月5日，http://www.cac.gov.cn/2022-10/05/c_1666600385858458.htm，最后访问时间：2023年5月9日。

网信办开展"清朗·移动互联网应用程序领域乱象整治"专项行动，规范移动互联网应用程序信息服务管理，深入治理 App、小程序、快应用等应用程序乱象；① 中央网信办秘书局、中国证监会办公厅联合印发《非法证券活动网上信息内容治理工作方案》，进一步规范证券活动网上信息内容，严厉打击股市"黑嘴"、非法荐股等行为。

（六）数字领域全球化合作持续推进

2022 年，我国积极参与数字领域全球化治理。习近平总书记多次在国际会议和外事活动中倡导数字领域国际化合作。在 2022 年世界经济论坛视频会议上，习近平总书记提出在充分协商基础上，为人工智能、数字经济等打造各方普遍接受、行之有效的规则，并表示将继续推进加入全面与进步跨太平洋伙伴关系协定和数字经济伙伴关系协定进程；在全球发展高层对话会上，习近平总书记谈到弥合数字鸿沟、提高全民数字素养和技能，加快工业化转型升级，推动数字时代互联互通，为各国发展注入新动力；在第五届中国国际进口博览会开幕式致辞中，习近平总书记提及要积极推动丝绸电商发展；在参加中国—海湾阿拉伯国家合作委员会峰会及同德国、法国、巴基斯坦等外国政要会晤时，习近平总书记提出共同发展数字经济、协同推进电子商务等倡议。2022 年，我国继续举办世界互联网大会、中国—东盟信息港论坛、博鳌亚洲论坛等重大国际会议，会议均设有相关论坛专门探讨推进数字领域合作与发展。同时，我国也积极为全球数字化治理建言献策，11 月，国务院新闻办发布《携手构建网络空间命运共同体》白皮书，阐述构建网络空间命运共同体的中国主张；同月，在联合国《特定常规武器公约》2022 年缔约国大会上，我国政府正式提交《中国关于加强人工智能伦理治理的立场文件》，围绕人工智能技术监管、研发、使用及国际合作等提出中国见解。

---

① 《中央网信办部署开展"清朗·移动互联网应用程序领域乱象整治"专项行动》，国家互联网信息办公室，http://www.cac.gov.cn/2022-12/12/c_1672477187051942.htm，最后访问时间：2023 年 5 月 9 日。

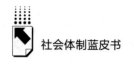

二 中国数字社会建设发展面临的主要挑战

随着数字社会建设日趋成熟，各类技术与人们生产生活深度融合，必然在技术、经济、人文等多层面为我国社会发展带来诸多挑战，而社会安全、伦理道德、技术自主是我国数字社会建设长期面临的主要挑战。

（一）数字社会发展中的安全挑战

随着中国数字社会建设日趋深入，技术与生产生活各个领域的融合应用，为我国社会安全带来了更多数据、终端、链路等数字安全挑战，特别是网络空间、生物识别、人工智能等领域安全问题日益凸显。2022 年 6 月，我国西北工业大学遭受网络攻击，国家计算机病毒应急处理中心相关调查报告初步判明，本次攻击活动源自美国国家安全局"特定入侵行动办公室"，该机构窃取了西北工业大学关键网络设备配置、网管数据、运维数据等核心技术数据。2022 年 2 月，俄乌冲突开始后，双方积极部署实施网络战，旨在配合地面作战，干扰和破坏对方军事部署，切断对方对外联系，利用网络舆论造势，俄罗斯有关 APT 组织、白俄罗斯黑客组织"网络游击队"、国际黑客组织"匿名者"、乌克兰 IT 军、黑客组织 AnonGhost 以及未知名组织，先后采用非法入侵、DDoS、勒索软件、蠕虫病毒、木马等技术手段，对对方及其盟友发动网络攻击，主要攻击目标包括电子政务、公共通信和信息服务，俄罗斯方面受攻击目标还包括金融、能源等领域。① 以上事件再次证明，没有网络安全就没有国家安全，就没有经济社会稳定运行，广大人民群众利益也难以得到保障。②

---

① 《2022 俄乌冲突网络战场攻击全景回顾》，中国指挥与控制学会，https：//mp. weixin. qq. com/s？＿＿biz＝MzA4ODcwOTExMQ＝＝&mid＝2655700998&idx＝1&sn＝3f21e9e9e21afb7e ad867190298e4275&chksm＝8b986a9ebcefe388c1c5a00f7d14856af7240ff127b82326b1b3f6c07ec 3929081bf718a2680&scene＝27，最后访问时间：2023 年 5 月 9 日。

② 《习近平：没有网络安全就没有国家安全》，国家互联网信息办公室，2018 年 12 月 27 日，http：//www. cac. gov. cn/2018-12/27/c_ 1123907720. htm，最后访问时间：2023 年 5 月 9 日。

2022 年底《中国审判》评选出的 2022 年度十大典型案例中，全国首例短视频平台领域网络"爬虫"案名列其中，2022 年 5 月，江苏省无锡市梁溪区人民法院对该案作出判决，因向他人售卖非法获取某短视频平台用户数据的"爬虫"软件，被告人丁某被认定犯提供侵入计算机信息系统程序罪，被判处有期徒刑一年六个月，缓刑两年。算法等深层技术已逐步被不法分子用作犯罪手段、危害公民安全。同时，随着人工智能技术的日趋成熟，未来以网络攻击为代表的数字社会安全问题也将愈演愈烈。据网络安全投资咨询机构 Cybersecurity Ventures 预计 2023 年网络犯罪将给全世界造成 8 万亿美元的损失。[①]

（二）数字社会发展中的伦理挑战

近年来，网络谣言、网络暴力充斥在互联网空间，逐步引起了社会对数字伦理的关注。在这些与伦理道德相违背的网络信息中，有些对公众认知造成了误导，有些引发了法律纠纷，个别甚至造成了网络暴力下的轻生。2022 年 1 月，曾在网络发文讲述自身被拐卖寻亲经历的河北男孩，经历了网络暴力后，在社交平台发布长文透露轻生念头，文发当日经有关公安部门证实，该男孩已于当日凌晨因抢救无效死亡。这是一起网络无良评论引起的网络暴力导致自杀的惨痛事件。生物识别技术的日常化也使其成为数字伦理的挑战之一，指纹验证、人脸识别成为人们享受数字社会福利的前提条件，如今甚至在公共卫生间免费索取卫生纸巾的方式，也已由微信扫码关注公众号领取，悄悄演变为轻松刷脸获得。2022 年 7 月，滴滴全球股份有限公司因过度收集 1.07 亿条人脸信息，被国家互联网信息办公室依法处以 80.26 亿元罚款。近期，随着人工智能的发展，特别是生成式人工智能逐步进入人们生活视线，数字伦理又迎来了新的技术挑战，据媒体报道经过训练的生成式 AI，已经可以轻松批量生成迪士尼签约画

---

① 《2022 年网络攻击事件盘点》，网安网，2022 年 12 月 5 日，https：//www.wangan.com/p/11v6c69be52c89a5，最后访问时间：2023 年 5 月 9 日。

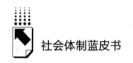

师风格的动画，引发了公众批评，而未来伪造公众人物言行的视频也有可能出现，进而给社会造成潜在危害。

（三）数字社会发展中的技术挑战

半导体芯片技术，是社会数字化建设的底层核心硬件技术，随着社会数字化范围不断扩展深化、数字化水平不断提升，我国早已成为半导体芯片需求量最大的国家之一。2022年，以美国为首的西方国家进一步加大了对我国半导体芯片的围堵。3月末，美国政府提议与韩国、日本和中国台湾地区组建"芯片四方联盟"，意图将中国大陆排除在全球半导体供应链之外；8月底，全球两大GPU厂商AMD和英伟达相继收到美国政府通知，要求其对中国区客户断供用于大数据、人工智能计算的高端GPU芯片。10月，美国商务部工业安全局发布多项半导体出口管制措施，旨在限制中国获得先进计算芯片，进而限制中国开发和维护超级计算机以及制造先进半导体的能力。12月，美国商务部以"损害了美国国家安全与外交政策利益"为由，宣布将长江存储、上海微电子装备、寒武纪等在内的36家中国科技公司列入"实体清单"，进一步阻挠和打压中国科技行业的发展。同月，全球移动终端架构巨头ARM确定美国和英国不会批准向中国出口技术许可，无法再向中国提供先进服务器芯片架构。[①] 在信息技术软件领域，即使是开源软件，其使用的技术也都发源于国外。目前，我国虽然已开始在党政机关大范围推广应用国产软件系统，但是在我国市场上绝大多数应用终端使用的操作系统仍是微软、苹果等国外厂商产品，我国国产操作系统与国外成熟操作系统相比，在性能、兼容性、稳定性、生态环境等方面还存在一定差距，这限制了国产操作系统的使用领域与应用范围。同时，随着工业数字化水平加速提升，我国工业领域应用软件亟须加速国产化进程。目前，工业软件领域最强的国家均为西方国家，我国电力、石油、数控机床等领域使用的工业软件多

---

① 《2022年芯片领域都发生了哪些大事？》，知乎网，https://www.zhihu.com/question/575270569/answer/2819827524，最后访问时间：2023年5月9日。

从国外进口。与此同时，随着信息技术日新月异，通信技术开始向 6G 迈进，计算机网络也逐步进入万物互联时代，伴其而生的多样化应用同样带来了前所未有的技术挑战。

三 中国数字社会发展趋势

党的二十大报告明确要求，"建设现代化产业体系，坚持把发展经济的着力点放在实体经济上，推进新型工业化，加快建设制造强国、质量强国、航天强国、交通强国、网络强国、数字中国"。数字中国建设，成为我国实现社会主义现代化的必然选择。党的十八大以来，我国社会数字化水平稳步提升，数字化生态环境日趋成熟，产业数字化逐步启航，为我国数字社会发展夯实了基础。今后，我国应着力提升全民数字素养，创建健康的数字化生态环境；加强法治体系建设，保障安全稳定的数字化使用环境；促进数字社会规范性建设，创造共建共享的数字化应用环境；加大数字社会安全防护力度，保证国家、人民数字化基本权益；加快乡村数字化建设，城乡同步推进数字中国建设。

（一）持续培育提升全社会数字素养与数字技能

以人为本，是我国社会发展建设的根本出发点，为人民谋幸福、增福祉，必定是我国开展社会数字化建设的根本宗旨，为提高人民对数字化社会的获得感、幸福感和安全感，必须深入贯彻落实习近平总书记关于网络强国的重要思想，全面贯彻实施《提升全民数字素养与技能行动纲要》的要求，持续提升全民数字素养与数字技能，为人民充分享受数字社会建设成果奠定良好的社会文化生态环境。在加大各级各类人群数字素养普及性教育培训的同时，我国需重点建设全民终身数字学习体系，着力弥合数字鸿沟，重点关注提升农村人口、老龄群体、残障人士等特殊人群数字素养与数字技能；不断提升产业工人、农民、新兴行业从业人员等数字技能运用能力；持续丰富数字素养教育培训资源，促进数字素养教育培训资源普惠普适，为公众营造

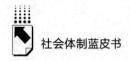

优质、开放、公平的数字素养学习环境。同时，我国应加大力度强化数字社会公众安全防范意识，通过技术手段防护、法律法规宣传、经典案例教育等方式，进一步提升数字环境中公众安全保护能力，加强大数据应用环境公众个人数据与隐私信息防护意识；宣传数字社会法治道德规范，鼓励积极向上的数字社会伦理道德，引导公众依法上网、规范用网，不断提升全民网络文明素养。

（二）不断完善有中国特色的数字领域法治体系

党的十八大以来，我国坚持持续推进全面依法治国。2022 年 10 月，在党的第二十次全国代表大会上，习近平总书记在大会报告中再次明确指出，全面依法治国是国家治理的一场深刻革命，关系党执政兴国，关系人民幸福安康，关系党和国家长治久安，必须更好地发挥法治固根本、稳预期、利长远的保障作用，在法治轨道上全面建设社会主义现代化国家。以网络化、数字化、智能化为核心的数字空间，作为社会形态的一种表现形式，作为社会活动发生发展的生态环境，作为社会经济运行的新型基础，绝不是法外之地，我国要始终以法律法规为治理依据，确保数字社会正常运行，保护人民基本权益不受侵犯，保障社会持续稳定运行，维护我国国家根本利益。我国数字社会法治体系建设与完善，要始终立足我国基本国情，符合我国数字社会建设进程，满足我国数字社会发展需求；要适应数字社会技术特点、应用模式、人文特征，全方位推进法治理念、法治内容、法治方式与法治方法创新；积极推进法治治理与大数据、云计算、区块链等数字化技术深度融合应用；积极参与全球数字化治理，既分享中国数字化法治成果与建议，又科学借鉴世界各国数字空间法治经验，共同构建法治化多边、民主、透明的全球数字空间治理体系。

（三）支持鼓励数字社会规范化建设

数字社会建设发展的技术基石，是新一代通信技术、移动互联网、大数据、物联网、云计算、人工智能等新型基础设施，传输链路、通信接口、交互方式、数据模型、应用终端等新型基础设施建设要素的标准化水平，在一定程度上制约着数字社会建设质量、发展水平及可持续性。我国应不断完善通信基础设施、各行各业数字应用、各领域数据建设以及人工智能等新型技术运用标准规范建设。针对涉及国家安全的关键基础设施、关键数据，涉及公民身体健康、人身财产安全的各类基础技术、应用技术、数据技术、安全技术，国家应以全文或条文形式出台强制性建设标准规范，从技术底层为数字社会建设夯实互通互联共建共享的基石；针对数字政府建设领域，国家有关部门应在数据要素、数据接口、数据共享、数据安全等领域建立国家统一规范，促进数字治理健康、可持续发展，推进数据要素有序流动、合理共享，切实提升我国数字社会治理水平；同时，我国有关部门应不断跟进新技术新应用，修订更新、补充完善现有数字社会建设有关标准规范，增强现行标准规范的针对性、适用性与实用性。在推进标准规范建设的同时，我国相关部门还应加大数字社会标准规范宣传推广力度，通过融媒体渠道、采用多种形式，提升相关部门、产业、团体实施数字化建设的规范化意识与标准化水平，共同携手促进数字社会可持续发展。

（四）持续强化数字社会安全屏障

安全是社会建设发展的坚实根基与基本保障，数字社会建设发展必须构建坚实可靠可信的安全屏障，为公众数字化生活、产业数字化转型、经济数字化发展保驾护航。我国应加大数字技术自主研发力度，提升数字技术自主化水平，着力支持相关科研机构、生产行业解决半导体芯片等核心掣肘技术问题，从技术底层突破高中端硬件基础技术对外过度依赖的现状；进一步支持软件产业开发自主、安全、可控的操作系统、数据库系统等软件系统，加大自主操作系统的应用推广力度，重点拓展政府管理、基础教育、社会服务等领域的应用广度与深度；在工业数字化、产业数字化领域，鼓励支持相关机构自主开发国产软件，或采购使用国产行业软件，日益减少对国外同行软件的依赖；逐步全面实现关键基础设施核心设备国产化，提高数字社会信息动脉的安全可靠水平；在大数据领域加快建立数据分级分类保护的基础制

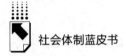

度，建立数据监管机制；建立完善数字化环境中应急处置体制机制，针对关键数字基础设施、可能数字危害，提供防范科学、监测到位、响应及时、处置合理的应急处理流程，竭力降低数字社会各类突发事件对人民生产生活、社会运行、经济发展、国家安全引发的危害。

（五）继续加快推进数字乡村建设

我国乡村面积约占我国国土总面积的90%以上，农村人口占我国人口总数的36%，农业是我国经济发展的基础产业，我国数字社会建设必然离不开数字乡村建设。同时，数字乡村是乡村振兴的战略方向，数字乡村建设有助于带动和提升农业农村现代化发展，促进农业全面升级、农村全面进步、农民全面发展。推进数字乡村建设，我国有关部门应着力推进数字乡村信息化公路建设，在解决信息化公路通与不通的基础上，加大力度提升乡村特别是偏远地区信息化公路质量与速度，提升乡村通信基础设施覆盖水平、通信速度与通信质量，加快实现城乡同网同速；着力开展农林牧渔各领域数字化应用试点推广工作，以点带面推进网络技术、数字应用、智能应用与农业生产深度融合，提升农业生产的数字化、智能化水平；持续提升乡村人口、农业从业人员数字素养与数字技术，提升农村人口和相关从业人员数字化应用意识与创新水平；不断提升农业农村领域数字化政务服务水平，为农民及农业从业人员提供便捷高效的公共服务；加强农业农村大数据建设，为农业生产管理、农产品流通及相关监管提供科学精准有效的数据支撑；注重数字乡村生态环境建设，丰富符合社会主义核心价值观、体现我国乡村文化特色的数字公共教育文化资源，为村民创建风清气正的数字生活环境。

B.5
2022年中国数字社会建设的制度演进及前景展望

陈 氚*

摘 要： 2022年是党的二十大胜利召开、全党各族人民迈向全面建设社会主义现代化国家新征程的重要一年。党的二十大报告明确提出加快建设网络强国和数字中国。随着中国网民规模达到10.67亿人，元宇宙、人工智能、云计算等数字信息技术再次迎来新的突破和应用，中国数字社会建设也在体制机制层面发生了一系列变革，在实施国家教育数字化战略、发展数字健康和互联网医疗服务、实施数字乡村发展战略、推进数字社会治理精准化等方面进一步加速，数字公共服务便捷化、普惠化程度进一步提升，数字社会治理精准化、智能化水平大大提升，互联网空间中的秩序问题得到治理，数字社会的治理制度体系逐渐完善。未来，面对人工智能等新信息技术对就业和社会稳定的冲击，应当构建出系统的社会保护制度体系，同时对人工智能的应用进行制度规范和伦理约束，进一步打破数据流动的制度壁垒，平衡数据要素流动的效率和数据安全。

关键词： 数字社会 教育数字化 数字健康 数字社会治理 人工智能

---

* 陈氚，中央党校（国家行政学院）社会和生态文明教研部社会学教研室副主任、副教授，主要研究方向为数字社会学、经济社会学。

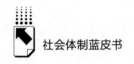

一　2022年中国数字社会建设制度设计与进展

在《中华人民共和国国民经济和社会发展第十四个五年规划和2035年远景目标纲要》中，数字社会建设的具体实施包括提供智慧便捷的公共服务，建设智慧城市和数字乡村，构筑美好数字生活新图景。数字社会建设要适应数字技术全面融入社会交往和日常生活新趋势，促进公共服务和社会运行方式创新，构筑全民畅享的数字生活。2022年，围绕数字公共服务的便捷化和普惠化，推进数字社会治理适应数字社会新发展，我国在数字社会各个具体领域的制度建设层面取得了新的进展。

（一）持续推进教育数字化和互联网教育发展

教育数字化是数字社会建设的重要构成部分，也是面向数字社会未来挑战、顺应数字社会未来发展趋势的重要对应举措。2022年全国教育工作会议召开，教育部在工作报告中提出实施国家教育数字化战略。在《教育部2022年工作要点》中，明确提出实施教育数字化战略行动。强化需求牵引，深化融合、创新赋能、应用驱动，积极发展"互联网+教育"，加快推进教育数字转型和智能升级。

在数字教育基础设施建设方面，要推进教育新型基础设施建设，建设国家智慧教育公共服务平台，创新数字资源供给模式，丰富数字教育资源和服务供给，深化国家中小学网络云平台应用，发挥国家电视空中课堂频道作用，探索大中小学智慧教室和智慧课堂建设，深化网络学习空间应用，改进课堂教学模式和学生评价方式。建设国家教育治理公共服务平台和基础教育综合管理服务平台，提升数据治理、政务服务和协同监管能力。强化数据挖掘和分析，构建基于数据的教育治理新模式[①]。

---

① 《教育部2022年工作要点》，中华人民共和国教育部官方网站，http://www.moe.gov.cn/jyb_sjzl/moe_164/202202/t20220208_597666.html。

2022 年 3 月，国家智慧教育公共服务平台正式启动，平台内容涵盖中小学智慧教育、智慧职教、智慧高教三个主要教育领域，与部分地方智慧教育平台做了统一的接入。国家中小学智慧教育平台的移动端"智慧中小学"App 正式上线。App 将为随时随地开展教学活动、自主学习、家校协同和互助交流提供更方便的途径。

此外，教育部在工作要点中还指出应当指导推进教育信息化新领域新模式试点示范，深化信息技术与教育教学融合创新。健全教育信息化标准规范体系，推进人工智能助推教师队伍建设试点工作。建立教育信息化产品和服务进校园审核制度。强化关键信息基础设施保障，提升个人信息保护水平①。

为加快推进国家教育数字化战略行动，保障数字教育资源内容安全，进一步规范智慧教育平台的发展，保障智慧平台充分发挥作用，教育部办公厅在 2022 年 5 月颁布了《国家智慧教育平台数字教育资源内容审核规范（试行）》，对教育智慧平台的概念界定、责任制度、审核要求、监督评价、实施主体等内容进行了相对详细的规定，为智慧教育平台的发展提供了制度性保障。

2022 年 8 月，教育部办公厅印发《关于深入推进国家智慧教育平台试点有关工作的通知》，开展首批试点分析评估工作，部署进一步扩大试点，确保党的二十大前实现试点工作全覆盖。"智慧教育示范区"创建项目专家组秘书处发布通知，公布 2022 年度智慧教育优秀案例名单。共确定 123 个智慧教育优秀案例。其中，区域建设类 30 个、学校实践类 77 个、解决方案类 8 个、研究成果类 8 个②。这些试点工作的展开，表明我国的教育数字化工作正在从理念走向实践，能够充分发挥地方实践的创造性优势，将顶层设计与地方试验融合，探索新技术条件下数字化教育的创新方法和应用。

---

① 《教育部 2022 年工作要点》，中华人民共和国教育部官方网站，http://www.moe.gov.cn/jyb_sjzl/moe_164/202202/t20220208_597666.html。

② 中华人民共和国教育部官方网站，http://www.moe.gov.cn/s78/A16/gongzuo/gzzl_yb/202209/t20220927_665321.html。

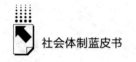

（二）数字健康领域的新进展

在《"十四五"国家信息化规划》中，提供普惠数字医疗成为数字社会建设的重要内容。规划指出统筹开展国家级健康医疗大数据资源目录体系建设，完善智慧医院分级评估体系和互联网医疗服务监管体系。加强人工智能、大数据等信息技术在智能医疗设备和药物研发中的应用。拓展医疗信息化应用范围，普及应用居民电子健康码，加快异地转诊、就医、住院、医保等医疗全流程在线办理。加快医保电子凭证推广应用，建成全国统一的医疗保障信息平台。积极探索运用信息化手段优化医疗服务流程，创造舒心就医新体验。创新发展互联网医院、远程医疗、在线健康咨询、健康管理等服务，持续提升偏远农村地区远程医疗设施设备普及水平。提升基层卫生医疗机构和妇幼保健机构在疾病预防和诊疗、慢病管理中的数字化、智能化水平。推动中医药健康服务与互联网深度融合。

2022年，我国在数字健康领域的发展取得了显著的进展。在互联网医疗领域，截至2022年12月，我国互联网医疗用户规模达3.63亿个，较2021年12月增长6466万个，占网民整体的34.0%[①]。互联网医疗领域中，新兴互联网企业纷纷进入和布局实体医疗产业，传统医疗机构积极推进数字化和网络化转型，人工智能等前沿技术呈现新的应用前景。

2022年2月，国家卫生健康委员会、国家中医药管理局联合发布《互联网诊疗监管细则（试行）》，规定了互联网诊疗全流程的质量和安全监管，明确了其在医药、医疗、技术等方面的监管要求。该细则的出台，厘清了互联网医疗的边界，明确了互联网诊疗的发展方向。2022年8月，国家市场监督管理总局发布《药品网络销售监督管理办法》，对药品网络销售管理、平台责任履行、监督检查措施及法律责任等做出了规定。

2019~2022年的新冠疫情防控期间，特殊的疫情防控措施客观上促进了

---

① 中国互联网络信息中心：《第51次中国互联网络发展状况统计报告》，2023年3月。

我国互联网医疗的高速发展，由于出入医院的障碍增多，很多居民寻求通过互联网进行远程就医和咨询，而互联网医药销售等服务业也随之兴起。根据艾瑞咨询等第三方咨询公司的调研，未来我国互联网医疗仍然存在广阔的发展空间，目前我国的数字健康领域已经从在线医疗阶段向线上线下融合阶段演进，从互联网诊断向全生命周期健康管理转变。

（三）数字乡村建设的制度设计和实践推进

数字乡村建设是一项长期战略，是中国数字社会建设的重要构成部分。数字乡村建设的成败，关系到未来我国能否跨越数字鸿沟、消除数字城乡不平等和区域不平等，也关系到乡村振兴的长远大计。

2022年2月，中共中央、国务院发布《中共中央 国务院关于做好2022年全面推进乡村振兴重点工作的意见》，在第二十四条中明确提出大力推进数字乡村建设。推进智慧农业发展，促进信息技术与农机农艺融合应用。加强农民数字素养与技能培训。以数字技术赋能乡村公共服务，推动"互联网+政务服务"向乡村延伸覆盖。着眼解决实际问题，拓展农业农村大数据应用场景。加快推动数字乡村标准化建设，研究制定发展评价指标体系，持续开展数字乡村试点。加强农村信息基础设施建设①。

2022年4月，中央网信办、农业农村部、国家发展改革委、工业和信息化部、国家乡村振兴局联合印发《2022年数字乡村发展工作要点》，明确了2022年度的乡村数字建设目标，即到2022年底数字乡村建设取得新的更大进展。数字技术有力支撑农业基本盘更加稳固，脱贫攻坚成果进一步夯实。乡村数字基础设施建设持续推进，5G网络实现重点乡镇和部分重点行政村覆盖，农村地区互联网普及率超过60%。乡村数字经济加速发展，农业生产信息化水平稳步提升，农产品电商网络零售额计划突破4300亿元。乡村数字化治理体系不断完善，信息惠民服务持续深化，农民数字素养与技

---

① 《中共中央 国务院关于做好2022年全面推进乡村振兴重点工作的意见》，中华人民共和国中央人民政府官网，2022年2月22日，https：//www.gov.cn/zhengce/2022-02/22/content_5675035.htm。

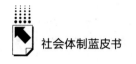

能有效提升，数字乡村试点建设初见成效①。

围绕这一目标，我国在 2022 年围绕十个方面进行了乡村数字建设，包括构筑粮食安全数字化屏障、持续巩固提升网络帮扶成效、加快补齐数字基础设施短板、大力推进智慧农业建设、培育乡村数字经济新业态、繁荣发展乡村数字文化、提升乡村数字化治理效能、拓展数字惠民服务空间、加快建设智慧绿色乡村、统筹推进数字乡村建设十个方面②。

其中，在提升乡村数字化治理效能方面，上述要点指出推进农村党建和村务管理智慧化。优化升级全国党员干部现代远程教育系统，不断提升农村基层党建工作信息化、科学化水平。加快推进网上政务服务省、市、县、乡（镇、街道）、村（社区）五级全覆盖，加强市、县政务服务平台建设，为农村居民提供精准化、精细化的政务服务。实施村级综合服务提升工程，提高村级综合服务信息化、智能化水平。加快建设农村房屋综合信息管理平台，提高农房建设管理与服务的信息化水平。同时，在提升乡村社会治理数字化水平上，提出应探索推广数字乡村治理新模式，拓展乡村治理数字化应用场景。开展网格化服务管理标准化建设，深化智安小区、平安乡村建设。继续加强农村公共区域视频图像系统建设联网应用，积极推进视频图像资源在疫情防控、防灾减灾、应急管理等各行业各领域深度应用。继续开展"乡村振兴、法治同行"活动，深入推进公共法律服务平台建设，进一步加强移动智能调解系统的推广应用，加快构建覆盖城乡、便捷高效、均等普惠的现代公共法律服务体系③。

（四）推进数字社会治理发展的制度演进

宏观意义上的数字社会治理包括对整个数字社会的治理，指人类社会在

---

① 《2022 年数字乡村发展工作要点》，中华人民共和国国家互联网信息办公室官网，2022 年 4 月 20 日，http：//www.cac.gov.cn/2022-04/20/c_ 1652064650228287. htm。
② 《2022 年数字乡村发展工作要点》，中华人民共和国国家互联网信息办公室官网，2022 年 4 月 20 日，http：//www.cac.gov.cn/2022-04/20/c_ 1652064650228287. htm。
③ 《2022 年数字乡村发展工作要点》，中华人民共和国国家互联网信息办公室官网，2022 年 4 月 20 日，http：//www.cac.gov.cn/2022-04/20/c_ 1652064650228287. htm。

经历数字化转型后，面向新的数字社会而进行的治理行动。从发展趋势上看，未来的社会治理实际上就是面向数字社会的治理。在当下具体的实践层面，数字社会治理既包括利用数字技术赋能社会治理，也包括面向互联网等线上空间和数字领域的治理。总体而言，随着数字社会的发展，2022年我国数字社会治理呈现线下治理和线上治理相融合的发展态势。

1. 数字技术赋能社会治理

2022年我国继续推行综合数字化治理平台建设，各地开始推进平台型的治理模式，如"一网统管"、"12345"平台等，将基层社区治理、基层矛盾纠纷化解、民众意见反馈、公共事务参与和政府各个职能部门协作运行相结合，提升社会治理的精细化、高效化和智能化水平。

2022年，党的二十大报告对完善社会治理体系进行了具体论述，提出健全共建共治共享的社会治理制度，提升社会治理效能。其中"完善网格化管理、精细化服务、信息化支撑的基层治理平台"，则体现了应用数字信息技术赋能社会治理的重要发展方向。

根据《"十四五"国家信息化规划》，到2023年我国将实现基层智慧治理规划、政策和标准规范更加完善，数据资源整合取得明显成效，支撑基层社会治理水平大幅提升。数字技术赋能社会治理，将带来社会治理系统化、智能化水平的提升，同时也将有望促进人民群众更有效地参与社会治理，发挥社会治理主体的主观能动性。在社会治理智能化方面，以上海等地的"一网统管"为代表，凭借物联网、大数据、人工智能、5G移动通信技术的支撑，城市层面的综合治理与社区层面的智慧社区、日常治理相融合，整个城市通过统一的平台来实现智能化运作。

2021年12月，住建部办公厅印发《关于全面加快建设城市运行管理服务平台的通知》，在全国范围内推动城市运行管理"一网统管"，提出以城市运行管理"一网统管"为目标，围绕城市运行安全高效健康、城市管理干净整洁有序、为民服务精准精细精致，以物联网、大数据、人工智能、5G移动通信等前沿技术为支撑，整合城市运行管理服务相关信息系统，汇聚共享数据资源，加快现有信息化系统的迭代升级，全面建成城市运管服平

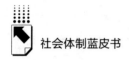
台，加强对城市运行管理服务状况的实时监测、动态分析、统筹协调、指挥监督和综合评价，不断增强人民群众的获得感、幸福感、安全感。根据这一通知要求，2022年底前，直辖市、省会城市、计划单列市及部分地级城市建成城市运管服平台，有条件的省、自治区建成省级城市运管服平台。①

2022年，在北京等地成功实行的"12345"平台治理模式也得以继续向全国范围推广。2022年5月，国务院办公厅发布《国务院办公厅关于推动12345政务服务便民热线与110报警服务台高效对接联动的意见》，这一文件主要目的在于打通12345便民热线系统与110报警系统之间的系统壁垒，做到二者协同高效运行，充分发挥信息技术平台优势，更好地加强基层社会治理的力量。

2022年，四川省、广东省、内蒙古自治区等多个省份公布了"12345"政务便民服务热线管理办法，进一步提升了"12345"热线的综合系统平台建设水平，将人民群众的民生诉求、矛盾纠纷解决诉求、社会治安诉求等统一到一个平台之中，进行综合系统治理，大大提升了民众和政府的沟通效率，体现出以人民为中心的发展思想，也有利于在未来社会治理中进一步应用大数据、人工智能、物联网等信息技术手段，提升社会治理的精准性、科学性和智能化水平。

2. 面向互联网空间和数字领域治理的制度建设

2022年，数字社会发展呈现新趋势和新现象，尤其是数据安全和公民隐私保护已经成为近年来人民群众关注的热点难点问题的情况下，我国颁布了一系列政策法规，规范数字经济和数字社会的合规发展，保护人民群众的合法权益。

2022年2月，国家互联网信息办公室、国家发展和改革委员会、工业和信息化部、公安部、国家安全部、财政部、商务部、中国人民银行、国家市场监督管理总局、国家广播电视总局、中国证券监督管理委员会、国家保

---

① 《住房和城乡建设部办公厅关于全面加快建设城市运行管理服务平台的通知》，中华人民共和国中央人民政府官网，https://www.gov.cn/zhengce/zhengceku/2022-03/29/content_5682177.htm。

密局、国家密码管理局等十三个部门联合修订了《网络安全审查办法》，该办法于 2 月 15 日正式实施。这一办法明确了我国网络安全审查的范围，特别是针对网络平台运营者赴国外上市的安全审查做出明确规定。这一制度的出台，对于完善我国互联网安全的相关法律、保护人民群众的网络安全和数据安全、保障国家安全具有重要的意义。

2022 年 3 月，国家网信办制定的《互联网信息服务算法推荐管理规定》正式实施，对于近年来民众反映呼声较高的算法推荐侵犯个人隐私等问题，做出了一系列明确规定。其中，首先明确了国家网信部门负责统筹协调算法推荐服务治理和相关监督管理工作，国务院电信、公安、市场监管等有关部门依据各自职责负责算法推荐服务监督管理工作。在这一规定中，明确了算法推荐服务者的具体信息服务规范，对算法推荐用户的权益进行了保护，同时明确了算法推荐服务者违反相关规定所需承担的法律责任。

2022 年 8 月，《互联网用户账号信息管理规定》正式实施，这一规定进一步加强对互联网用户账号信息的管理，对于互联网空间以往存在的虚假账号、水军购买账号、利用账号进行非法活动等行为进行了制度层面的约束，明确了与互联网用户账号信息相关的行为应当承担的责任。9 月，《数据出境安全评估办法》正式实施，进一步规范了数据出境行为，保护个人信息权益，维护国家安全和社会公共利益，促进数据跨境安全、自由流动。这一办法规范了数据出境的范围、具体方式、所需承担的责任，同时规定了数据出境的评估主体。这些政策法规的出台，与近年来我国陆续实施的《中华人民共和国网络安全法》《中华人民共和国数据安全法》《中华人民共和国个人信息保护法》一起，构筑了我国数字社会建设的基础性制度保障体系，为保障我国数字社会安全、平稳发展，维护人民群众的合法数字权益，保护国家和社会数字安全奠定了坚实的制度基础。

与此同时，国家网信办部署开展了 2022 年"清朗"系列专项行动，共开展 13 项"清朗"专项整治行动，加大了对互联网空间的治理力度。在 2022 年，累计清理违法和不良信息 5430 余万条，处置账号 680 余万个，下

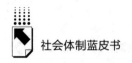

架 App、小程序 2980 余款，解散关闭群组、贴吧等 26 万个，关闭网站超过7300 家[1]，对网络直播、短视频领域乱象，以及网络谣言现象、网络传播秩序乱象、算法歧视和信息茧房现象、流量造假和黑公关、网络水军现象、虚假账号运营乱象等众多互联网问题进行了有效治理，维护了互联网空间良好的合法秩序，保护了人民群众的切身利益，增进了人民群众对国家的认同，营造出风清气正的互联网空间氛围，有利于在全社会形成积极向上的集体社会心理。

目前，"清朗"行动已经成为一种制度化与常态化的国家网络治理行动，这种自上而下的治理与广大人民群众自下而上的监督，以及互联网市场主体的自主监督和管理一起，构成了当下我国有效的互联网空间治理体系。

二 2022年中国数字社会建设领域的制度改革展望

2022 年中国数字社会建设领域取得了重要的进展，无论是在顶层设计层面，还是在具体的制度建设方面都取得了较好的成效，为未来数字社会进一步发展打下了较为坚实的制度基础。各地在数字社会的具体实践探索上，也取得了一定的成绩，但是仍然面对许多突出问题和挑战。新的数字技术的应用和发展，也使我国数字社会不断面临新的问题，在一些具体领域出现了新的体制机制空白，也需要不断改革既有的治理制度。基于 2022 年中国数字社会建设中面临的新问题和挑战，我们对未来的数字社会制度建设和改革趋势做出如下展望。

（一）新数字技术影响就业的社会保护制度构建

随着新数字技术在经济和生活领域的广泛应用，新兴产业和新经济业态不断出现，对传统的社会制度产生了广泛的影响。2022 年 11 月，美国OpenAI 公司发布了语言生成式人工智能，人工智能呈现向通用人工智能转

---

[1] 国家网信办：《数字中国发展报告（2022 年）》，2023 年 5 月。

变的潜在可能。而此前，工业机器人和专用人工智能已经开始在全球先进制造业领域大量应用，以人工智能和工业机器人为代表的新技术对就业市场的影响将有可能在未来几年逐渐显现。

新冠疫情导致的全球经济下滑，以及西方部分国家的产业脱钩政策等诸多不利因素，使得未来我国在就业领域仍然面临较大的压力，而这一期间的人工智能和机器人替代就业现象，将可能会加剧我国的就业压力。尽管新的人工智能和机器人技术也有望带来新的就业机会，但是从短期来看，那些被机器替代的社会成员，需要获取更多的社会支持和来自国家层面的保护。

在全球数字经济较为发达的国家同样面临人工智能等新技术的就业替代冲击时，良好的社会保障制度、有效的就业技能培训、灵活的产业政策调整将形成对新技术冲击的社会缓冲机制。而这些广义上社会保护制度的有效性，将在一定程度上影响未来的人工智能和数字经济发展的国际竞争。能够成功应对人工智能等新技术冲击的国家，将会在未来竞争中更加快速高效地发展，而如果无法处理人工智能等技术在就业等民生领域的负面影响，则会陷入瞻前顾后和左右摇摆的境地，限制新技术和新产业的顺利突破。因此，构建系统化、综合施策的社会保护制度，降低以人工智能技术为代表的新技术对就业和社会稳定等领域的冲击和影响，保护人民群众的利益，将有望成为未来政策和制度演变需要解决的新问题。在未来几年，数字就业和数字职业教育领域，以及面向数字社会的就业保障和社会保障领域，将会迎来新的挑战和变革。

（二）面向人工智能的伦理约束和法律规范

在《"十四五"国家信息化规划》中，我国明确提出在"十四五"期间，将推动人工智能规模创新应用。其中，在社会治理领域，规划提出建设社会治理大数据与模拟推演科学研究平台，开展人工智能条件下的社会治理实验。具体包括开展医学人工智能社会治理实验，人工智能城市管理社会实验，人工智能养老社会实验，人工智能环境治理社会实验，人工智能教育社会实验，人工智能风险防范社会实验，社会治理大数据与模拟推演科学研

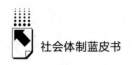

平台。这些人工智能在社会领域的实验性应用，将有可能带来新的问题和挑战。

当下美国在商业公司治理、司法和社会保障领域的人工智能应用业已展开，根据一些西方学者的研究，人工智能的引入不仅会带来经济效率和社会理性化程度的提升，也会带来新的社会不平等现象，同时会引发新的人工智能伦理困境[1][2]。为此，我国也提出应当开展人工智能伦理规范研究，探索建立保障人工智能健康发展的法律法规和伦理道德框架。

针对人工智能引发的新社会问题，我们应当加强对人工智能影响社会的社会学、法学和伦理学研究，逐步制定相应的政策法规，进一步规范和约束人工智能的发展。例如，针对人工智能行动背后的风险责任划分机制、人工智能行动的基本伦理原则、人工智能社会冲击的社会缓冲和保护机制等，都应当进行制度层面的构建。与此同时，应当平衡对人工智能的限制约束和鼓励人工智能技术发展之间的矛盾。在人工智能发展尚不明确时过于严格的限制，将不利于人工智能的持续发展。

（三）数据流通和安全保护制度的进一步完善

在党的二十大报告中，党中央提出要深化要素市场化改革。而数据作为一种新型的生产要素，不仅关系到数字经济的发展，也关系到数字民生和数字社会治理等各个领域，是数字社会发展的重要基础。

在数字社会建设领域，由于数据产权尚不明显，各个政府部门和企业主体之间的数据流通机制尚未完全建立，数据烟囱和数据孤岛现象并未完全得到解决。这一现象也制约了我国数字社会建设的进一步发展。例如在平台化的基层社会治理体系中，如果政府各个部门之间的数据无法做到合理流动，就无法实现真正意义上的智能化、系统化治理，也会制约大数据、人工智能等新技术手段在社会建设中的应用。在医疗和养老领域，政府各部门、医疗

---

① Pasquale, F. 2015, *The Black Box Society*. Cambridge：Harvard University Press.
② Burrell, J. & Fourcade, M. 2021, "The Society of Algorithms." *Annual Review of Sociology* 47.

机构和养老机构相互之间的数据壁垒将制约医养结合的真正实现，制约数字健康战略的进一步发展，同时给人民群众的生活带来诸多不便。因此，如何在民生各领域、基层社会治理、城市管理、社会治安领域之间，构建规范化的数据流通制度，成为未来一段时间推进数字社会建设中必须破解的重点问题。

另外，要实现安全有序的数据流通，尤其是数据作为生产要素的市场化流动，必须要处理好效率和安全之间的关系问题。随着数据流通的效率提升、系统集成化程度的提高，数据泄露所导致的社会安全风险和国家安全风险也日益提升。目前，虽然我国已经制定相对完整的数据安全保护的法律法规体系，但是面对新的技术现象，如 ChatGPT 类的内容生成式 AI 等技术，传统的数据保护制度还需要进行新的修订，以适应各种新的数据安全、网络安全情况和发展状况。

B.6
2022年社会治理法治进程及2023年展望

赵秋雁*

摘 要： 2022年，社会治理法治化进程取得积极进展。党的二十大丰富和发展习近平法治思想，进一步提升民生保障领域制度化水平，强化基层法治建设，努力建设更高水平的平安中国、法治中国。2023年，全面提升中国式社会治理法治化水平的任务仍很艰巨，要进一步加强党对社会领域立法工作的全面领导、推进基层党建重点攻坚，深化综合行政执法体制改革、数智赋能社会治理现代化，坚持和发展新时代"枫桥经验"、健全中国特色多元解纷体系，筑牢青少年成长的法治之基，推动全民尊法学法守法用法。

关键词： 习近平法治思想 法治社会 中国式社会治理现代化

一 2022年社会治理法治化的主要进展

（一）法治社会是构筑法治国家的基础

党的二十大报告首次单独把法治建设作为专章论述、专门部署，围绕在法治轨道上全面建设社会主义现代化国家的新形势和新任务，强调"法治社会是构筑法治国家的基础"，要求"加快建设法治社会"，这进一步丰富和发展了习近平法治思想，为加快推进法治社会建设提供了根本遵循。

---

* 赵秋雁，法学博士、教授、博士生导师，北京师范大学社会学院党委书记、中国社会管理研究院副院长，主要研究方向为社会治理、社会法、经济法。

（二）多元主体依法共治

1. 助力新时代党的建设新的伟大工程

2022年，顺应新时代要求，进一步压实"关键少数"的法治责任和提升"绝大多数"的规范意识。党的二十大审议通过的《中国共产党章程（修正案）》有利于更好发挥党章对坚持党的领导、加强党的建设的根本性规范和指导作用。修订的《推进领导干部能上能下规定》要求各级党委（党组）及其组织（人事）部门切实扛起全面从严管党治吏的政治责任；修订的《事业单位领导人员管理规定》将党管干部、党管人才作为七项遵循原则之首；印发的《关于加强新时代离退休干部党的建设工作的意见》以扩大组织覆盖和严格组织生活为重点进一步教育引导、管理监督、关心帮助离退休干部；印发的《领导干部配偶、子女及其配偶经商办企业管理规定》有利于加强源头治理，促进领导干部家风建设；发布的《中国共产党处分违纪党员批准权限和程序规定》明确了对违纪党员实施党纪处分实行分级负责制，等等。

2. 开启全面建设数字法治政府新篇章

《法治政府建设实施纲要（2021—2025年）》提出："健全法治政府建设科技保障体系，全面建设数字法治政府"。2022年，我国开启了科技、法治与行政的深度融合新篇章，主要表现在三方面：一是加强顶层设计。国务院印发的《国务院关于加强数字政府建设的指导意见》将"构建科学规范的数字政府建设制度规则体系"作为七项重点任务之一。二是进一步促进政务数据依法有序流动。国办印发的《全国一体化政务大数据体系建设指南》《关于加快推进电子证照扩大应用领域和全国互通互认的意见》等旨在促进共建共治共享良好数字生态。三是持续提升政务服务规范化水平。国务院印发《国务院关于加快推进政务服务标准化规范化便利化的指导意见》，国办发布《关于进一步规范行政裁量权基准制定和管理工作的意见》《关于加快推进"一件事一次办"打造政务服务升级版的指导意见》等。

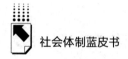

3.高质量推进基层法治建设

2022 年，高质量推进基层法治建设。主要表现在三方面：一是强化基层治理党建引领。中央全面依法治国委员会印发的《关于进一步加强市县法治建设的意见》将"党领导市县法治建设的制度和工作机制更加完善、基层社会治理法治化水平显著提升"等纳入加强市县法治建设的主要目标。中组部等 4 部门印发的《关于深化城市基层党建引领基层治理的若干措施（试行）》旨在进一步提升基层党建引领基层治理效能。二是聚焦服务国家重大战略。民政部联合农业农村部等 16 部门发布的《关于健全完善村级综合服务功能的意见》是国家对村级服务首次系统性、完整性提出要求，为加强农村地区普惠性、基础性、兜底性服务能力建设，促进乡村振兴、实现共同富裕提供制度保障。国家乡村振兴局、民政部印发《社会组织助力乡村振兴专项行动方案》旨在加快推进社会组织参与乡村产业、人才、文化、生态、组织全面振兴。民政部、中央文明办还印发了《关于推动社区社会组织广泛参与新时代文明实践活动的通知》。三是持续推动基层减负增效提质。中办、国办印发的《关于规范村级组织工作事务、机制牌子和证明事项的意见》有利于推动健全基层减负常态化机制。民政部等 9 部门印发的《关于深入推进智慧社区建设的意见》有助于提升城乡社区治理服务智慧化、智能化水平。

（三）统筹城乡的民生保障领域法治建设

国务院批复的《"十四五"新型城镇化实施方案》强调，要深入推进以人为核心的新型城镇化战略。2022 年，围绕保障和改善民生完善法律体系，为民政事业高质量发展提供有力法治保障。

1.依法治教

2022 年，贯彻落实全国教育大会精神，教育部会同有关部门开展了健全教育评价、推进教育数字化、强化思想政治工作、加强校外培训治理等制度建设。一是加快建立健全教育评价制度，发布《幼儿园保育教育质量评估指南》《普通高中学校办学质量评价指南》《特殊教育办学质量评价指南》《残疾人中等职业学校设置标准》等。二是进一步完善教育信息化标准体系，发布《教师数字素养》《教育基础数据》《中小学校基础数据》《智慧教育平台基本功能要求》《智慧教育平台数字教育资源技术要求》《直播类在线教学平台安全保障要求》《教育系统人员基础数据》《数字教育资源基础分类代码》等行业标准。三是强化思想政治工作。教育部等 10 部门印发《全面推进"大思政课"建设的工作方案》、教育部印发《关于进一步加强新时代中小学思政课建设的意见》、教育部办公厅发布《关于开展大中小学思政课一体化共同体建设的通知》等，为发挥思政课立德树人关键课程作用提供制度保障。四是进一步完善职业教育法律体系。《中华人民共和国职业教育法》制定 26 年以来首次修订，强调职业教育是与普通教育具有同等重要地位的教育类型。还印发了《关于深化现代职业教育体系建设改革的意见》《关于加强新时代高技能人才队伍建设的意见》等。五是进一步加强校外培训治理规范化。印发了《关于规范面向中小学生的非学科类校外培训的意见》《关于进一步加强学科类隐形变异培训防范治理工作的意见》《校外培训机构财务管理暂行办法》等。六是继续提高财务管理规范化水平。修订《中小学校财务制度》《高等学校财务制度》《出国留学经费管理办法》等。

2. 社会福利与社会保障

2022 年，社会福利与社会保障制度建设主要围绕未成年人保护、应对人口老龄化、保障妇女权益、提升残疾人能力等方面开展。一是未成年人保护方面。最高法、最高检、教育部联合发布《关于落实从业禁止制度的意见》，依法严格执行犯罪人员从业禁止制度，对师德严重违规问题"零容忍"。国务院未成年人保护工作领导小组办公室还印发了《未成年人文身治理工作办法》等。二是积极应对人口老龄化方面。中办、国办印发的《关于加强新时代关心下一代工作委员会工作的意见》旨在进一步发挥各级关工委和广大"五老"在教育、引导、关爱、保护青少年方面的独特优势和重要作用；国办印发的《关于推动个人养老金发展的意见》为发展适合中国国情、政府政策支持、个人自愿参加、市场化运营的个人养老金提供制度保障；人力资源和社会保障部等 5 部门印发的《个人养老金实施办法》进

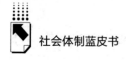

一步加强和规范了个人养老金业务管理及运作流程，还印发了《养老机构行政检查办法》等。三是妇女权益保障方面。修订的《中华人民共和国妇女权益保障法》进一步强化了财产申报、查清财产、经济补偿等救济手段和实施路径。四是提升残疾人能力方面。国办印发《促进残疾人就业三年行动方案（2022—2024年）》，中国残联等5部门联合印发《"十四五"残疾人职业技能提升计划》。此外，人力资源和社会保障部《社会保险基金行政监督办法》旨在规范和加强社会保险基金行政监督，保障社会保险基金安全；最高人民法院等7部门发布的《关于加强人身安全保护令制度贯彻实施的意见》有利于进一步做好预防和制止家庭暴力工作。

3. 医疗保障

2022年，一方面，进一步加强健康中国顶层设计。《"十四五"国民健康规划》明确将"到2025年，卫生健康体系更加完善，中国特色基本医疗卫生制度逐步健全"纳入发展目标。中办、国办印发的《关于构建更高水平的全民健身公共服务体系的意见》，不同于每五年制定的常规性《全民健身计划》，更具指导性，突出了"覆盖全民公益导向、科学布局统筹城乡、创新驱动绿色发展、政府引导多方参与"的工作原则。还印发了《全国护理事业发展规划（2021-2025年）》《"十四五"全民健康信息化规划》《"十四五"中医药发展规划》《"十四五"卫生健康标准化工作规划》《"十四五"卫生健康人才发展规划》《食品安全标准与监测评估"十四五"规划》《"十四五"全国眼健康规划（2021-2025年）》等。另一方面，不断强化公共卫生法治保障。《医疗保障基金使用监督管理举报处理暂行办法》有利于社会公众和新闻媒体依法进行社会监督和舆论监督。还修订了《医疗机构管理条例》《母婴保健法实施办法》《医疗机构手术分级管理办法》，印发了《诊所备案管理暂行办法》《医疗卫生机构网络安全管理办法》，发布了《公立医院高质量发展评价指标（试行）》《公立中医医院高质量发展评价指标（试行）》《生活饮用水卫生标准》《鼠疫自然疫源地及动物鼠疫流行判定》等。

4. 劳动就业

修订的《中华人民共和国工会法》进一步突出坚持党的领导，拓宽工会覆盖面，明确新就业形态劳动者参加和组织工会的权利。中华全国总工会印发的《关于深入推进"兜底建"工作的指导意见》、最高人民法院发布的《关于为稳定就业提供司法服务和保障的意见》都加强了新就业形态劳动者合法权益保障，有利于促进平台经济规范健康持续发展。

（四）平安中国建设

2022年，落实总体国家安全观，统筹发展与安全，进一步加强国防和军队法治建设、完善金融风险防范和网络安全保障制度，积极推进平安中国、法治中国建设。人民群众对平安建设满意度从2017年的95.55%上升到2022年的98.15%。[①] 我国首部系统、完备规范的反电信网络诈骗专门法《中华人民共和国反电信网络诈骗法》是中国特色反电信网络诈骗犯罪制度的成功探索和具体实践，有利于加强源头治理；《中华人民共和国期货和衍生品法》进一步统筹规范期货交易和衍生品交易行为，有利于防范化解金融风险；《中华人民共和国预备役人员法》对于强化预备役人员队伍法治化建设、推动预备役部队转型发展具有重要意义。修订的《中华人民共和国反垄断法》明确规定"经营者不得利用数据和算法、技术、资本优势以及平台规则等从事本法禁止的垄断行为"，还发布了《关于办理信息网络犯罪案件适用刑事诉讼程序若干问题的意见》《最高人民法院关于规范和加强人工智能司法应用的意见》等。

二 2022年社会治理法治建设的特征

（一）更加突出"党的领导、人民当家作主、依法治国有机统一"

2015年全国人大常委会法工委设立上海市虹桥街道办事处等4个首批基层立法联系点，至今已增至32个，实现了全国31个省、自治区、直辖市全覆

[①] 中央政法委长安剑：《钟政声：党的十九大以来政法工作取得十大历史性成效》，中国长安网，2023年1月29日，http://www.chinapeace.gov.cn/chinapeace/c100007/2023-01/29/content_12627477.shtml，最后访问时间：2023年5月29日。

盖，并辐射带动全国各地设立 509 个省及基层立法联系点和近 5000 个设区的市市级基层立法联系点。① 这是新时代中国发展全过程人民民主的生动实践，集中体现了"党的领导、人民当家作主、依法治国有机统一"。2022 年，更加突出"党的领导、人民当家作主、依法治国有机统一"。例如，中共中央政治局审议的《国家"十四五"期间人才发展规划》布局了高质量发展人才新体系，旨在把系统加强党对人才工作的领导、牢固确立人才引领发展的战略地位落到实处。例如，修订的《中华人民共和国职业教育法》指出，职业教育必须坚持中国共产党的领导，坚持社会主义办学方向。强调"公办职业学校要坚持由中国共产党职业学校基层组织全面领导学校工作，民办职业学校要保证中国共产党基层组织在学校重大事项决策、监督、执行各环节有效发挥作用"，为更好落实立德树人根本任务提供了坚强法治保障。此外，中办印发了《关于建立中小学校党组织领导的校长负责制的意见（试行）》等。

（二）更加突出"活力"与"秩序"的有机统一

习近平总书记深刻指出，要讲究辩证法，处理好活力与秩序的关系。2022 年，更加突出"活力"与"秩序"的有机统一。例如，修订的《中华人民共和国反垄断法》明确规定了"反垄断工作坚持中国共产党的领导"、强调"坚持市场化、法治化原则，强化竞争政策基础地位"。例如，占市场主体总量 2/3 的个体工商户是中国特色的市场主体，国务院制定的《促进个体工商户发展条例》突出了"鼓励、支持和引导个体经济健康发展"的表述，强调了"加强对个体工商户的监督、管理"，体现放管结合、并重的要求。例如，最高人民法院、最高人民检察院、公安部、国家安全部联合发布的《关于取保候审若干问题的规定》进一步规范取保候审工作，旨在贯彻落实少捕慎诉慎押刑事司法政策，体现了宽严相济的法律精神。例如，2022 年 3 月 1 日起实施的《中华人民共和国医师法》回应民生关切首次设立"终身禁止"制度，强化"医闹"入刑等规定；2022 年 11 月 11 日，最

---

① 刘华东：《基层立法联系点：搭建共商共建共享大舞台》，《光明日报》2023 年 1 月 12 日。

高人民法院、最高人民检察院、教育部联合发布《关于落实从业禁止制度的意见》，不仅有利于队伍规范化建设，更有利于预防违法犯罪，体现了紧抓源头治理、促进社会发展的精神。

（三）更加突出"法治国家、法治政府、法治社会一体建设"

2022 年，更加突出法治国家、法治政府、法治社会一体建设。中共中央、国务院印发的《党和国家机构改革方案》对党和国家机构职能实现系统性重构，新设中央社会工作部统筹指导人民信访工作、统筹推进党建引领基层治理和基层政权建设、社会工作人才队伍建设等。① 中办、国办印发的《关于推进社会信用体系建设高质量发展促进形成新发展格局的意见》提出，要运用信用理念和方式解决制约经济社会运行的难点堵点和痛点。修订的《信访条例》适用范围从行政机关拓宽到各级党的机关、人大机关、行政机关、政协机关、监察机关、审判机关、检察机关以及群团组织、国有企事业单位等开展信访工作。《纪检监察机关派驻机构工作规则》进一步推进纪检监察工作规范化、法治化、正规化。此外，最高人民法院发布了《关于审理涉执行司法赔偿案件适用法律若干问题的解释》《关于审理行政赔偿案件若干问题的规定》等。

三　2023年社会治理法治建设面临的挑战和展望

2023 年，要继续深入学习贯彻习近平法治思想，按照"法治国家、法治政府、法治社会"一体建设的要求，持续推进"科学立法、严格执法、公正司法、全民守法"，全方位加快建设法治社会，不断提高社会治理法治化水平。

---

① 中共中央、国务院印发的《党和国家机构改革方案》第一条第（四）款，组建中央社会工作部。负责统筹指导人民信访工作，指导人民建议征集工作，统筹推进党建引领基层治理和基层政权建设，统一领导全国性行业协会商会党的工作，协调推动行业协会商会深化改革和转型发展，指导混合所有制企业、非公有制企业和新经济组织、新社会组织、新就业群体党建工作，指导社会工作人才队伍建设等，作为党中央职能部门。

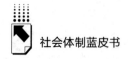

一是加强党对社会领域立法工作的全面领导，推进基层党建重点攻坚。党的十八大以来，中国特色社会主义法治体系加快建设，截至2023年3月，我国现行有效法律294件、行政法规599件、地方性法规1.3万余件，法律规范体系日臻完备。① 2023年，新版《国务院工作规则》首增"坚持党的领导"的内容，明确规定，坚持和完善党领导经济社会发展的体制机制，完善党中央重大决策部署落实机制，健全和落实请示报告制度，重大决策、重大事项、重要情况要及时向党中央请示报告。在社会领域，要重点围绕"民生保障和平安建设"破解基层党建难题，切实提高基层党建工作质量，进一步完善党委领导、政府负责、民主协商、社会协同、公众参与、法治保障、科技支撑的社会治理体系，进一步健全党组织领导的自治、法治、德治相结合的城乡基层治理体系建设，为中国式社会治理现代化提供有力组织保证。

二是深化综合行政执法体制改革，数智赋能社会治理现代化。2022年，落实《政府工作报告》要求，发布《国务院办公厅关于扩大政务服务"跨省通办"范围　进一步提升服务效能的意见》等，地方也纷纷出台有关文件，如《北京市数字经济促进条例》《江苏省数字经济促进条例》《山西省数字经济促进条例》等，以数字化改革助力政府职能转变，提升政府依法履职水平。2023年，国务院办公厅发布的《关于深入推进跨部门综合监管的指导意见》指出，要建立健全跨部门综合监管制度，强化条块结合、区域联动，完善协同监管机制。强调"要着力打通数据壁垒，以跨部门、跨区域、跨层级数据互通共享支撑跨部门综合监管"。数智赋能社会治理现代化，助力综合行政执法体制改革深入开展，是重点任务，是难点工程，也有望成为创新突破点。

三是坚持和发展新时代"枫桥经验"，健全中国特色多元解纷体系。中国特色"总对总"在线多元解纷新格局，开拓了替代性纠纷解决机制和在线纠纷解决机制建设的全新实践，截至2022年8月，入驻或对接法院调解平台的调解组织和调解员数量较2020年底分别增长32倍和18倍，全国四

① 　简柏：《在法治轨道上全面建设社会主义现代化国家》，《求是》2023年第8期。

级法院和 7.8 万个调解组织、6.9 万家基层治理单位、32.8 万名调解员在调解平台为当事人提供菜单式、集约式、一站式解纷服务。① 2023 年，要进一步坚持和发展新时代"枫桥经验"，完善调解、信访、仲裁、行政裁决、行政复议、诉讼等多种方式有机衔接的工作体系，积极消除教育、生育、就业、医疗、住房等民生领域矛盾隐患，多措并举营造良好社会环境。

四是筑牢青少年成长的法治之基，推动全民尊法学法守法用法。全民守法是全面依法治国的基础，青少年的法律素养在一定程度上决定了未来整个社会的法治意识和法治素养。值得深思的是，从 2020 年至 2022 年检察机关受理审查逮捕、审查起诉未成年犯罪嫌疑人情况看，未成年人犯罪总体呈上升趋势，低龄未成年人犯罪占比上升，未成年人涉嫌帮助信息网络犯罪活动罪明显上升。② 教育部等 13 部门发布的《关于健全学校家庭社会协同育人机制的意见》明确了"到 2035 年，形成定位清晰、机制健全、联动紧密、科学高效的学校家庭社会协同育人机制"的目标。2023 年，要继续深入学习贯彻习近平法治思想，以夯实青少年法治教育为抓手，持续推动全民尊法学法守法用法。

参考文献

中共中央宣传部、中央全面依法治国委员会办公室：《习近平法治思想学习纲要》，人民出版社、学习出版社，2021。

龚维斌：《成功推进和拓展了中国式现代化》，《人民日报》2022 年 10 月 25 日。

黄文艺：《推进中国式法治现代化 构建人类法治文明新形态——对党的二十大报告的法治要义阐释》，《中国法学》2022 年第 6 期。

莫纪宏、田禾主编《中国法治发展报告（No.21·2023）》，社会科学文献出版社，2023。

---

① 高原平：《新时代"枫桥经验"在司法实践中彰显蓬勃生命力》，《人民法院报》2022 年 8 月 29 日。

② 最高人民检察院：《未成年人检察工作白皮书（2022）》，2023 年 6 月 1 日。

B.7
2022年公众社会现象关注与
社会心态分析

胡建国*

摘　要： 基于百度指数，本文对2022年公众社会现象关注与社会心态展开分析。分析发现，公众在社会认知、社会情绪、价值观念、行为倾向四个维度上，对主要社会现象的关注度较之上年呈现一定程度的变化。整体来看，公众社会心态良好，对社会治安、社会冲突现象关注度下降，对利他行为关注度上升，反映出公众社会安全感上升、社会冲突感下降，以及利他行为倾向强化。同时，公众对社会公正、社会支持、社会和谐现象关注度上升，表明公众对经济社会发展有更高诉求。需要关注的是，公众对社会焦虑与压力现象的关注度上升，尤其是中青年群体对社会焦虑与社会压力现象，以及对社会冲突和维权行为现象的关注度均高于其他群体。对此，进一步优化政策以回应公众诉求、针对重点群体精准施策、合理引导公众社会心态、创造良好社会环境，是当前经济社会发展的重要任务。

关键词： 社会问题　民生需求　社会治理　百度指数

一　问题提出

加强社会心理服务体系建设，培育公众自尊自信、理性平和、积极向上

＊ 胡建国，北京工业大学文法学部教授，北京社会管理研究基地研究员，主要研究方向为社会建设与社会治理。

的社会心态，是新时代推进社会治理的重要任务。2022年，在政治经济领域，我国成功举办冬奥会，党的二十大召开，国民经济与社会发展在挑战中向前迈进，全年国内生产总值突破121万亿元；① 在社会生活领域，疫情防控进一步优化，一些社会热点事件如唐山打人、中小学教材插图问题等引发社会关注。上述因素从不同方向不同程度地影响着公众社会心态，对此本报告通过分析2022年公众社会现象，剖析公众社会心态，提出相应的对策建议。

社会心态是特定时期内公众整体社会心境的状态，通过社会流行、时尚、舆论和社会情绪等表现出来，良好的社会心态是社会发展与稳定的重要前提与基础。② 从现有研究来看，社会心态主要包括社会认知、社会情绪、价值观念与行为倾向四个方面，这四个方面又分别由若干具体指标构成。③本报告参考现有研究并根据研究可操作性和数据可获取性，将社会心态分解为4个一级指标（社会认知、社会情绪、价值观念、行为倾向）和11个二级指标（见图1）。

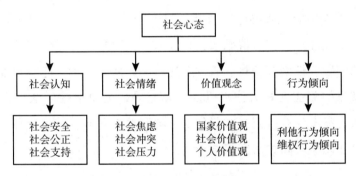

图1　社会心态测量指标

① 国家统计局：《中华人民共和国2022年国民经济和社会发展统计公报》，国家统计局网站，2023年2月28日，http://www.stats.gov.cn/zt_18555/zthd/lhfw/2023/hgjj/202302/t20230228_1919008.html。
② 杨宜音：《个体与宏观社会的心理关系：社会心态概念的界定》，《社会学研究》2006年第4期。
③ 马广海：《论社会心态：概念辨析及其操作化》，《社会科学》2008年第10期；王俊秀：《社会心态：转型社会的社会心理研究》，《社会学研究》2014年第1期。

在社会心态研究方法上，除抽样调查、文献资料分析、访谈法、心理测量等研究方法外，近年来还兴起了基于网络中公众对社会现象的关注度来分析公众社会心态的研究方法，[①] 相较于以往的研究方法，这种新的研究方法具有便捷性和客观性优势，因此本报告采用这一研究方法展开研究。具体而言，本报告基于百度指数进行研究。百度是全球最大的中文搜索引擎，也是国内用户量最多的中文搜索引擎，百度指数是以公众在百度搜索引擎中的搜索行为数据为基础的数据平台，以大数据反映公众搜索行为及其变化趋势。本报告使用百度指数中的三个数据源。[②] ①搜索指数：是以网民在百度的搜索量为数据基础，以关键词为统计对象，科学分析并计算出关键词在百度网页搜索中的搜索频次并得出加权和。搜索指数变动反映公众对特定社会现象和社会问题的关注度上升或下降，对这种关注度的变化需要结合具体实际进行定性分析。②需求图谱：用户在搜索该词前后的搜索行为变化中表现出相关检索词需求，例如公众搜索共同富裕时搜索信息出现"扩大中等收入群体"，说明"扩大中等收入群体"是公众对共同富裕的主要关注点。③人群画像：百度基于大数据计算提供相关关键词访问人群的年龄、性别等信息。通过上述三个数据源分析，能够观察到公众对社会现象的关注度和关注点以及群体差异，进而把握公众社会心态状况。本报告参考现有研究并对照公众百度搜索关键词，对社会心态指标进行变量操作以展开相关研究工作。

二 社会认知

社会认知是公众对特定社会现象的认识或理解，社会认知对社会心态的

---

① Ripberger J. T. , Capturing Curiosity：Using Internet Search Trends to Measure Public Attentiveness. *Policy Studies Journal*, Vol. 39, No. 2, 2011, pp. 239-259；王永斌：《谁在关注社会主义核心价值观——基于百度指数的大数据分析》，《马克思主义研究》2018 年第 2 期。

② 相关说明见百度指数网页：https://index.baidu.com/v2/main/index.html#/help? anchor = wmean。

其他维度有重要影响，在社会心态中处于基础性位置，主要涉及社会安全、社会公正和社会支持等领域。^① 图 2 反映了 2022 年公众在社会认知方面对主要社会现象的搜索指数情况，可以看出公众对社会安全关注度略有下降，对社会公正和社会支持关注度有所上升。

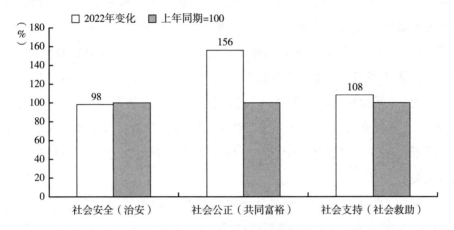

图 2 社会认知方面公众对主要社会现象关注度变化

第一，在社会安全方面，公众对治安搜索指数是上年同期的 98%，关注度下降。虽然 2022 年发生个别引发社会高度关注的社会治安事件（如唐山打人事件），但是近年来随着我国社会治理的推进，治安案件数量逐年下降，社会治安形势持续好转，公众安全感不断提高，我国成为世界公认最安全的国家之一，^② 这是公众对治安关注度下降的重要原因。从需求图谱来看，公众在对治安相关搜索中涉及"打非治违""国务院大督查"等信息，表明公众在社会安全方面对政府有较高的关注度；同时涉及"三亚宰客""河池""谣言""唐山打人""噪声扰民"等信息，表明公众对社会安全的关注点主要包括消费、治安事件、网络谣言、噪声扰民

---

① 马广海：《论社会心态：概念辨析及其操作化》，《社会科学》2008 年第 10 期；王俊秀：《社会心态：转型社会的社会心理研究》，《社会学研究》2014 年第 1 期。
② 马建堂主编《十年伟大飞跃》，人民出版社，2022，第 195～197 页。

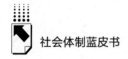

等，这些问题与人民生活密切相关，这也是进一步提升公众社会安全感的主要面向。

第二，在社会公正方面，公众对共同富裕的搜索指数明显提升，是上年同期的156%。共同富裕事关效率与公平，对促进社会公平正义有着重要的意义，① 因此受到社会的广泛关注。从需求图谱来看，在共同富裕相关搜索中，公众关注点包括"中央财经委员会第十次会议""二十大"等信息，反映出在推进共同富裕的进程中公众对党和政府的高度期盼；同时包括"第三次分配""乡村振兴""高质量发展""脱贫攻坚""收入差距""扩大中等收入群体""退休金上调""税收调节""先富带动后富""企业社会责任"等信息，反映出公众对共同富裕的主要问题的关注与诉求，尤其对"退休金上调""税收调节"的关注与公众切身利益密切相关。

第三，在社会支持方面，公众对社会救助的搜索指数是上年同期的108%，有所上升。受三年新冠疫情的影响，部分公众的生活与就业面临困难，这是导致社会支持关注度上升的重要原因。从需求图谱来看，在社会救助相关搜索中，涉及"社会救助暂行办法""社会救助法"等信息，反映出公众对社会救助政策的关注；同时涉及"爱心救助""社会福利""幸福工程""生育保险""红十字基金会""一老一小""低保""慈善事业""扩大就业""再就业""兜底保障""公益性岗位"等信息，反映出公众对社会救助的关注点和诉求点主要集中在就业与保障等方面，因此积极推进就业和做好社会保障是当前的重要任务。

另外，从代际群体来看（见图3），可以看出30～39岁群体（大体对应80后群体）在社会认知方面对主要社会现象的关注度最高，20～29岁群体（大体对应90后群体）次之，而19岁及以下群体（大体对应00后群体）和50岁及以上群体关注度则最低。这种代际差异主要是因为80后群体和90后群体大多处于生活和工作的关键期，对社会问题思考多和关注度高。

---

① 习近平：《扎实推动共同富裕》，《求是》2021年第20期。

在性别方面（见图4），男性群体和女性群体对社会公正与社会安全的关注度差异性小，但是女性群体对社会支持的关注度显著高于男性群体。从需求图谱来看，在社会支持相关的搜索信息中，"幸福工程""生育保险"等与女性群体有着直接的关联，反映出女性群体在社会支持方面的需求高于男性群体。

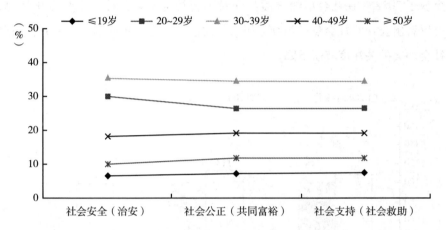

图3 社会认知方面不同代际群体对主要社会现象关注度的比较

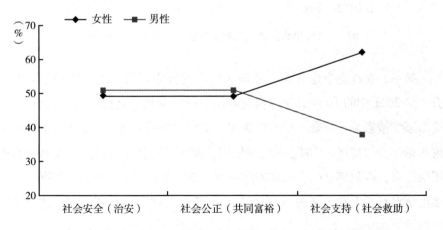

图4 社会认知方面不同性别群体对主要社会现象关注度的比较

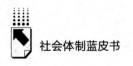

三 社会情绪

社会情绪是社会心态构成中的感情性因素，是社会成员对各种社会现象的情感性反应或评价，主要包括社会焦虑、社会压力、社会冲突等。[①] 图5反映了2022年在社会情绪方面公众对主要社会现象的搜索指数变化情况，可以看出公众对社会焦虑与社会压力的关注度较之上年同期有所上升，而对社会冲突的关注度有所下降。

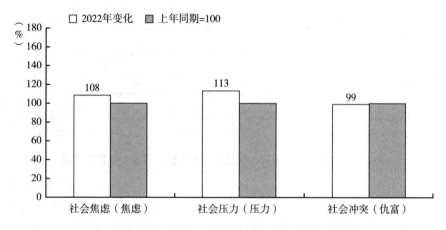

图5 社会情绪方面公众对主要社会现象的关注度变化

第一，在社会焦虑方面，公众对焦虑的搜索指数较之上年同期有所上升，是2021年的108%，从侧面反映出当前公众的社会焦虑情绪有所上升。受新冠疫情影响，公众生活与就业在一定程度上受到冲击，造成部分公众出现焦虑不安的情绪，[②] 加之民生领域房价高企、教育竞争激烈、老龄化水平不断提高，以致部分公众出现购房焦虑、教育焦虑、养老焦虑等情况，使得焦虑情绪有所上升。从需求图谱来看，与焦虑相关的搜索包括"不上班"

---

① 马广海：《论社会心态：概念辨析及其操作化》，《社会科学》2008年第10期；王俊秀：《社会心态：转型社会的社会心理研究》，《社会学研究》2014年第1期。

② 白剑峰：《积极调整心态，维护心理健康》，《人民日报》2022年11月29日，第10版。

"乱想""降薪""裁员""家庭教育""养老""焦虑怎么办""压力大怎么办""抑郁""心理咨询""精神压力""焦虑自测""想得太多""情绪与健康"等信息，反映出公众焦虑的主要来源。对此，需要进一步发展社会事业和改善民生，有针对性地加强公众心理疏导。

第二，在社会压力方面，公众对压力的搜索指数是上年同期的113%，同样反映出压力情绪有所上升。从需求图谱来看，与压力相关的搜索包括"工作压力""职业枯竭""精神压力""心理压力""心理危机"等信息，反映出公众压力的主要来源；同时包括"如何缓解压力""释放压力""睡眠不好怎么办"等信息，反映出公众在缓解压力方面的主要关注点。

第三，在社会冲突方面，公众对仇富的搜索指数是上年同期的99%，略有下降。在社会情绪中，社会冲突感受主要指向利益冲突，其中，"仇富"等现象往往引人关注从而成为社会冲突情绪蔓延的导火索。[1] 从需求图谱来看，与仇富相关的搜索包括"富二代""豪宅""炫富"等信息，反映出富人群体消费行为与现象是公众的主要关注点。

另外，从代际群体来看（见图6），30~39岁群体对于社会焦虑与社会压力现象的关注度最高，对于社会冲突现象的关注度则下降到第三；20~29岁群体对社会焦虑与社会压力现象的关注度次之，但是对社会冲突现象的关注度则上升到第一。需要关注的是，19岁及以下群体对社会焦虑与社会压力关注度并不高，但是他们对于社会冲突的关注度在各代际群体中位居第二。可以看出，公众对社会冲突现象的关注呈现"青年化"的特征，对社会焦虑与社会压力现象的关注则呈现"中青年化"。在性别方面（见图7），女性群体对于社会焦虑和社会压力现象的关注度高于男性群体，而男性群体对于社会冲突现象的关注度高于女性群体。从需求图谱来看，导致这种性别差异的原因主要是在社会焦虑与社会压力现象中，女性群体更容易受到就业焦虑与教育焦虑的影响，而男性群体对于社会冲突的感知强于女性群体。

---

[1] 同心：《共筑平安梦——共建共治共享的社会治理制度如何搭建?》，《人民日报》2020年8月12日，第7版。

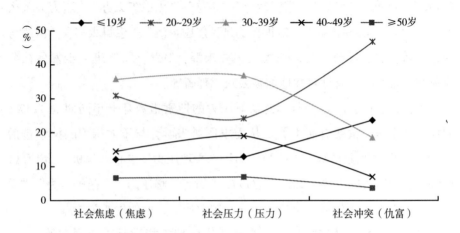

图6　社会情绪方面不同代际群体对主要社会现象关注度的比较

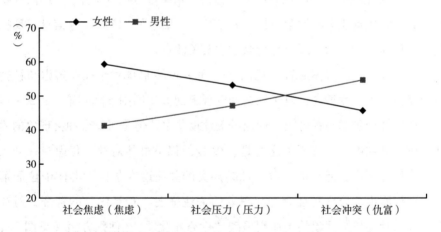

图7　社会情绪方面不同性别群体对主要社会现象关注度的比较

四　价值观念

　　价值观念是社会成员在评价行为、事物以及从各种可能的目标中，选择自己合意目标的准则。当价值观的主体是个人的时候就是个人价值观，而当某种价值观念普遍被社会成员所接受时，便成为社会主流价值观。[①] 自 2012年社会主义核心价值观提出以来，强化公众对于社会主义核心价值的认同进而凝聚共识，成为党和政府努力的重要方向。参考现有研究以及社会主义核心价值观的构成，本报告将价值观念分为国家、社会、个人三个层面，分别选取富强、和谐和敬业三种社会现象反映公众价值观念状况。图 8 反映了2022 年相关搜索指数变化情况，可以看出公众对于富强与敬业的关注度有所下降，对和谐的关注度有所上升。

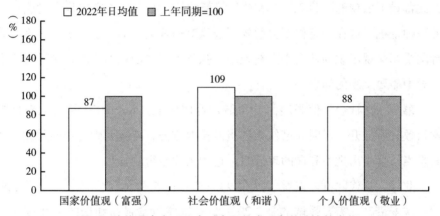

图 8　价值观念方面公众对主要社会现象关注度的变化

第一，在国家价值观层面，富强是核心价值取向。从百度搜索指数近十年变化来看，公众对富强的关注度整体上呈现"先扬后抑"的趋势，在2021 年后搜索指数开始有所下降。2022 年则延续这种变化趋势。这种情况反映出随着我国经济发展取得显著成就、人民生活水平显著提升、国家日益富强，公众对此的关注在一定程度上发生了转移。正如现有研究指出的那样，在经济社会发展过程中，随着社会经济发展和物质生活极大改善，公众优先价值观念会从经济增长转向经济增长之外的其他领域。[②] 同时，随着国

① 马广海：《论社会心态：概念辨析及其操作化》，《社会科学》2008 年第 10 期；王俊秀：《社会心态：转型社会的社会心理研究》，《社会学研究》2014 年第 1 期。
② 〔美〕罗纳德·英格尔哈特：《发达工业社会的文化转型》，张秀琴译，社会科学文献出版社，2013。

家不断富强，公众在对于象征国家富强的社会现象的关注中获得满足后，对其关注度在一定程度上也会发生下降。但是，当有违国家价值取向的社会现象发生时，公众往往反应强烈。例如，2022 年个别中小学教材和课外读物插图使用问题引发公众强烈反应与关注，[①] 表明公众对国家价值取向的认同会反弹出来。

第二，在个人价值观层面，敬业是重要价值追求。2022 年公众对此搜索指数有所下降，与近年来社会快速发展下竞争日益激烈导致的内卷有关。在此背景下出现的"佛系""躺平"等新的社会心态现象实质是对过度竞争的一种抵抗，这在一定程度上削弱了公众对职业成就的追求。对此，理性看待围绕职业观出现的社会心态新现象，强化人们对职业的追求，是社会心态引导中需要重视的问题。[②]

第三，在社会价值观层面，和谐是普遍价值共识。2022 年公众对此搜索指数有所上升，表明和谐作为进步的重要方面，持续受到公众的关注。尤其是当社会中出现不和谐的现象时，这种关注会得到强化。

此外，从代际群体来看（见图 9），30~39 岁群体对富强、和谐、敬业的关注度最高。需要强调的是，20~29 岁群体对富强与和谐的关注度在各代际群体中位居第二，但是他们对敬业的关注度则明显下降，在各代际群体中位居倒数第二，青年群体"敬业危机"需要引起关注。在性别方面（见图 10），女性群体对于富强、和谐与敬业的关注度均高于男性群体，性别差异十分明显。

五　行为倾向

行为倾向是社会心态构成中的行为成分，但并非行为本身而是行为的准

---

① 《人教版小学数学教材插图问题调查处理结果公布》，《人民日报》2022 年 8 月 23 日，第 6 版。
② 蒋肖斌、章正：《用"佛系"调适心灵，用奋斗实现自我》，《中国青年报》2018 年 3 月 14 日，第 5 版。

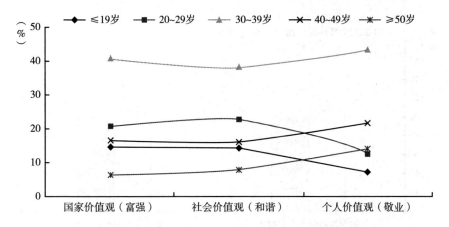

图9 价值观念方面不同代际群体对主要社会现象关注度的比较

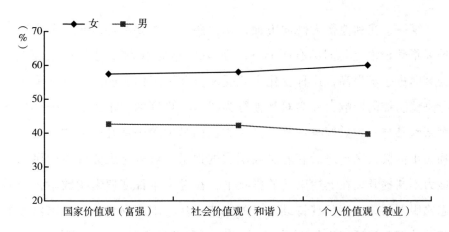

图10 价值观念方面不同性别群体对主要社会现象关注度的比较

备状态，因此行为倾向是社会心态中最接近显性社会行为的部分，对社会行为有直接影响。[①] 参考现有研究，本报告将行为倾向分解为利他行为倾向和维权行为倾向，图11反映了2022年公众对此搜索指数的变化情况，两个方面均呈现上升的趋势。

---

① 马广海：《论社会心态：概念辨析及其操作化》，《社会科学》2008年第10期；王俊秀：《社会心态：转型社会的社会心理研究》，《社会学研究》2014年第1期。

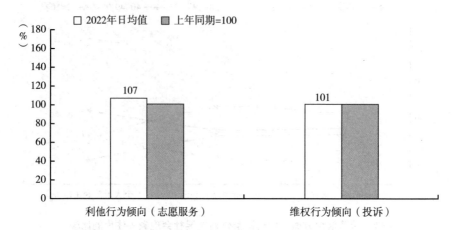

图11 行为倾向方面公众对主要社会现象关注度的变化

第一，在利他行为倾向方面，志愿服务是主要社会现象，公众对其搜索指数较之上年同期有所上升，是2021年的107%，表明公众利他行为倾向进一步提高，这种变化主要受两方面因素的影响。一方面是受新冠疫情防控的影响，社会对利他行为提出了更高的需求，需要公众更加踊跃地参与到志愿服务中来。另一方面则是随着经济社会发展，公众在物质生活极大满足之后有着更高层次的追求，对志愿服务参与的愿望与能力不断提升。在上述因素的影响下，在近十年百度搜索指数中公众对志愿服务的关注度呈现持续上升的趋势。从需求图谱来看，与志愿服务相关的搜索包括"青年志愿服务""志愿服务网登录""志愿精神""支援西部""儿童之家""义务劳动""爱心献血""公益慈善""旧衣捐赠"等信息，反映出公众对志愿服务的关注主要集中在志愿服务参与途径与志愿服务领域。

第二，在维权行为倾向方面，投诉是主要社会现象，公众对其搜索指数较之上年同期略有上升，是2021年的101%。从需求图谱来看，公众相关搜索包括"消费投诉""淘宝投诉""噪声投诉""交通投诉""医院投诉""汽车投诉"等具体投诉领域，同时也包括"行政投诉""12315投诉""网络投诉"等具体投诉渠道。可以看出，公众在生活中遭遇的权益受损主要来自消费领域与民生领域，而维权行动主要诉诸政府和媒体的力量。

另外，从代际群体来看（见图12），在对志愿服务的关注中，20~29岁群体的关注度最高，30~39岁群体位居第二，再次是19岁及以下群体。可以看出，对志愿服务的关注呈现"中青年化"的特征，这与志愿服务实际主要参与群体基本相符。在对投诉现象的关注方面，呈现"两头低，中间高"的特征——19岁及以下群体和50岁及以上群体的关注度低，而20~49岁群体的关注度明显更高，其中又以30~39岁群体的关注度最高。这表明中青年群体的维权意识最强，最有可能采取维权行动。在性别方面（见图13），女性群体对投诉的关注度弱于男性群体，表明男性维权意识更为强烈；但是女性群体对志愿服务的关注度明显高于男性群体，这与现有研究中女性在志愿服务中更为活跃的结论相一致。[①]

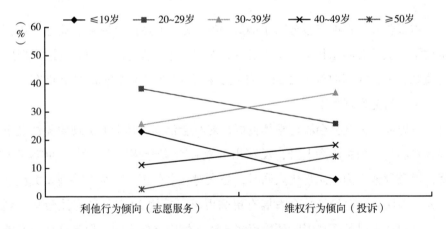

图12 行为倾向方面不同代际群体对主要社会现象关注度的比较

---

① 杜文斌、罗雯：《社区志愿者的参与动机、组织环境与工作满意度的关系研究》，《中国志愿服务研究》2021年第2期。

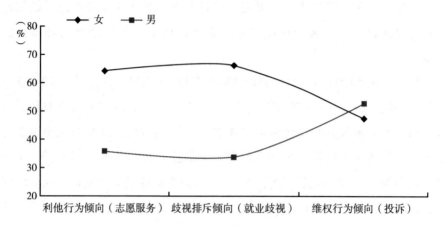

图13　行为倾向方面不同性别群体对主要社会现象关注度的比较

六　结论与建议

本报告基于百度指数分析了2022年公众对主要社会现象的关注，进而探讨了公众社会心态状况。研究发现，2022年公众在社会认知、社会情绪、价值观念和行为倾向四个方面，对主要社会现象的关注度较之上年有所变化，主要研究发现如下。

一方面，公众社会心态整体良好，对社会治安、社会冲突现象关注度下降，对利他行为关注度上升，反映出公众社会安全感上升、社会冲突感下降，以及利他行为倾向强化。同时，公众对社会公正、社会支持现象关注度上升，表明公众对经济社会发展有更高诉求。虽然2022年经济社会发展到受到疫情冲击以及面临国际环境诸多不确定性因素的影响，但是社会心态整体良好，为经济社会发展创造了良好的社会环境。

另一方面，公众社会心态中依然存在一些需要关注的问题。公众对社会焦虑与压力现象的关注度上升，尤其是中青年群体对社会焦虑与压力现象的关注度明显高于其他群体，青年对社会冲突和维权行为现象的关注度高于其他群体；公众对敬业的关注度有所下降，尤其是青年群体表现得更为突出，这与近年来社会心态中出现的"佛系""躺平"等现象有着直接的关联。对于这些现象需要进行合理引导，进一步优化政策以回应公众诉求，针对重点群体精准施策，营造良好社会环境。为此，提出如下建议。

第一，加强重点领域改革与治理，回应公众诉求。例如，研究发现虽然公众对社会安全的关注度下降，但是社会治安、网络谣言、噪声扰民等现象是公众在社会安全领域较为关注的问题。因此，需要进一步强化社会治理，加强对治安事件、网络谣言、噪声扰民等现象的整治，不断优化公众生活环境。再如，在推进共同富裕方面，对公众较为关注的"税收调节"问题应给予回应。目前，我国个人所得税政策上调了个人所得税起征点，但是个人所得税起征点仍然过低，受到较多的社会争议，这在公众对共同富裕相关问题的关注中表现得较为突出。

第二，重视弱势群体的诉求。例如，对于公众较为关注的"退休金上调"问题，事关广大退休人员，要高度重视。正如有研究指出的那样，退休人员是目前社会中低收入群体的重要构成，在实现共同富裕进程中要关注这一特殊群体，不能让他们掉队，要持续实现退休金的稳定增长。再如，公众在对社会救助的关注中，集中涉及"爱心救助""社会福利""幸福工程""扩大就业""再就业""公益性岗位"等信息，主要反映的是弱势群体在就业与保障方面的诉求，因此要积极推进就业工作和做好社会保障工作。

第三，分类施策关注和回应中青年群体的诉求。例如，对社会焦虑与压力现象的关注呈现"中青年化"特征，对社会冲突现象和权益维护现象的关注同样呈现"中青年化"的特征。青年和中年群体处于人生的爬坡阶段，在工作与生活中往往面临更大的压力和更多的焦虑，他们对于社会冲突现象和权益维护现象也更为关注。另外，中青年群体对利他行为的关注度也最高，他们在志愿服务参与方面积极性也更为突出，为此要分类施策，有针对性地采取有效措施，解决中青年群体的实际困难。

基本公共服务篇
Basic Public Services

B.8
2022年中国教育体制改革：进展与展望

朱国仁*

摘 要： 2022年，面对纷繁复杂的外部环境和严峻的疫情防控形势，我国教育体制改革取得了新的进展，强化校外培训机构综合治理，"双减"工作进一步深化；实行党组织领导的中小学校长负责制，党对中小学校工作的全面领导得到加强；颁布施行新修订的职业教育法，职业教育体制改革持续深化；启动新一轮"双一流"建设，推动高等教育改革创新和高质量发展；加强在线教育教学管理，教育数字化建设稳步推进。展望未来，我国教育体制改革将进一步深化，重点是坚持立德树人根本任务，全面深化育人体制机制改革；坚持以人民为中心发展教育，加快建设更加公平更高质量的教育体系；坚持教育为社会主义现代化建设服务，健全教育对经济社会发展的适应机制；继续深化教育领域综合改革，加快推进教育治理体系和治理能力现代化；全面实施国

---

* 朱国仁，中共中央党校（国家行政学院）进修二部副主任（正局长级），研究员，主要研究方向为教育管理与教育政策。

家教育数字化战略，加快推进教育数字化转型；继续推进"双减"工作，加快构建教育良好生态。

关键词： 教育体制改革　"双减"政策　"双一流"建设　教育数字化

2012 年 11 月，党的十八大召开，中国特色社会主义进入新时代，到 2022 年 10 月党的二十大胜利召开，新时代整十年。新时代十年，在以习近平同志为核心的党中央坚强领导和习近平新时代中国特色社会主义思想指引下，我国教育体制改革全面深化，一系列重大改革举措的实施，取得一系列突破性进展和标志性成果。随着教育基础性制度体系的建立，中国特色社会主义教育体制逐步形成。我国教育取得历史性成就、发生历史性变革，呈现新的发展格局。一是加强党对教育工作的全面领导，教育领导体制逐步完善。二是重视顶层设计，教育体制改革持续深化。三是坚持系统观念，教育改革的系统性、整体性、协同性不断增强。四是坚持高质量发展，高质量教育体系建设不断推进。五是坚持以人民为中心的发展思想，教育公平取得新进展。六是全面推进依法治教，教育法治化进程不断加快。

新时代十年的教育体制全面改革，推动教育事业大发展，教育普及水平实现历史性跨越，为全面建成小康社会、推进全面建设社会主义现代化国家，提供了有力的人才保障和智力支持。据统计，2022 年我国各级各类学校总数达到 51.85 万所，学历教育在校生人数达到 2.93 亿人，专任教师有 1880.36 万人，教育规模稳居世界第一。[①] 我国也是目前世界上高等教育规模、研究生教育规模最大国家。学前教育、高中阶段教育基本普及；小学和初中教育完全普及，达到世界高收入国家水平；高等教育进入普及化阶段，达到世界中高等收入国家水平。与 2012 年相比，2022 年各级教育都有大幅

---

① 教育部发展规划司：《2022 年全国教育事业发展基本情况》，教育部网站，2023 年 3 月 23 日。

度增长（见表1），新增劳动力平均受教育年限达到14年。新时代十年，我国教育投入每年都有明显增长，国家财政性教育经费占国内生产总值比例一直保持在4%以上。教育质量和教育公平都有明显提升。教育对外开放水平不断提高，国际影响力显著增强。

表1　2012年与2022年我国各级教育普及情况比较

各级教育	2012年(%)	2022年(%)	十年比例增长(个百分点)
学前教育毛入园率	64.5	89.7	25.2
义务教育巩固率	91.8	95.5	3.7
高中教育毛入学率	85.0	91.6	6.6
高等教育毛入学率	30.0	59.6	29.6

资料来源：教育部：《2012年全国教育事业发展统计公报》，教育部网站，2013年8月16日；教育部发展规划司：《2022年全国教育事业发展基本情况》，教育部网站，2023年3月23日。

一　进展：2022年教育体制改革主要举措

2022年是党和国家历史上具有非凡意义的一年。党的二十大胜利召开，擘画了全面建设社会主义现代化国家的宏伟蓝图。面对严峻复杂的国内外形势，党中央统筹疫情防控和经济社会发展，果断应对各种风险挑战，克服各种不利因素影响和困难，实现了经济平稳运行和社会大局稳定，全面深化改革稳步推进。2022年，我国教育体制改革取得了新的进展。

（一）强化校外培训机构综合治理，"双减"工作进一步深化

2022年，"双减"政策实施进入第二年，在已取得的成果基础上，教育部继续把"双减"工作摆在突出位置、重中之重，出台并实施一批重大措施，强化校外培训机构治理，推动"双减"工作进一步深化。主要措施：一是建立监管机制，加大监管治理力度。建立校外培训社会监督员制度，成立全国校外教育培训监管专家委员会，把"双减"政策实施情况纳入教育

行政执法和教育督导重点内容，提升校外培训治理能力和治理水平，推进校外培训监管常态化。1月，教育部、中央编办、司法部印发《关于加强教育行政执法深入推进校外培训综合治理的意见》；8月，教育部还印发了《校外培训行政处罚暂行办法》；5月，教育部办公厅、应急管理部办公厅印发了《校外培训机构消防安全管理九项规定》。二是着力打击学科类隐形变异培训行为。11月，教育部办公厅等十二部门联合印发了《关于进一步加强学科类隐形变异培训防范治理工作的意见》。三是巩固学科类培训机构压减成果，加强节假日和寒暑假期校外培训治理工作。教育部开展了义务教育阶段学科类校外培训"回头看"工作；1月和6月，教育部办公厅先后印发了《关于认真做好寒假期间"双减"工作的通知》和《做好2022年暑期校外培训治理有关工作的通知》。四是规范非学科类校外培训，推广地方非学科类培训机构治理经验。3月，教育部、国家发改委、市场监管总局联合发出了《关于规范非学科类校外培训的公告》；6月，教育部办公厅发出《关于印发地方非学科类培训机构治理工作做法的通知》，向各地宣介推广上海市、山东省、湖北省、浙江省温州市、江苏省常州市、重庆市铜梁区等6地深化非学科类培训机构治理工作的做法。五是健全课后服务经费保障机制。为贯彻落实"双减"政策，做好义务教育阶段学生课后服务工作，教育部督促各地各校做好课后服务经费保障。到2022年8月，"全国约有95%的县区建立了课后服务经费保障机制，31个省份制定学校课后服务经费保障办法"。① 各地情况不同，经费来源不同，不少地方向学生家长收取一定的费用。为加强收费收入管理，7月，财政部、教育部印发新修订的《中小学校财务制度》，要求把为在校学生提供课后服务收取的服务性收费收入计入其他收入，实行规范管理。

（二）实行党组织领导的中小学校长负责制，党对中小学校工作的全面领导得到加强

为全面落实加强党对教育工作的全面领导，健全党对学校工作领导的体

---

① 教育部：《对十三届全国人大五次会议第8790号建议的答复》（教基建议〔2022〕162号），教育部网站，2022年8月7日。

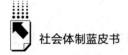

制机制，在不断完善普通高等学校全面实施党委领导下的校长负责制的同时，2021年11月，习近平总书记主持召开中央全面深化改革领导委员会第二十二次会议，审议通过了《关于建立中小学校党组织领导的校长负责制的意见（试行）》（以下简称《意见》），2022年1月，由中共中央办公厅印发实施。《意见》共有5个部分、15条，对发挥中小学校党组织领导作用、支持和保证校长行使职权、建立健全议事决策制度、完善协调运行机制、加强组织领导等提出了具体明确要求。同时，还要求公办幼儿园参照执行，民办中小学校党的工作按照有关规定执行。2016年，中央组织部和教育部党组印发的《关于加强中小学校党的建设工作的意见》对中小学校党建工作作出了规定，该意见是在更高层次上明确了党对中小学校全面领导的体制，对加强中小学校党的建设和党对中小学校工作的全面领导具有重要的指导意义。中小学校是实施基础教育的机构，承担着为党育人、为国育才的重要使命。中小学生是民族的未来和希望、党和国家事业的接班人，建设社会主义现代化强国、实现民族伟大复兴必须高度重视中小学生的教育。加强党对中小学校的全面领导，建立党组织领导的校长负责制，发挥基层党组织在学校教书育人中的战斗堡垒作用，把政治标准和政治要求贯穿办学治校、教书育人全过程，保证党的教育方针和党中央决策部署在中小学校得到全面贯彻落实，是坚持中国特色社会主义办学方向、培养堪当民族复兴大任时代新人的必然要求。11月，教育部印发的《关于进一步加强新时代中小学思政课建设的意见》，就加强党对中小学思政课建设的全面领导提出了具体要求。

（三）颁布施行新修订的职业教育法，职业教育体制改革持续深化

《中华人民共和国职业教育法》于1996年5月颁布，到2022年已经26年，其间，我国职业教育得到了很大发展，发生了巨大变化，成为整个教育体系中的重要组成部分，在提高劳动者素质技能水平、促进就业创业、建设教育强国、推动人力资源强国和技能型社会建设、促进经济转型与产业升级和经济社会发展，发挥了十分重要的作用。2022年4月20日，第十三届全国人民代表大会常务委员会第三十四次会议通过《中华人民共和国职

业教育法》修订，自2022年5月1日起施行。新修订的职业教育法与1996年的职业教育法相比，内容有了较大调整和丰富，由5章40条增加到8章69条。新修订的职业教育法适应了新时代我国经济社会发展需要，吸收了20多年职业教育改革发展的新经验和新共识，更加符合职业教育发展的规律，具有许多新的亮点。主要是，明确了职业教育的内涵；确立了职业教育是与普通教育具有同等重要地位的教育类型定位；明确了党对职业教育的全面领导，公办职业学校实行中国共产党职业学校基层组织领导的校长负责制；明确了职业教育的管理体制、办学体制；提出了建立现代职业教育体系的新目标和产教融合、职普融通、统筹推进职业教育与普通教育协调发展的新要求；完善了职业学校教育体系，提高了职业学校教育层次（删除了初等），畅通了职业教育上升渠道（明确了发展本科及以上层次）；强化了职业教育对经济社会发展特别是产业布局和行业发展的适应性；规定推行中国特色学徒制、建立符合职业教育特点的考试招生制度、建立健全职业学校和职业培训机构教育质量评价制度；明确了职业教育的教师与受教育者的权利，规定职业学校学生在升学、就业、职业发展等方面与同层次普通学校学生享有平等机会；明确要求国家采取措施，提高技术技能人才的社会地位和待遇；等等。新修订的职业教育法的施行，将打开我国职业教育发展的新局面，为新时代我国现代职业教育发展提供有力的法律保障，也将推动我国职业教育体制改革进一步深化。2022年，在推动职业教育改革发展方面还出台了一系列的重要政策措施，主要有中办国办印发的《关于加强新时代高技能人才队伍建设的意见》（10月）、《关于深化现代职业教育体系建设改革的意见》（12月），教育部等八部门印发的《职业学校学生实习管理规定》（1月），教育部等五部门印发的《职业学校办学条件达标工程实施方案》（11月），教育部办公厅等五部门印发的《关于实施职业教育现场工程师专项培养计划的通知》（10月），中国残联、教育部等7部门印发的《残疾人中等职业学校设置标准》（11月），教育部办公厅印发的《关于进一步加强全国职业院校教师教学创新团队建设的通知》（9月）、《关于做好职业教育"双师型"教师认定工作的通知》（10月）等。教育部还发布了新版

《职业教育专业简介》，实施了2022年职业教育国家在线精品课程遴选活动，公布了《国家级职业教育"双师型"教师培训基地（2023～2025年）》，组织实施了2022年"职教国培"示范项目、职业教育师资队伍能力提升活动，举办了2022年全国职业院校技能大赛，在职业院校开展"技能成才 强国有我"主题教育活动，成立教育部职业院校中国特色学徒制教学指导委员会（2022~2025年）等。8月，以"后疫情时代职业技术教育发展：新变化、新方式、新技能"为主题的世界职业技术教育大会在天津召开，习近平总书记向大会致贺信。

（四）启动新一轮"双一流"建设，推动高等教育改革创新和高质量发展

"双一流"（世界一流大学和一流学科）建设是以习近平同志为核心的党中央作出的重大战略部署，是新时代我国高等教育强国建设的引领性、标志性工程。首轮"双一流"建设自2016年启动到2020年结束，总体实现了阶段性目标，改革发展取得显著成效。中央全面深化改革委员会第二十三次会议审议通过的《关于深入推进世界一流大学和一流学科建设的若干意见》（以下简称《若干意见》），2022年1月，由教育部、财政部、国家发改委正式印发。习近平总书记在会上强调，要突出培养一流人才、服务国家战略需求、争创世界一流的导向，深化体制机制改革，统筹推进、分类建设一流大学和一流学科。习近平总书记的指示为"双一流"建设提供了基本遵循。《若干意见》肯定了首轮"双一流"建设取得的成效，指出了存在的问题，就"十四五"时期深入推进"双一流"建设提出了新要求。《若干意见》从准确把握新发展阶段战略定位、全力推进"双一流"高质量建设，强化立德树人、造就一流自立自强人才方阵，服务新发展格局、优化学科专业结构，坚持引育并举、打造高水平师资队伍，完善大学创新体系、深化科教融合育人，推进高水平对外开放合作、提升人才培养国际竞争力，优化管理评价机制、引导高校特色发展建设，完善稳定支持机制、加大建设高校条件保障力度，加强组织领导、提升建设高校治理能

力等九个方面，提出了 27 条具体建议，明确了新一轮"双一流"建设的指导思想、基本原则和具体要求。有关部门根据首轮建设成效和有关文件精神，按照"总体稳定、优化结构"原则，确定了新一轮"双一流"建设高校和建设学科名单，于 2022 年 2 月发布。被列入新一轮"双一流"建设的高校有 147 所，比首轮多 10 所，在新增一批学科的同时，15 所高校的 16 个学科被给予公开警示（含撤销）。① 与首轮不同的是，新一轮"双一流"建设不再区分一流建设高校和一流学科建设高校，更加聚焦一流大学的学科建设；北京大学、清华大学被赋予学科建设自主权，自行确定并公布建设学科。新一轮"双一流"建设更加强调了高层次人才培养、服务国家战略需求、优化资源配置、高校特色发展等，将对新阶段我国高等教育改革创新和高质量发展发挥引领和推动作用。在高等教育改革方面，为进一步规范高校财务行为、加强财务管理和监督、提高资金使用效益，2022 年 7 月，教育部、财政部印发了新修订的《高等学校财务制度》；8 月，教育部印发《关于推进新时代普通高等学校学历继续教育改革的实施意见》，针对普通高校学历继续教育在办学定位、制度标准、治理体系、人才培养质量等方面存在的突出问题提出了改革要求，同年印发了《普通高等学校学历继续教育办学基本要求（试行）》和《普通高等学校学历继续教育人才培养方案编制工作指南》。

（五）加强在线教育教学管理，教育数字化建设稳步推进

现代信息技术迅猛发展，与教育教学的融合不断深化，围绕教育数字化的改革已引起教育领域乃至整个社会的高度关注。我国一直重视教育数字化建设，实施了一系列推进措施，为教育教学改革发展注入了强大动力，为学习型社会建设、学校管理、毕业生就业创业等创造了便利条件，为疫情防控期间学校教育教学工作的运行提供了重要保障。目前，全国校园网接入率达

---

① 《教育部　财政部　国家发展改革委关于公布第二轮"双一流"建设高校及建设学科名单的通知》（教研函〔2022〕1 号），教育部网站，2022 年 2 月 11 日。

到100%，99.5%的中小学校拥有多媒体教室。① 2022年，教育部提出并实施了国家教育数字化战略行动，同时，为推动教育数字化健康发展，还出台了一些管理措施。一是加强高校在线开放课程教学管理。2月，教育部等五部门印发《关于加强普通高等学校在线开放课程教学管理的若干意见》，明确了高校在线开放课程教学管理的责任，对高校在线开放课程教师的管理、学生在线学习规范与考试纪律、在线开放课程平台自我监督机制、课程平台监管制度建设、多部门协同联动机制建立等提出了明确要求。二是强化对国家智慧教育公共服务平台（Smart Education of China）建设的规范。国家智慧教育公共服务平台作为我国教育公共服务的综合集成平台，为在校师生、学生家长和社会学习者学习以及毕业生就业、留学、考试、学历学位查询认证等提供全方位、"一站式"服务。作为国家教育数字化战略行动的一个重大项目，平台自2022年3月28日正式启动，得到社会广泛认可和使用，到2022年底，访问总量多达几十亿次，是当今世界最大教育资源库。为加强平台的管理和规范、保障数字教育资源安全，教育部办公厅先后印发了《国家智慧教育平台数字教育资源内容审核规范（试行）》（5月）和《国家智慧教育公共服务平台接入管理规范（试行）》（7月）。三是虚拟教研室建设试点取得进展。为加强信息化时代基层教学组织建设，创新教研形态、加强教学研究，全面提高教师教书育人能力，2021年7月，教育部启动了重点领域虚拟教研室试点建设工作，取得了初步成果。2022年2月和5月，教育部公布了两批试点名单，共有657个虚拟教研室入选，其中首批439个、第二批218个。② 四是建立了直播类在线教学平台安全保障教育行业标准。为推进国家教育数字化战略行动、完善教育信息化标准体系、保障直播教学正常开展、提升直播类在线教学平台的安全保障能力，12月，教育部发布《直播类在线教学平台安全保障要求》教育行业标准，规定了直播类在线教学平台的安全合规要求、安全功能要求及数据安全要求，为直播类在线

---

① 李澈、张晨：《教育信息化引领教育现代化》，《中国教育报》2022年10月14日，第1版。

② 《164所高校入选！教育部公布第二批虚拟教研室建设试点名单》，中国教育在线网，2022年6月6日。

教学平台安全功能的开发、管理和使用以及主管监管部门、第三方评估机构等组织对直播类在线教学平台安全保障工作进行监督、管理和评估，提供了依据。此外，教育部还开展了2022年职业教育国家在线精品课遴选工作、信息技术支撑学生综合素质评价试点工作和使用全国高校毕业生网上签约平台推荐工作。

二　展望：新时代新征程教育体制改革

党的二十大对新时代新征程全面建设社会主义现代化国家作出了全面部署，强调实施科教兴国战略，明确教育、科技、人才是全面建设社会主义现代化国家的基础性、战略性支撑，提出了教育发展新思想新战略新要求，为新时代新征程教育体制改革指明了方向、提供了根本遵循。为适应全面建设社会主义现代化国家的新要求、新的科技革命加速演进和产业变革深入发展的新变化，满足人民群众对教育的新期盼，应对错综复杂的国际国内环境带来的新挑战，新时代新征程必须继续深化教育体制改革，加快教育强国建设，推进教育现代化。

（一）坚持立德树人根本任务，全面深化育人体制机制改革

育人体制机制关乎培养什么样的人、怎样培养人和为谁培养人的根本问题，是教育体制中的核心内容。习近平总书记在党的二十大报告中强调，要"全面贯彻党的教育方针，落实立德树人根本任务，培养德智体美劳全面发展的社会主义建设者和接班人"。[1] 新时代新征程深化育人体制机制改革，一要加快完善德智体美劳全面培养的教育体系，坚持五育并举、德育为先。育人的根本在于立德，必须把立德树人融入思想道德教育、文化知识教育、社会实践教育各环节，贯穿基础教育、职业教育、高等教育各领域，培养学

---

[1] 习近平：《高举中国特色社会主义伟大旗帜　为全面建设社会主义现代化国家而团结奋斗——在中国共产党第二十次全国代表大会上的报告》，人民出版社，2022，第34页。

生形成正确的世界观、人生观、价值观。要切实克服应试教育弊端，发展素质教育，遵循教育规律和青少年身心发展规律，坚持五育并重、德智体美劳全面发展，促进学生身心健康和谐发展，坚决扭转各种不利于学生健康成长的偏向。二要加快健全大中小学思想政治教育贯通机制。要扎实推进大中小学思想政治教育一体化和新时代大中小学思想政治理论课建设，充分发挥思想政治理论课关键课程作用。切实推动习近平新时代中国特色社会主义思想进教材、进课堂、进头脑，加强理想信念教育，用社会主义核心价值观铸魂育人，把学生培养成为拥护中国共产党领导和我国社会主义制度、立志为中国特色社会主义奋斗终生的有用人才。三要进一步完善家庭学校社会协同育人机制。加强政府统筹领导和相关制度建设，明确家庭、学校和社会职责定位，畅通联系沟通渠道，健全协同机制，完善条件保障，形成育人合力。四要进一步完善学校"三全育人"体制机制。深化"三全育人"综合改革，要在全面总结改革试点学校经验的基础上，不断创新模式、完善制度、保障条件，建立长效机制。切实增强人人是育人主体的责任意识和主动参与的积极性，真正把育人贯穿办学治校、教育教学、管理服务各环节全过程，形成线上线下、校内校外、宏观中观微观、各类育人资源和要素充分发挥作用的多层面立体化全方位育人格局。

（二）坚持以人民为中心发展教育，加快建设更加公平更高质量的教育体系

党的二十大明确坚持以人民为中心的发展思想是全面建设社会主义现代化国家必须遵循的重大原则，高质量发展是全面建设社会主义现代化国家的首要任务。习近平总书记指出："坚持以人民为中心发展教育，加快建设高质量教育体系，发展素质教育，促进教育公平。"[1] 享受公平而有质量的教育是人民的向往，建设更加公平更高质量的教育体系是全面建设社会主义现

---

[1] 习近平：《高举中国特色社会主义伟大旗帜　为全面建设社会主义现代化国家而团结奋斗——在中国共产党第二十次全国代表大会上的报告》，人民出版社，2022，第34页。

代化国家的必然要求，是办好人民满意的教育的题中应有之义，因而也是新时代新征程我国教育改革发展的重要目标。新时代新征程建设更加公平更高质量的教育体系，一要把促进教育公平和提高教育质量作为新时代新征程教育改革发展的主要任务。改革开放特别是党的十八大以来，党和国家一直十分重视促进教育公平和提高教育质量，采取了一系列重大措施，取得了显著成效。站在新的历史起点上，在新时代新征程中，适应人民新期待和经济社会高质量发展新要求，必须把促进教育公平和提高教育质量提升到新的水平，作为教育改革发展的主要任务。二要进一步推进教育公平。在实现教育普及、学有所教的基础上，优化区域教育资源配置，提高优质教育供给能力，扩大优质教育资源覆盖面，加快义务教育优质均衡发展，构建优质均衡的基本公共教育服务体系，推进学前教育和特殊教育普惠发展、高中阶段学校多样化发展，继续深化高等学校考试招生制度改革，增进高等教育机会公平，完善覆盖全学段学生资助体系。三要加快建设高质量教育体系。把提高质量作为教育改革的首要任务，树立科学的教育质量观和质量为重的教育发展观，坚持内涵式发展，着力提高办学水平和人才培养质量，深化各级各类教育教学改革，创新人才培养模式和教学方式方法，完善教育质量评价标准和质量评价评估体系，提高评价评估的针对性、精准性、科学性，健全教育质量保障机制，推进各级各类教育高质量发展。

（三）坚持教育为社会主义现代化建设服务，健全教育对经济社会发展的适应机制

教育要适应经济社会发展、为经济社会发展服务，是由教育与社会发展关系规律所决定的，也是现代教育发展的客观要求。教育是民族振兴、社会进步的重要基石，对实现中华民族伟大复兴具有决定性意义。全面建设社会主义现代化国家必须重视教育、依靠教育，增强教育服务能力，发挥教育的先导性、基础性、战略性的支撑作用。习近平总书记在 2018 年 9 月召开的全国教育大会上强调，坚持把优先发展教育事业作为推动党和国家各项事业发展的重要先手棋，不断使教育同党和国家事业发展要求相适应、同人民群众

期待相契合、同我国综合国力和国际地位相匹配[①]，要求"提升教育服务经济社会发展能力"。[②] 教育主要通过人才培养、科技创新服务于经济社会，发挥对经济社会发展的支撑和促进作用。教育作用的有效发挥需要一定的机制，这就是教育对经济社会发展的适应机制。新时代新征程全面建设社会主义现代化国家，健全教育适应经济社会发展的机制，一要完善教育发展与经济社会发展的统筹机制。国家和地方制定发展战略和规划要考虑和重视教育发展，谋划教育发展要考虑经济社会发展需要。经济社会发展离不开人才和科技，培养人才、发展科技是教育的主要职能，因此，推动国家和区域经济社会发展还必须统筹推进教育、科技、人才一体化发展。二要推动教育主动适应经济社会发展需要。经济社会发展需要是教育发展的原动力，教育发展布局、教育资源配置、人才培养规模和结构、人才素质要求、学科专业设置等，要与经济社会的现实和长远发展需要相适应。教育的先导性、基础性和人才培养的周期性、长效性，要求教育改革发展必须适度优先于并基于和服务于经济社会发展，做好相应的预测。三要建立教育与经济社会发展相适应的改革调整机制。在教育体系中，职业教育、高等教育和继续教育与经济社会发展联系紧密、高度相关，适应性更强。面对经济转型发展特别是产业结构调整升级改造、就业创业压力和新一轮科技革命发展、外部对我打压遏制，迫切需要加快教育改革，提升教育服务高质量发展和构建新发展格局的水平，提高人才自主培养能力和科技自立自强水平。这就要求加快建立教育与我国经济社会发展相适应的动态调整机制；加快建立职业教育、高等教育、继续教育协同创新统筹机制，职普融通、产教融合、科教融汇推进机制，学科专业结构、人才培养结构调整机制等。加强基础学科、新兴学科、交叉学科建设；加大"双一流"建设特别是优势学科建设力度；加快培养国家发展战略和区域经济社会发展急需紧缺人才，全面提高人才自主培养质量，着力造就拔尖创新人才。

[①] 《习近平在全国教育大会上强调 坚持中国特色社会主义教育发展道路 培养德智体美劳全面发展的社会主义建设者和接班人》，《人民日报》2018年9月11日，第1版。

[②] 习近平：《坚决破除制约教育事业发展的体制机制障碍》，载《习近平谈治国理政》（第三卷），2020，第350页。

（四）继续深化教育领域综合改革，加快推进教育治理体系和治理能力现代化

深化教育领域综合改革是党的十八届三中全会作出的重大部署，经过近十年的努力，取得了显著成效，但教育领域仍存在一些需要解决的突出问题和矛盾，改革需要进一步深化。党的二十大明确提出了新时代新征程继续深化教育领域综合改革的新要求。继续深化教育领域综合改革的目标，是继续完善和发展中国特色社会主义教育制度，加快实现教育治理体系和治理能力现代化。新时代新征程深化教育领域综合改革、推进教育治理体系和治理能现代化，一要坚持和加强党对教育工作的全面领导。党的领导是继续深化教育领域综合改革取得成功和实现教育治理体系和治理能力现代化的根本保证。新时代新征程坚持和加强党对教育工作的全面领导，必须进一步完善党对教育工作全面领导的体制，健全全面贯彻党的教育方针和全面落实党中央决策部署的机制。加强各级各类学校党组织建设，提高党组织领导学校建设发展的能力，充分发挥学校党组织在办学治校、教育教学和管理服务中的战斗堡垒作用。坚持从严治党、从严治校，加大反腐防腐力度，牢牢掌握意识形态工作领导权，营造学校良好的政治生态和健康的教书育人环境。二要提高教育法治化水平。加快构建完备的教育法律法规体系，健全教育法律实施和监督机制及学校办学法律支持体系，加大教育法律宣传普及力度，提高依法治教、依法办学、依法治校的能力和水平，在法治轨道上推进教育现代化。三要加快教育领域薄弱环节的改革，加强教材建设和管理，完善学校治理结构和管理制度，完善民办教育发展体制机制，继续深化教育评价改革，完善教育评价体系。

（五）全面实施国家教育数字化战略，加快推进教育数字化转型

数字化是新一轮科技革命发展的一个显著特点，正在对人类社会产生广泛而深远的影响、推动社会转型发展。推进数字化转型已成为社会各领域变革发展的重要趋势，也已成为世界教育改革发展的主要方向。近年来，我国

在推进教育数字化方面取得了显著成绩，但随着数字化技术的快速发展，教育数字化转型推进力度需要进一步加大。党的二十大明确提出："推进教育数字化，建设全民终身学习的学习型社会、学习型大国。"① 新时代新征程加快推进教育数字化转型，一要加强顶层设计。关于教育数字化，国家教育行政部门自 20 世纪末以来，先后出台了教育信息化发展的五年、十年规划和推进教育信息化的一系列措施，促进了我国教育数字化的发展。随着教育数字化进程的加速、普及及广泛影响，加强政府相关部门的协作和社会各方面的广泛支持成为迫切需要，因此，加强教育数字化的顶层设计就显得十分必要。要通过成立国家教育数字化协调机构、出台相应的政策、加大支持力度，加快推进教育数字化转型。二要进一步加大数字学习资源开发与应用的推进力度。在不断完善现有教育数字化公共服务平台的基础上，加大数字学习资源的开发力度，丰富优质数字学习资源。开发更加便捷的应用软件，推动数字学习资源的普及应用。推动学校教育教学、管理服务数字化改革。拓展教育数字化国际合作交流渠道，引入国外优质数字学习资源，推进我国数字学习资源国际化。三要加快提升学校师生和社会学习者的数字素养。数字化学习资源使用者的数字素养决定数字学习资源应用普及和教育数字化转型的进程，将数字素养作为教师必备素质要求加强相关方面的培训，把学生数字素养的培养纳入学校教育内容，重视社会学习者数字素养培养。四要尽快建立适应教育数字化转型的教育数字治理体制机制。教育数字化转型在带来教育教学学习模式方式变革的同时也必然要求进行相应的教育管理服务模式方式的变革，必须加快建立与教育数字化转型相适应的教育治理体制机制。加快建立数字教育相关的法律、法规和制度体系，建立健全数字教育标准、监测评估体系，完善知识产权保护、数据安全管理制度，建立数字伦理风险防范和隐私保护机制等。此外，要加快推进教育数字化转型的新基建，完善教育数字化的物质和技术保障。

---

① 习近平：《高举中国特色社会主义伟大旗帜　为全面建设社会主义现代化国家而团结奋斗——在中国共产党第二十次全国代表大会上的报告》，人民出版社，2022，第 34 页。

（六）继续推进"双减"工作，加快构建教育良好生态

"双减"政策实施两年来，尽管出台实施了一系列相关的政策措施，取得了明显的成效，但从新中国成立以来我国减轻学生负担的经验教训和目前现实情况看，还有不少难题有待破解，校外各种违规培训现象还相当普遍，教育良好生态尚未形成，"双减"工作仍任重道远。新时代新征程继续推进"双减"工作，加快构建教育良好生态，一要加快制定相关法律法规，把校外培训治理纳入法治化轨道。总结"双减"试点和校外培训机构治理的经验教训，修订相关法律，增加相关条款，制定相应法规，使校外培训机构治理有法可依，依法依规进行。二要继续加大监督监管力度。充分发挥各级校外教育培训监管专家委员会作用，建立社会监督激励机制，增强校外培训社会监督员的责任意识和积极性，重视和支持舆论监督。三要着力提高教师作业设计水平。加大义务教育阶段学校教师作业设计指导和能力培训力度，提升义务教育阶段学生作业设计的科学化水平。四要提高学校课后服务质量。从全国来看，义务教育阶段学校课后服务仍是"双减"政策执行过程中的短板，各地各校因地因校制宜，采取了不同的做法，取得了一定的成效，但还存在不少问题，总体上看，质量还有待提高。学校要统筹课后服务设计与教育计划安排，提高课后服务针对性。丰富服务内容和形式，满足学生个性化需求。完善教师参与课后服务激励机制、校外优质教育资源多渠道引进机制、学校家庭社会教育机构的沟通合作机制、课后服务监管和服务质量评价机制、课后服务经费保障机制。总之，要通过加大推进"双减"工作力度，推动教育良好生态的形成。

参考文献

习近平：《高举中国特色社会主义伟大旗帜　为全面建设社会主义现代化国家而团结奋斗——在中国共产党第二十次全国代表大会上的报告》，人民出版社，2022。

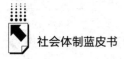

怀进鹏：《加快推进教育高质量发展　奋力谱写贯彻落实党的二十大精神教育华章》，《学习时报》2023 年 1 月 2 日，第 1 版。

怀进鹏：《加快建设教育强国　为全面建设社会主义现代化国家提供基础性、战略性支撑》，《党委中心组学习》2022 年第 6 期。

怀进鹏：《数字变革与教育未来——在世界数字教育大会上的主旨演讲》，教育部网站，2023 年 2 月 13 日。

中共中央宣传部"中国这十年"系列主题新闻发布会：《介绍党的十八大以来教育改革发展成效有关情况》，国新网，2022 年 9 月 9 日。

中国教育科学研究院：《2022 年职业教育改革与发展报告》，《中国教育报》2022 年 12 月 27 日，第 5 版。

教育部基础教育司：《从"有学上"到"上好学"——党的十八大以来义务教育改革发展成就》，教育部网站，2022 年 6 月 21 日。

教育部发展规划司：《数说"教育这十年"》，教育部网站，2022 年 9 月 27 日。

《2022 年教育大事盘点》，中国教育网中国教育在线，2022 年 12 月 27 日。

B.9
2022年中国社会保障改革进展与展望

李志明*

摘　要: 2022年,中国在继续做好"十四五"社会保障专项发展规划的同时,也在积极生育支持政策、基本养老保险全国统筹、个人养老金制度、"十四五"国民健康规划、医疗保障信息平台、退役军人服务保障规划、优抚对象医疗保障体系、特困群体与低保对象的服务保障等诸多领域取得了积极进展。展望2023年,中国将在既定改革部署的基础上,在社会保险各项主体制度、"一老一小"人口服务体系以及住房保障体系、重点群体权益保障等领域进一步推动改革发展。

关键词: 社会保障　人口转变　制度建设

一　引言

2022年在党和国家历史上是具有里程碑意义的一年。在这一年里,党的二十大胜利召开,描绘了以中国式现代化全面推进中华民族伟大复兴的宏伟蓝图,对社会保障体系进行了战略定位并为其未来五年发展提供了基本遵循和行动指南。

党的二十大报告指出,社会保障体系是人民生活的安全网和社会运行的稳定器。这一论断精辟且深刻地阐明了社会保障作为最重要的民生之一以及人民

---

* 李志明,中共中央党校(国家行政学院)社会和生态文明教研部教授,主要研究方向为社会保障。

生活最后一道安全网的重要作用。基于大数法则，社会保障能够在全体社会成员之间分散年老、疾病、失能、失依等风险，为保障对象提供基本生活保障并且通过社会保障具有的转移支付、互助共济机制缩小贫富差距、促进社会公平，因此，它也是社会运行的稳定器，与人民幸福安康息息相关，关系国家长治久安。党的二十大报告对健全社会保障体系做出了系统性的全面部署，提出了在新时代新征程健全社会保障体系的目标指向，即致力于建设覆盖全民、统筹城乡、公平统一、安全规范、可持续的多层次社会保障体系。"公平统一、安全规范"体现社会保障的本质属性和内在要求，是今后推进社会保障领域改革和发展的重点。其中，安全规范是对社会保障体系的新要求，体现了党中央对于社会保障体系建设的底线意识和长远眼光。社会保障制度安全可靠、规范运行，才能为人民群众提供稳定预期和充分保障，才能实现可持续发展。

在党的二十大决策部署以及习近平总书记 2021 年 2 月 26 日在十九届中央政治局第二十八次集体学习时的重要讲话、《人力资源和社会保障事业发展"十四五"规划》的指引下，2022 年中国社会保障改革取得了新成就，部分领域制度建设取得了新进展，为推进以共同富裕为基本特征的中国式现代化开局起步奠定了基础。

二 2022年中国社会保障制度改革进展

2022 年社会保障领域具体的改革进展集中在积极生育支持、养老保险、医疗保障、军人保障以及住房保障、特困群体与低保对象的服务和保障等领域，具体如下。

（一）进一步完善积极生育支持措施

习近平总书记指出，"当前我国人口发展呈现少子化、老龄化、区域人口增减分化的趋势性特征，必须全面认识、正确看待我国人口发展新形势"。[①]

---

① 《习近平主持召开二十届中央财经委员会第一次会议强调 加快建设以实体经济为支撑的现代化产业体系 以人口高质量发展支撑中国式现代化》，《人民日报》2023 年 5 月 6 日，第 1 版。

近年来，为了推动实现适度生育水平、促进人口长期均衡发展，中国已经在《中共中央　国务院关于优化生育政策促进人口长期均衡发展的决定》发布后出台了不少积极生育配套支持措施。2022年7月25日，国家卫生健康委等17个部门联合印发《关于进一步完善和落实积极生育支持措施的指导意见》（国卫人口发〔2022〕26号），提出要围绕婚嫁、生育、养育、教育等衔接环节，完善和落实已经出台的财政、税收、保险、教育、住房、就业等积极生育支持措施，落实政府、用人单位、个人等多方主体在加快建立积极生育支持政策体系中的分担责任。这标志着中国降低生育、养育、教育成本的政策取向正在逐渐变成政策实践，中国儿童福利事业也将迎来重要发展机遇。

（二）多层次、多支柱养老保险体系建设取得重要进展

长期以来，中国致力于构建以基本养老保险为基础、以企业年金和职业年金为补充、与个人储蓄性养老保险和商业养老保险相衔接的"三支柱"养老保险体系，以便让更多国民做好充足的养老准备。

在中央调剂制度已经建立、各省养老保险政策已经逐步统一、全国统一的社会保险公共服务平台已经建成的基础上，人力资源社会保障部和财政部决定从2022年1月1日起，在全国范围内启动实施《企业职工基本养老保险全国统筹改革方案》。实施企业职工基本养老保险全国统筹，是中国社会保障制度建设中的重大事件，标志着企业职工基本养老保险制度迈出走向全国统一的关键步伐，具有重大意义：一是有利于更好发挥基本养老保险制度功能。实施全国统筹，将促进企业职工基本养老保险资金在全国范围内互济余缺，有利于发挥基本养老保险基金的规模效应，增强其在全国范围内对养老金发放的支撑能力，增强制度可持续性。二是有利于促进职工基本养老金权益平等。实施全国统筹，将统一退休职工基本养老金的确定和调整方法，从而实现地区之间参保职工基本养老金权益的平等。三是有利于完善基本养老保险制度。实施全国统筹，将统一筹资规则和待遇计发与调整，建立中央和地方政府的支出责任分担机制，进一步规范企业职工养老保险制度运行，

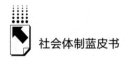

有效解决基本养老保险关系转移等难题。四是有利于建设全国统一大市场。实施全国统筹，将能够平衡各地劳动力基础成本，并促进全国统一大市场的形成，促进劳动力资源优化配置以及区域之间均衡协调发展。

近年来，中国在基本养老保险、企业年金（职业年金）之外，通过税收优惠政策鼓励个人购买税收递延型商业养老保险，并在部分地区开展试点。但是，由于制度设计方面要求个人购买税收递延型商业养老保险时须通过所在单位进行，不在职的城乡居民和没有固定单位的自由职业者很难参与其中，这严重影响了税收递延型商业养老保险的制度覆盖面。有鉴于此，2022年4月21日，国务院办公厅发布《关于推动个人养老金发展的意见》（国办发〔2022〕7号），规定"在中国境内参加城镇职工基本养老保险或者城乡居民基本养老保险的劳动者"都可以参加个人养老金制度；个人养老金实行个人账户制度，缴费完全由参加人个人承担，实行完全积累，并享受税收优惠政策。个人养老金制度的建立，能够帮助参加人在养老保险第一、第二支柱的基础上，再增加一份养老积累，进一步提高他们可预期的老年收入水平和生活质量，有利于完善多层次、多支柱养老保险体系，满足人民群众多样化的养老保险需求，并积极应对人口老龄化、促进经济社会发展。未来，个人养老金制度有望成为养老保险体系中第三支柱的主体制度。

（三）持续推动医疗保障事业健康发展

2022年中国医疗保障领域推出新的改革举措，取得新的成就与进展，体现如下。

第一，做好"十四五"国民健康规划。2022年5月，国务院办公厅发布《"十四五"国民健康规划》（以下简称《规划》），就织牢公共卫生防护网、全方位干预健康问题和影响因素、全周期保障人群健康、提高医疗卫生服务质量、促进中医药传承创新发展、做优做强健康产业、强化国民健康支撑与保障等事项作出专项规划，为"十四五"期间全面推进健康中国建设提供了全面系统的依据。在医疗保障方面，《规划》提出，健全全民医保制度，开展按疾病诊断相关分组、按病种分值付费，对于精神病、安宁疗护和医疗康复等需要长期住院治疗且日均费用较稳定的疾病推进按床日付费，将符合条件的互联网医疗服务按程序纳入医保支付范围。这一规定，重点对基本医疗保险支付方式改革作出了规划，对于控制基本医疗保险费用过快增长以及减少其不合理支出、实现基金长期收支平衡具有重要意义。

第二，基本建成全国统一的医疗保障信息平台。较长时期以来，中国在医疗保障领域内以基金统筹区域为界运行着数百个信息系统，彼此分割独立而无法实现共享，形成了一个个基于区域分割的"信息烟囱"，不仅不利于推进医疗保障信息化标准化建设，而且影响了参保人享受更加便捷的医疗保障公共服务。为了解决这个问题，在历经两年多的建设后，2022年中国基本建成全国统一的医疗保障信息平台，并且已经在全国范围内全域上线，在异地就医结算、支付方式改革、医保智能监管、药品集中采购、医药价格监测等领域发挥了重要作用。该医疗保障信息平台，实现了标准全国统一、数据两级集中、平台分级部署、网络全面覆盖等核心指标，支撑医保跨区域、跨层级、跨业务、跨部门、跨系统的信息共享、业务协同和服务融通，实现医保业务"一网通办""一窗办结"。

（四）推进军人及军队相关人员权益保障

第一，编制"十四五"退役军人服务和保障规划。2022年2月，中共中央办公厅、国务院办公厅、中央军委办公厅印发《"十四五"退役军人服务和保障规划》。这是中国从国家层面在退役军人服务和保障领域编制出台的第一个五年专项规划，具有重要意义。该项规划从退役军人事务管理体系、退役军人思想政治引领、退役军人安置制度改革、退役军人就业创业以及军休服务管理、抚恤优待保障制度、英雄烈士褒扬纪念、发挥双拥工作政治优势等八个方面提出了重点任务，为"十四五"时期退役军人服务和保障工作指明了努力方向和行动路径。

第二，建立残疾退役军人医疗保障体系。2022年1月5日，退役军人事务部等6部门印发《残疾退役军人医疗保障办法》。该办法提出，按照"待遇与贡献匹配、普惠与优待叠加"的基本原则，健全残疾退役军人"保

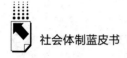

险+救助+补助+优待"的医疗保障政策体系：残疾退役军人首先按规定参加基本医疗保险并享受相应待遇，符合条件的困难残疾退役军人可以享受相应医疗救助；在享受基本医疗保障待遇的基础上，按规定享受优抚对象医疗补助和不同医疗机构的就医优待。同时，该办法还对拓展残疾退役军人优待范围作出规定，明确残疾退役军人到医疗机构就医时按规定享受优先挂号、取药、缴费、检查、住院服务；在优抚医院享受优惠体检和优先就诊、检查、住院等服务，并免除普通门诊挂号费；在军队医疗机构就医，与同职级现役军人享受同等水平优先优待，并免除门急诊挂号费。

第三，改革完善优抚对象医疗保障体系。2022年6月16日，退役军人事务部、财政部、国家卫生健康委、国家医保局等4部门联合修订印发《优抚对象医疗保障办法》。该办法提出，享受国家定期抚恤补助的在乡复员军人、参战退役军人、参试退役军人、带病回乡退役军人、烈士遗属、因公牺牲军人遗属、病故军人遗属等优抚对象也按照"待遇与贡献匹配、普惠与优待叠加"的基本原则，享受为残疾退役军人建立起来的类似"保险+救助+补助+优待"的医疗保障政策体系：已就业的优抚对象参加职工基本医疗保险，未就业的优抚对象按规定参加基本医疗保险，符合条件的优抚对象享受城乡医疗救助，在享受基本医疗保障待遇的基础上，再按规定享受优抚对象医疗补助和医疗优待。优抚对象在优抚医院享受优惠体检和优先就诊、检查、住院等服务，并免除普通门诊挂号费；同时鼓励和引导医疗机构自愿减免有关医疗服务费用。

（五）进一步做好特困群体与低保对象的服务和保障

第一，建立特殊困难老年人探访关爱服务制度。随着人口老龄化和高龄化、家庭核心化和小型化以及人口流动趋势的持续推进，高龄独居老年人、空巢老年人不断增多，居家养老安全风险不断积累。为此，中国亟须在基本养老服务体系建设框架下建立和完善特殊困难老年人探访关爱服务制度。探访关爱服务是由政府主导，并且有社会各方共同参与，通过定期上门入户、电话视频、远程监测等方式，了解掌握特殊困难老年人居家生活情况，督促赡养人、扶养人履行赡养、扶养义务，并根据实际需要提供政策宣传讲解、需求转介和必要救援等服务的活动。[①] 2022 年，民政部等 10 部门印发《关于开展特殊困难老年人探访关爱服务的指导意见》，要求各地在进行摸底排查的基础上，根据特殊困难老年人实际情况、老年人或者其家庭成员的意愿，围绕服务对象在居家养老时遇到的各种实际困难特别是当中存在的各类安全风险，分类提供探访关爱服务，兜牢安全底线。在这个过程中，着力推动构建党组织领导的区域统筹、条块协同、共建共享的特殊困难老年人探访关爱工作新格局。

第二，进一步做好最低生活保障等社会救助兜底保障。社会救助是兜住、兜准、兜好困难群众基本生活底线的主要制度安排。2022 年 10 月 20 日，民政部、中央农办、财政部、国家乡村振兴局等部门联合印发《关于进一步做好最低生活保障等社会救助兜底保障工作的通知》（民发〔2022〕83 号），从最低生活保障扩围增效、加强急难临时救助、健全完善工作机制、优化规范办理流程、落实保障措施等五个方面，对进一步做好低保等社会救助兜底保障工作提出明确要求。其中，针对最低生活保障扩围增效，该通知针对最低生活保障实践中存在的现实问题，提出了规范完善最低生活保障准入条件、完善最低生活保障家庭经济状况评估认定、落实最低生活保障渐退政策、细化最低生活保障边缘家庭认定条件等具体措施；针对急难临时救助，该通知提出将符合特定条件的生活困难未参保失业人员以及其他基本生活陷入困境群众纳入临时救助范围，并要求加强临时救助与其他救助政策的有效衔接，帮助保障对象渡过难关。

三　2023年中国社会保障制度改革展望

（一）加快完善社会保险各项主体制度

社会保险制度建设向来是社会保障制度建设重点。在养老保险方面，

---

① 吴倩：《10 部门开展困难老年人探访关爱服务》，《健康报》2022 年 10 月 27 日，第 4 版。

2023年工作重点预计将主要集中以下几个方面：一是进一步完善基本养老保险全国统筹制度。实施基本养老保险全国统筹后，该制度仍然存在进一步完善的空间。例如，增强基本养老保险全国统筹制度刚性约束，全面实现政策的规范统一；加大全国统筹资金调剂力度，均衡地区间基金负担，确保养老金按时足额发放；进一步压实地方基金管理主体责任，强化对基金征缴和支出的管理；探索建立对省级政府养老保险工作的考核奖惩机制，强化激励约束，发挥"指挥棒"作用。二是探索健全基本养老保险筹资和待遇调整机制，继续适当提高退休人员基本养老金和城乡居民基础养老金标准。三是继续完善多层次、多支柱养老保险体系，特别是扩大个人养老金制度试行范围，加快完善相关配套支持政策。

在医疗保险方面，预计2023年中国将围绕中共中央、国务院《关于深化医疗保障制度改革的意见》的相关部署，推进待遇保障机制、筹资运行机制、医保支付机制、基金监管机制、医药服务供给侧改革，以及医疗保障公共管理服务等方面的具体改革，特别是通过持续推动医保支付方式改革以及医疗费用异地实时结算，一方面缓解医疗保险基金运行压力，另一方面方便参保人异地就医结算。

在失业保险、工伤保险、生育保险等方面，2023年的重点工作包括两个方面：一是横向上继续扩大覆盖面，特别是对灵活就业人员和新就业形态劳动者的失业保险和工伤保险制度的覆盖，更好地保障他们的社会保险权益。这是推进全民参保计划的客观要求。二是纵向上提高基金统筹层次，优先推进工伤保险和失业保险基金省级统筹，积极稳妥推进生育保险基金从地市级统筹迈向省级统筹。

在长期护理保险制度建设方面，则是继续推进制度试点工作，特别是加快探索适合在全国范围内统一实施的长期护理保险制度模式，加强长期照护服务队伍及服务供给体系建设，建立和完善长期照护服务相关质量标准。

（二）持续推进"一老一小"人口服务体系建设

面对持续加剧的人口老龄化以及回升乏力的人口生育率，2023年，在人口服务体系建设方面，预计将继续采取有效的措施积极应对少子化、老龄化的人口转变趋势。一方面，继续完善生育支持政策体系，落实和完善财政、税收、保险、教育、住房、就业等方面生育支持政策，营造生育友好的社会环境，努力促进生育率合理回升；另一方面，认真研究、充分论证，适时稳妥推出渐进式延迟法定退休年龄改革，并谋划开发和利用丰富的低龄老年人力资源。

（三）继续推进"两多一并"住房制度改革

2023 年，中国将在加快建立多主体供给、多渠道保障、租购并举的住房制度的过程中，一方面，调整优化房地产政策，支持刚性和改善性住房需求，并推动房地产业向新发展模式平稳过渡；另一方面，加强住房保障体系建设，在探索长租房市场建设，着力解决好新市民、青年人等住房问题的同时，加快推进老旧小区和危旧房改造。

（四）进一步做好重点群体的权益保障

2023 年，中国将继续做好妇女、儿童、老年人、残疾人合法权益保障工作，以及军人军属、退役军人和其他优抚对象优待抚恤工作。例如，推进多层次养老服务体系建设，特别是落实和完善基本养老服务体系以及基本养老服务清单；继续从多方面完善优抚对象的优待抚恤措施，让军人的职业尊崇度得到持续提升。

参考文献

习近平：《促进我国社会保障事业高质量发展、可持续发展》，《求是》2022 年第 8 期。

郑功成：《以中共二十大精神引领社会保障体系建设》，《群言》2023 年第 1 期。

郑功成：《中国社会保障：现状、挑战与未来发展》，《中国社会保障》2022 年第 9 期。

B.10
2022年中国就业体制改革进展与展望

赖德胜 关棋月*

摘　要： 就业是最基本的民生。2022年，我国从强化就业优先政策、抓稳抓好重点群体就业、优化就业公共服务等方面做好"稳就业保就业"工作，就业工作取得扎实成效。但同时也要看到，由于受到国际国内多重因素的影响，我国就业领域还面临多方面挑战：一是在"供给冲击、需求收缩、预期转弱"等多重压力下，企业用工需求不旺；二是技术进步与产业转型升级加速推进，就业结构性矛盾进一步凸显；三是以青年群体为代表的重点群体就业形势严峻。面向未来，要加强经济增长的就业带动力，推动就业岗位充量提质；聚焦于建设劳动者的全生命周期劳动能力，切实提高劳动者技能；着力做好重点群体就业帮扶工作，构建多元就业支持体系；加快完善相关法律法规，保障劳动者合法权益；加强非正规就业劳动者的劳动保护等，以高质量充分就业推进中国式现代化。

关键词： 高质量充分就业　就业优先　民生保障

一　2022年中国就业工作的主要进展

2022年，我国不断强化就业优先政策，在"稳岗位、强主体、促服务"

---

* 赖德胜，中共中央党校（国家行政学院）社会和生态文明教研部副主任、教授，主要研究方向为；关棋月，中共中央党校（国家行政学院）社会和生态文明教研部博士研究生。

等方面持续发力，就业主要指标运行平稳。全年实现城镇新增就业 1206 万人，就业大局保持了总体稳定。

（一）就业优先导向更加鲜明

一是从国家战略层面将就业问题作为制定宏观政策的优先考量。2022年《政府工作报告》中将城镇新增就业 1100 万人以上、城镇调查失业率全年控制在 5.5% 以内作为经济社会发展预期目标的重要指标。为此，我国从落实落稳宏观经济政策、为企业和用人单位出台"减负稳岗"政策等方面保证就业基本盘的稳定。财税部门通过实施新的组合式税费支持政策为市场主体，特别是为中小微企业、个体工商户等提供税费支持，提振市场信心。财政部、国家税务总局先后出台了《关于延续实施应对疫情部分税费优惠政策的公告》《关于促进服务业领域困难行业纾困发展有关增值税政策的公告》《关于延长部分税收优惠政策执行期限的公告》等政策文件，实施减免小规模纳税人增值税、对小微型企业和个体工商户所得税进行优惠、减半征收小微企业的"六税两费"等措施。这些政策惠及超过 8000 万个经营主体，其中小微企业、个体工商户的受益面均超过 99%，充分助力中小微经营主体稳岗位、扩就业。人社部通过降低失业保险、工伤保险缴费率，允许企业及用人单位阶段性缓缴养老、工伤、失业保险中的单位缴费部分，发放就业补助资金、稳岗返还奖励、一次性留工培训、一次性扩岗补助等政策红利约 4900 亿元。

二是充分发挥新的经济"增长极"对就业的促进作用。2022 年 12 月国务院关于就业工作情况的报告中指出，我国已进入高质量发展阶段，新发展格局加快构建，经济韧性强、潜力大、活力足、长期向好的基本面没有变，新的就业增长点将不断涌现，为保持就业局势长期稳定提供了坚实基础。同时，随着我国经济的转型发展与创新发展战略的深入实施，新产业、新动能不断涌现，大数据、云计算、5G 等新技术的快速兴起，带动了新业态的蓬勃发展，机器人工程技术人员、数字化解决方案设计师、信息系统适配验证师、碳汇计量评估师等新职业的大量涌现为就业提供了新

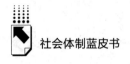

的增长点。

三是优化以就业为导向的结构调整。通过加快实施区域协调发展战略，深化户籍制度改革，畅通劳动力和人才社会性流动渠道等一系列措施，实现劳动力要素的自由流动、帮助中西部地区劳动者就地就近就业、鼓励外出能人返乡创业、激励城市人才下乡等，促使区域就业结构更趋合理。

（二）重点群体就业稳步推进

确保以高校毕业生为代表的青年群体、农民工、退役军人、困难群体等重点群体的就业有途径有出路，既是政府就业工作的重点难点，也是全社会关注的焦点与热点。

党和国家将高校毕业生作为青年就业的重中之重。国务院和有关部门召开专题会议部署大学生就业工作，接连出台相关政策促进就业。2022年5月，国务院办公厅发布了《关于进一步做好高校毕业生等青年就业创业工作的通知》，其中指出"要加大对高校毕业生提供合适就业岗位的支持力度，鼓励中小微企业更多吸纳高校毕业生就业，对符合要求的企业给予社会保险补贴及税费减免等优惠政策"。对同高校毕业生签订1年以上劳动合同的中小微企业，发放一次性"吸纳就业补贴"；拓宽基层就业空间，充分发掘基层就业社保、医疗卫生、司法辅助等就业机会；社区工作出现空缺岗位时要优先录用或拿出专门名额招录毕业生；实施"三支一扶"计划、农村"特岗教师"计划、大学生志愿服务西部计划等基层服务项目。支持和鼓励大学生自主创业和灵活就业，按规定为高校毕业生提供一次性创业补贴、创业担保贷款及贴息、税费减免等政策；支持高校毕业生灵活就业，对毕业年度和2年内实现灵活就业的毕业生按规定补贴社会保险；稳定公共部门岗位规模，进一步稳定机关事业单位对高校毕业生的招录招聘规模；鼓励高校、科研院所等机构增大对科研助理岗位的招录规模。2022年11月，教育部下发了《关于做好2023届全国普通高校毕业生就业创业工作的通知》，通过开拓社会化、市场化就业渠道，深入开展全国高校书记校长"访企拓岗促就业"专项行动，组织开展"校园招聘月""就业促进周"等活动；启动

"万企进校园计划"，要求各高校主动创造条件邀请企业进校招聘；推广使用"全国大学生就业服务平台"，鼓励地方政府与高校依托服务平台联合开展区域和行业专场招聘等举措为高校毕业生就业保驾护航。

农民工群体是实现乡村振兴和新型城镇化建设的重要力量，要积极为农村劳动力提供更多就业机会。通过大力发展地方产业、市场服务组织推介、搭建农民工返乡创业平台、提供基层乡镇公共部门岗位、推动重大工程项目、农村基础设施建设以工代赈等举措，促进农村劳动力就业转移与就地就近就业；在就业服务支持方面，为农民工营造公平就业环境，消除就业歧视，加强就业指导，增强职业培训，完善农民工医疗、社保、子女入学等基本公共服务，保障农民工平等获得就业服务。2022年11月，人社部、发改委、财政部、农业农村部、国家乡村振兴局联合印发了《关于进一步支持农民工就业创业的实施意见》，其中明确指出要通过"强化稳岗扶持政策、健全稳岗服务机制"稳定农民工就业岗位。重点帮助农民工集中的制造业、建筑业和服务业企业克服困境；加速落地吸纳农民工就业数量多、成效好的项目，使其充分发挥带动农民工就业作用。

针对其他重点群体，相继出台一系列政策措施，切实促进重点群体就业。如完善退役军人优抚政策，深化退役军人安置制度改革，强化学历提升、技能培训，采取多种方式拓宽就业安置渠道。对于就业困难人员、零就业家庭人员、残疾人等困难群体，完善就业援助体系。实行日常帮扶与集中帮扶相结合，建立"发现—认定—帮扶"一条龙的援助模式与就业帮扶清单，形成长效援助机制。同时开展精准帮扶，2022年8~10月，人社部、民政部、中国残联在全国范围内组织开展了"就业援助月""暖心活动"等专项帮扶行动，为困难群体就业提供全方位服务，2022年全年累计帮扶困难群体78.6万人。

（三）就业服务体系不断完善

《"十四五"促进就业规划》提出要"着力打造覆盖全民、贯穿全程、辐射全域、便捷高效的全方位公共就业服务体系"。据人社部统计，当前我

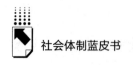

国区（县）级以上行政区域公共就业服务机构已基本实现全面覆盖，就业服务体系的不断完善对于实现高质量充分就业具有重要的促进作用。

一是通过各级服务机构，构建了基本公共服务制度。为劳动者、企业和用人单位提供就业咨询、职业指导、政策解读等基本公共服务。2022年1月，国务院办公厅印发《"十四五"城乡社区服务体系建设规划通知》，明确规定要加强基层公共就业服务，通过打造就业创业空间，重点为失业人员、高校毕业生、退役军人、农民工、就业困难群体等提供就业支持与帮扶。人社部持续开展2022年度"10+N"公共就业服务专项活动，实现"月月有招聘、服务不断线"，累计服务各类市场主体及劳动者1亿多人次，开展补贴性职业技能培训超1600万人次，形成公共就业服务品牌效应。同时进一步加大对就业信息服务与监测制度、就业与失业登记管理制度、就业援助制度的完善与调整。

二是提供多元化、精准就业服务。优化整合综合性服务场所、人力资源市场与零工市场等专业化服务市场；充分结合劳动力市场实际招聘需求，实现不同类型劳动者的精准高效匹配，如针对残疾人群体，联合残联等部门开展就业重点帮扶，帮助有就业意愿和劳动能力的残疾人实现就业。2022年4月，国务院办公厅印发了《促进残疾人就业三年行动方案（2022－2024年）》，以有就业需求、就业能力的未就业残疾人为重点群体，充分发挥政府的就业促进作用，落实残疾人就业创业支持政策。加大对残疾人职业技能培训力度，进一步稳定和扩大残疾人就业岗位，力争在3年内实现新增残疾人就业100万人，在全社会推动形成理解、支持残疾人就业的良好氛围。在具体做法上，提出要在三年内实施包括"机关、事业单位带头安排残疾人就业，国有企业、民营企业安排残疾人就业，残疾人组织助残就业"等在内的十项专项行动。通过一系列助残措施，2022年实现残疾人新增就业57.3万人，成果显著。针对高校毕业生，政府有关部门、高校联合开展专项行动，打造高校毕业生与用人单位相对接的桥梁等。2022年6月人社部办公厅启动了"2022年离校未就业高校毕业生服务攻坚行动"，针对离校未就业毕业生及35岁以下登记失业青年开展公共就业服务公开行动。组织开展"百日千万网络招聘"、"就业服务周"、央企招聘专场等一系列活动。通过"直播带岗""空中宣讲"等新方式，加快推进地方与国家招聘信息的集中发布，在未就业毕业生数量较多的地级市以上地区，保证每周至少组织一次专业性招聘，每月至少组织一次综合性招聘。增大毕业生就业和创业一件事"打包办"服务范围，集中兑现税收优惠、创业担保贷款和各类补贴。同时，加强对人力资源市场秩序的整顿，严厉查处虚假招聘、坚决打击非法倒卖简历和证书等侵害毕业生求职者合法权益的违法违规行为。加强对就业政策法规的解读和宣传，对存在不规范招聘行为的用人单位，特别是国有企事业单位存在就业歧视等情况的，要及时查处纠正。针对新业态下的零工就业劳动者，人社部联合民政部、财政部、住建部、国家市场监管总局五部门共同印发《关于加强零工市场建设　完善求职招聘服务的意见》，将零工就业信息纳入公共就业服务范畴，建立零工招聘、求职信息服务制度，向社会免费提供相关信息的登记与发布服务；通过走访用工单位、对接劳务中介等方式，广泛收集包括"非全日制用工、临时性、阶段性"在内的零工招聘信息；在信息发布方面，采用线上线下相结合的方式，通过人力资源服务大厅、政府政务大厅、基层服务平台等实地平台及招聘网站等线上渠道进行相关用工信息发布，提供多平台、多渠道信息服务。同时强化就业创业培训服务。针对灵活就业劳动者，有针对性地发布符合劳动力市场用工需求、简单易学、实操性强的技能培训信息；引导有就业意愿及培训需求的灵活劳动者按实际需求参加培训与新职业技能培训；鼓励有创业意愿的劳动者参加创业培训；为零工劳动者自主选择培训时间和方式提供支持和帮助，对符合规定条件的劳动者给予培训补贴。

三是充分利用新技术，提升就业服务能力与服务质量。2022 年 3 月，人力资源和社会保障部修订了《就业服务与就业管理规定》，将公共就业服务作为实现"稳就业、保就业"的有力抓手，切实提高就业服务的水平与质量。大力发展"互联网+就业"服务，广泛应用大数据、人工智能、云服务等新技术，创新"云招聘、云面试、直播带岗"等公共就业服务模式。就具体做法上看，国务院在国家政务服务平台上专门推出了"就业服务专

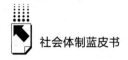

栏",全国性的在线就业服务平台投入使用;人社部开通了"就业在线"网站,收集全国各地区、各类别公共就业机构和招聘机构的相关信息,全面、实时汇总发布,同时提供不同区域、跨层级的求职与招聘服务,同时建成全国性失业登记平台、"智慧人社掌上就业 App"等智能就业服务平台。教育部建成"国家 24365 大学生就业服务平台"旨在打造全年 365 天,24 小时"全时化、智能化"平台,为大学生与企业、用人单位提供优质的在线就业服务。

二　当前促进实现高质量充分就业面临的挑战

党的二十大报告指出,就业是最基本的民生,要实施就业优先战略,强化就业优先政策,健全就业促进机制,促进高质量充分就业。这是新时代新征程就业工作的总要求总目标。我们经济体量大、韧性强、持续向好的基本面没有变,实现高质量充分就业有坚实基础。但与此同时,世界百年未有之大变局加速演进,世纪疫情影响深远,逆全球化思潮抬头,世界进入新的动荡变革期,我国经济发展、人口结构等也发生了深刻变化,实现高质量充分就业面临不少挑战。

(一)经济发展面临多重压力对就业的挑战

2022 年,在复苏艰难的全球经济和新冠疫情等超预期因素的冲击下,国内经济发展下行压力增大,市场主体经营困难,岗位需求不旺,使得就业问题面临挑战。2022 年中央经济工作会议指出,当前我国经济恢复的基础尚不牢固,需求收缩、供给冲击、预期转弱三重压力仍然较大,拉动经济增长的"三驾马车"——投资、出口、消费需求受到制约,这些都对我国的就业问题造成了一定冲击。国家统计局数据显示,2023 年上半年,国内生产总值按不变价格计算,同比增长 5.5%;全国城镇调查失业率平均值为 5.3%,"稳就业保就业"仍面临较大压力。就国际外部环境来看,在世界政治局势复杂、经济不景气的大背景下,国际市场需求收缩,发达国家出现制造业回流、全球产业链重组等情况。我国进出口贸易因而受到较大影响，这对我国相关产业就业产生诸多不利。就我国内部环境来看，经济下行造成市场主体投资意愿降低，企业创新动力不足，部分行业发展进入瓶颈期、部分企业短期存在经营困难，导致对劳动力的需求收缩，甚至出现裁员现象，致使就业面临挑战。

（二）技术进步与产业升级转型对就业的挑战

以人工智能为代表的新技术蓬勃发展与产业升级转型一方面催生了诸多新职业与就业岗位，但另一方面也会导致劳动力市场的剧烈变动。中国国际发展知识中心发布的《全球发展报告》显示，2020~2025年，全球约8500万个工作岗位将被机器替代。由于新兴产业的技术性进步偏向更加明显，因此会加重劳动力市场中的结构性失业风险，中低技能的劳动者就业岗位更容易被替代。此外，以互联网技术为基础的平台经济改变了传统的工作模式，线上平台的工作方式虽然提高了劳动者的工作灵活性与自主选择性，但也造成了线下实体工作岗位的削减，例如互联网平台购物导致了实体店面客流的流失，从而减少了线下导购与销售工作岗位的用人需求。总的来说，产业转型与技术进步推动就业结构向更加高端方向发展，导致一些传统的、中低端就业岗位遭受冲击甚至消失，使得大量劳动者面临失业后再就业的困境，对就业带来挑战。

（三）青年等重点群体"就业难"对就业的挑战

确保重点群体就业有保障、生活有出路，不仅是新时期就业工作的关键内容，也是保证就业基本盘稳定的重要要求。近年来，以高校毕业生为代表的青年群体"慢就业""缓就业""不就业"等问题尤为突出。国家统计局调查数据显示，2023年上半年，我国25~59岁劳动力调查失业率为4.1%，而16~24岁城镇青年调查失业率为21.3%，为25~59岁劳动力群体的5倍，对实现充分就业的目标带来了较大挑战。究其原因，一是由于这一群体体量巨大。根据教育部数据统计，2023年我国高校毕业生达到1158万人，同比增加 82 万人，不断叠加的劳动力供给加剧了就业竞争。二是相较于其他群体，青年群体在就业中往往存在通用性人力资本较高、专用性人力资本与经验性人力资本偏低的特点，而用人单位在用人时通常更倾向于选择与所需岗位技能适配度更高、富有相关工作经验的劳动者，致使部分群体在就业市场中处于不利地位。三是随着青年群体价值观、择业观的转变，其就业选择更加个性化、多元化，固定、单一的传统工作难以满足其职业预期与价值追求，而"宁缺毋滥"的求职心理也导致了这一群体"慢就业""缓就业"等问题愈加突出，加剧了青年群体的"就业难"。此外，农民工、困难群体、残疾人群体等重点群体在就业时往往也面临着专业技能不足、工资收入较低、劳动保障不充分、容易遭受就业歧视等问题，为高质量充分就业带来挑战。

三　未来促进高质量充分就业的路径展望

一是要进一步发挥经济增长的就业带动力。就业问题的解决，根本上要靠经济的发展。一方面是要不断完善基本经济制度，切实落实"两个毫不动摇"，充分发挥市场在资源配置中的决定性作用。稳就业，关键在于稳市场主体。通过支持企业的恢复发展、增强企业创新动力，提振市场主体信心。特别是要激发民营经济活力，把民营企业和民营企业家当成自己人。不断优化民营经济的营商环境，从制度、法律及政策等多方面促进民营经济健康发展，下大力气解决民营企业在实际发展中面临的困难，想方设法为其"输血补气"。充分发挥民营企业的就业创造效应，切实推动民营经济成为"量的合理增长的有生力量"与"质的有效提升的重要载体"。另一方面，继续实施积极的财政政策和稳健的货币政策，在宏观经济政策中强化就业优先考量，适度将货币、信贷和财政资源引向有利于促进和扩大就业的行业，从而实现经济与就业双增长。积极发挥数字经济发展的现有优势，深化数字经济与实体经济相融合，以数字化、智能化为重点，加快推进农业、制造业、服务业产业数字化，利用互联网、大数据等新技术改造传统产业链条，提高全要素生产率，为经济发展注入新动力。同时大力推进科技创新与产业升级动能转换，增强供应链、产业链稳定性，推动制造业转型升级，提高开放程度。积极完善国内市场体系，深化跨区域、跨行业合作，合理统筹区域发展，加快建设全国统一市场，以高质量经济发展扎实推动就业扩容提质。

二是要提高劳动者劳动技能。聚焦于贯穿劳动者全生命周期的劳动能力建设，以适应快速变化的劳动力市场。数字技术、人工智能等新技术进步与制造业、服务业产业升级对劳动者的劳动技能提出了更高要求，而当前我国的职业技能培训在质量与规模上与建设技能型社会的需求之间仍存在较大差距，导致人力资源与市场需求不匹配的现象进一步加剧。对此，人社部、教育部、发改委、财政部四部门联合印发的《"十四五"职业技能培训规划的通知》中指出，到2025年，要实现"终身职业技能培训制度更加完善，共建共享职业技能培训体系更加健全，创新型、应用型、技能型人才队伍不断发展壮大，职业技能培训服务更加有效"的劳动者职业技能提升目标。具体可通过推进劳动者终身职业技能培训制度建设，覆盖劳动者职业生涯全程。大力拓展职业教育，优化职教定位，建设一批高水平的职业院校，推动"普职教育"融通，加快现代化职业教育体系建设；大力推动产教融合，优化人力资本供应结构与供应质量，增强职业教育的适应性。在社会观念上，破除对劳动者的身份、学历等刻板印象，采用多元化评价体系，畅通技能劳动者成长成才渠道，培养"技术技能人才、能工巧匠、大国工匠"；推进劳动者薪资分配与技能等级紧密联系，建设一支高技能、高水平的劳动者队伍。

三是要着力做好重点群体就业支持工作。保障重点群体就业稳定。对高校毕业生、农民工、就业困难人员等重点群体实施分类帮扶、精准施策，构建"全体系、全方位、全周期"的就业帮扶体系。为高校毕业生建立帮扶台账，开展结对帮扶，在充分了解其求职偏好与服务需求后，有针对性地推送相关就业信息与就业见习岗位；对长期未就业的城镇青年实施"就业启航计划"，提供个性化指导服务，积极进行实践引导，组织他们尽快就业。针对农民工群体，健全农民工劳务协作机制，加强东中西部结对帮扶与对接；同时，在乡村振兴、建筑交通、水利水电等基础设施建设项目上，积极推进"以工代赈"，吸纳农村劳动力广泛参与；利用互联网、大数据等做好信息整合工作，在区域内开展用工短缺企业与暂时停工企业间的余缺调剂工作，保证企业"有工可用"，农民工"有事可做"。

四是要进一步完善法律法规。新就业形态下劳动者的合法权益保障已成为国家与社会关注的重点与焦点。有学者研究指出，当前我国新业态劳动者陷入维权困境的根本原因在于现行《劳动法》采用的是劳动关系和劳务关系的二分法。而在平台经济中，网络平台与劳动者之间的劳动关系难以界定，这就造成了在劳动过程中出现争议时难以裁断。对此，要加快修订现有劳动法，完善《中华人民共和国劳动法》《中华人民共和国劳动合同法》中的相关规定，扩大劳动关系的认定范围，对劳动关系的认定问题可通过具体实际情况进行判定，保障全体劳动者合法劳动权益。如将具有人身从属性的劳务提供认定为劳动关系，按传统劳动关系的同等标准对从业者进行劳动保护；对于无明显人身从属性的劳动者，在劳动法中增设中间保护地带，将其界定为经济依赖型劳务提供者，当劳动者在较长时间内与平台企业之间存在有规律的用工关系，且其收入的主要来源都从属于某一平台企业或雇主时，在劳动者发生维权问题时应当为其提供法律保障。

五是要加强对非正规就业部门的就业保护。当前我国劳动力市场存在明显的二元分割，导致正规部门就业与非正规部门就业在劳动保障问题上差异显著。而随着我国劳动力市场的发展变化，非正规就业劳动者逐年攀升，其中既包含了超龄劳动者、职业学校学生等年龄与法定劳动年龄人口"两头不靠"的人员，也存在如外卖小哥、网约车司机、网络主播等虽在法定劳动年龄，但缺乏正规劳动合同的灵活就业劳动者。因此，加强非正规就业劳动者的就业保护迫在眉睫。要消除对非正规就业部门的就业歧视，保证劳动者享有同等的就业机会；要加快社会保障体制改革，将更多非正规部门就业劳动者纳入社会保障的覆盖范围，真正做到保障面前"人人平等"；积极探索更多途径以增强对其的劳动保障，如将提高最低工资标准、增加劳动者收入、鼓励其参加商业保险等作为替代方案。切实提高劳动者的获得感、幸福感与安全感，真正将实现高质量充分就业目标落到实处。

参考文献

《中华人民共和国2022年国民经济和社会发展统计公报》，国家统计局，2023年2月28日，http：//www. stats. gov. cn/sj/zxfb/202302/t20230228_ 1919011. html。

《国务院关于就业工作情况的报告》，全国人民代表大会，http：//www. npc. gov. cn/npc/c30834/202212/65f17bdcafd4426db20b659c04510041. shtml。

《国务院关于印发"十四五"就业促进规划的通知》，中国政府网，2021年8月27日，https：//www. gov. cn/zhengce/zhengceku/2021-08/27/content_ 5633714. htm。

《中央经济工作会议举行 习近平李克强李强作重要讲话》，https：//www. gov. cn/xinwen/2022-12/16/content_ 5732408. htm。

国家统计局：《上半年国民经济恢复向好 高质量发展稳步推进》，人民网，2023年7月17日，http：//finance. people. com. cn/n1/2023/0717/c1004-40037231. html。

《全球发展报告》，https：//www. mfa. gov. cn/web/wjbzhd/202206/P020220620855347809645. pdf。

李云：《我国实施就业优先战略的实践考量及其内在逻辑》，《公共治理研究》2023年第2期。

《2023届高校毕业生预计达1158万人》，http：//www. moe. gov. cn/jyb_ xwfb/s5147/202211/t20221118_ 995344. html。

赖德胜、何勤：《当前青年群体就业的新趋势新变化》，《人民论坛》2023年第11期。

《人力资源社会保障部 教育部 发展改革委 财政部关于印发"十四五"职业技能培训规划的通知》，中国政府网，2021年12月15日，https：//www. gov. cn/zhengce/zhengceku/2021-12/17/content_ 5661662. htm。

冯向楠、詹婧：《人工智能时代互联网平台劳动过程研究——以平台外卖骑手为例》，《社会发展研究》2019年第3期。

张文旭、胡放之、白泽阳：《零工经济模式下就业及权益保障问题浅析》，《当代经济》2020年第9期。

B.11
2022年养老服务发展回顾与展望

叶响裙[*]

摘　要： 2022年，党的二十大报告提出，推动实现全体老年人享有基本养老服务，为推动新时代养老服务高质量发展指明了方向。我国加强养老服务顶层设计，发布《"十四五"国家老龄事业发展和养老服务体系规划》，强化养老服务基本保障；加强对养老服务业纾困扶持，推动养老服务业提质增效；正式实施《养老机构服务安全基本规范》，发布《老年人能力评估规范》国家标准，以标准化建设助推养老服务业健康发展；构建"一刻钟"居家养老服务圈，提升养老服务可及性；推动信息技术在养老领域应用融合，构建智慧养老服务模式。展望2023年，我国要着力健全基本养老服务体系，着力推动社区居家健康养老服务发展，着力推进智慧养老服务发展，以更好地满足老年人对美好生活的期待。

关键词： 养老服务　人口老龄化　健康养老　智慧养老

"十四五"时期是积极应对人口老龄化的重要战略机遇期。2022年，我国人口老龄化程度进一步加深。2022年末，我国60岁及以上人口2.8亿人，占全国人口的19.8%，其中65岁及以上人口2.1亿，占全国人口的14.9%。当前，我国已进入中度老龄化阶段，建立完善与老龄化进程相适应

---

* 叶响裙，中共中央党校（国家行政学院）公共管理教研部教授，主要研究方向为社会保障、公共政策。

的养老服务体系，满足亿万老年人对美好生活的期待，是实施积极应对人口老龄化国家战略的重要举措，是推进国家治理体系与治理能力现代化的重要途径，是建设社会主义现代化国家的必然要求。

2022年10月，党的二十大报告提出，"实施积极应对人口老龄化国家战略，发展养老事业和养老产业，优化孤寡老人服务，推动实现全体老年人享有基本养老服务"，为推动新时代养老服务高质量发展指明了方向、提供了根本遵循。

一 2022年养老服务发展状况回顾

（一）加强顶层设计，强化养老服务基本保障

加强养老服务整体规划。2022年2月，国务院发布《"十四五"国家老龄事业发展和养老服务体系规划》（以下简称《规划》），这是"十四五"及未来一个时期推进国家老龄事业发展和养老服务体系建设的综合性、基础性、指导性文件。《规划》指出我国应对人口老龄化挑战的有利条件和坚实基础，明确了"十四五"时期养老服务体系建设的主要目标和总体要求。《规划》将积极老龄化理念融入老龄事业发展和养老服务体系建设全过程，针对老年群体及城乡居民在养老服务领域的急难愁盼，回应社会关切，构建制度支持体系，推动事业产业协同发展，扩大养老服务供给，促进服务方式创新，以有效满足老年人多方面的养老服务需求。

强化困难老年人兜底保障。中央和地方进一步加大财政支出，加强对农村高龄、失能等困难老年人的保障，将符合条件的困难老年人纳入最低生活保障范围，普遍建立失能老年人护理补贴、高龄津贴制度，有效解决经济困难的失能、高龄老年人的后顾之忧。截至2022年底，全国纳入最低生活保障范围的老年人有1420万；近3700万经济困难的高龄、失能老年人获得补贴；另有370多万老年人享受特困人员救助供养待遇。

开展特殊困难老年人探访关爱服务。为有效化解特殊困难老年人的居家

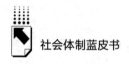

养老安全风险，2022年10月，民政部等10部门出台《关于开展特殊困难老年人探访关爱服务的指导意见》，指出各地要面向独居、失能、计划生育特殊家庭等特殊困难老年人，建立完善对特困老年人的探访关爱服务制度，调动各类服务主体积极性，切实推进探访关爱服务发展。

持续开展基本养老服务先行先试。2021年和2022年，国家在84个地区支持开展居家和社区基本养老服务提升行动项目，重点面向当地经济困难家庭的失能、部分失能老年人提供基本养老服务，进一步明确基本养老服务的内容和标准，不断增强基本养老服务的公平性可及性。在居家和社区养老服务改革试点中，山东、江苏、安徽、贵州等地加大基本养老服务制度建设力度，出台了一系列相关的地方性法规和政策文件，推动基本养老服务体系的完善。

稳步推进长期护理保险试点。目前，我国有4000多万失能失智老年人，为失能失智老年人提供相应的照护服务，是养老服务体系建设的重中之重。2022年，针对失能失智老年人迫切的养老护理服务需求，结合长期护理保险试点地区实践经验，我国继续探索建立长期护理保险的政策体系和管理运行机制，现已初步确立制度框架，基本建立多方共担的筹资机制和公平适度的待遇保障机制。截至目前，长期护理保险试点城市达49个，参保人员达1.69亿人，累计195万人享受长期护理保险相应待遇。长期护理保险制度建设稳步推进，切实减轻了失能老年人家庭的经济和照护压力。

（二）加强纾困扶持，推动养老服务业可持续发展

加强对养老服务业的纾困扶持。受新冠疫情等因素影响，2022年养老服务业面临较多困难。为切实推动养老服务业渡过难关、恢复发展、更好满足人民群众日益增长的养老服务需求，2022年8月29日，国家发展改革委、教育部、科技部、民政部等13个部门联合印发了《养老托育服务业纾困扶持若干政策措施》，制定26条纾困扶持政策，主要包括房租减免、税费减免、社会保险支持等措施，对养老托育服务机构给予多方面支持。国家层面针对养老服务业制定专门的纾困扶持措施，充分体现了对养老服务业的

高度重视，极大提振了养老服务业的信心。与此同时，全国各地也纷纷出台扶持养老服务业的一系列政策措施，通过税费减免、房租减免、资金补贴等各种举措，支持养老服务业恢复发展。

鼓励社会力量参与养老服务发展。人口老龄化进程不断加快，对养老服务体系建设提出了更高要求，也为养老服务业发展带来了巨大的机遇和发展空间。截至 2022 年末，全国养老床位达到 822.3 万张。各地按照党中央和国务院决策部署，制定实施一系列鼓励社会力量参与的优惠激励政策，精简规范行政审批环节，优化市场环境，扩大和改善了养老服务的供给。广州市健全养老服务政策体系，全面放开养老服务市场，保障各项优惠政策落实到位，充分调动社会主体的积极性，探索完善市场机制，促进养老服务业长足发展。目前，社会力量已成为广州市提供养老服务的主体力量。全市 75% 的养老床位、98% 的养老服务综合体由社会力量提供。山西省太原市结合本地经济社会发展实际，制定实施各类优惠政策，加大财政支持力度，为养老服务机构提供运营补贴，激励社会主体共同推动养老服务发展。目前，全市已吸纳近百家餐饮企业和物业公司，投入社会资本 1.26 亿元参与社区食堂建设。

（三）加强标准化建设，促进养老服务业健康发展

强化标准示范引领作用。2022 年 1 月 1 日，我国养老服务业的第一个强制性国家标准《养老机构服务安全基本规范》正式实施。该标准于 2019 年 12 月发布，设置两年过渡期，以便养老机构对照标准要求，做好充分准备。《养老机构服务安全基本规范》明确了养老机构安全风险评估、服务防护、管理要求等方面的统一标准，对养老机构服务安全设置了最底线的要求。该标准具有强制性，一经颁布，必须贯彻执行。对造成重大损失和恶劣后果的养老机构和个人，要根据规定让其承担相应法律责任。为推进《养老机构服务安全基本规范》的贯彻实施，民政部发布 8 项配套行业标准。《养老机构服务安全基本规范》强标是制定配套行业标准的底线，配套行业标准是对强标的落实与细化，是自愿采用的推荐性、辅助性标准，它的技术

要求不得低于强标。养老机构规范标准的完善，对引领养老服务高质量发展发挥了重要作用。

开展老年人能力评估是实现养老服务供需精准对接的重要依据。2022年12月，《老年人能力评估规范》国家标准正式发布。老年人能力评估领域的标准层级由行业标准上升为国家标准，为科学划分老年人能力等级提供了更加权威、统一的评估工具。《老年人能力评估规范》国家标准包括一套完备的评估指标体系，对老年人能力评估的组织实施及评估结果的使用等作出明确规定，有利于科学划分老年人能力等级，精准识别服务对象，规范养老服务机构运营，有效助推实现供需对接，提高养老服务资源利用效能。

加强对养老机构的监督管理。2022年起，我国开展养老机构消防安全专项整治三年行动，修订《养老机构管理办法》。2022年11月，民政部印发《养老机构行政检查办法》，从行政检查源头、过程、结果三个关键环节入手，加强和规范养老机构行政检查工作，提高检查的规范化、标准化水平。实施全国打击整治养老诈骗专项行动。2022年共排查27万余家养老服务机构和场所，严厉打击了一批不法机构和欺老虐老行为，切实维护老年人合法权益，为广大老年人安享幸福晚年营造良好社会环境。

（四）构建"一刻钟"居家养老服务圈，提升养老服务可及性

发展居家社区养老服务，切合绝大多数老年人愿意依托家庭与社区进行养老的需求，对促进居家社区机构养老协调发展、健全具有中国特色的养老服务体系至关重要。2022年我国进一步推动居家社区养老服务发展，在规划、土地、融资等方面出台了一系列支持政策措施，构建"一刻钟"居家养老服务圈，为社区居民提供便捷可及的居家养老服务。

实施居家和社区基本养老服务提升行动项目。2022年9月，民政部、财政部共同确定，中央专项彩票公益金支持开展居家和社区基本养老服务提升行动，在北京市西城区等42个地区，着力解决经济困难的失能、部分失能老年人的居家照护难题，建设10万张家庭养老床位，并提供20万人次居家养老上门服务，让这些困难老年人在家里获得便捷专业的照护服务，有效

解除了这些老年人及其家庭成员的后顾之忧。

健全居家和社区养老服务网络。各地结合实际，以老年群体需求为中心，加强社区养老服务机构和设施建设，推动社区嵌入式养老机构连锁化运营，健全居家和社区养老服务网络，到2022年末，社区养老服务基本覆盖城市社区和半数以上农村社区。社区养老服务机构和设施不断扩大助餐、助浴、助洁、助医、助行、助急等"六助"服务的供给，加强对老年人的探访关爱，满足老年人多元养老服务需求。持续多年的居家和社区养老服务改革试点，激发各地积极探索居家社区养老的有效方式，推进服务方式创新。不少地方注重强化专业养老机构承接失能半失能老年人托养功能，发挥其对居家社区养老服务的专业支撑作用，增强了照护服务的可及性，让"15分钟养老服务圈"看得见、摸得着。

（五）推动信息技术在养老领域应用融合，构建智慧养老服务模式

完善智慧养老政策措施。为推动信息技术融入老年人生活，让广大老年人共享数字时代红利，我国适时出台智慧养老政策措施，为推动智慧养老服务奠定制度基础。《"十四五"国家老龄事业发展和养老服务体系规划》对利用互联网、大数据、人工智能等技术创新养老服务模式作出部署。《"十四五"民政事业发展规划》明确提出，引导养老机构依托新兴技术手段，构建智慧养老模式，培育服务新业态。

推进智慧健康养老试点。智慧健康养老试点坚持以老年人需求为中心，加强"互联网+"在养老服务领域的运用，推广智能养老服务产品和技术应用，推动社区、机构、个人、家庭养老资源的有效对接和优化配置，为老年人提供"点菜式"就近便捷的养老服务。目前已开展五批智慧健康养老应用试点示范工作，共评选出342个智慧健康养老示范街道（乡镇）、86个智慧健康养老示范基地、202家智慧健康养老示范企业。

各地积极推动信息技术在养老领域应用融合，探索智慧养老模式，强化养老服务科技支撑，以扩大和改善养老服务供给、促进养老服务高质量发展。

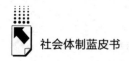

上海市通过数字赋能"大城养老",创新管理理念和方式,有效整合各项社会养老服务资源,协同打造智慧养老服务平台,通过服务平台一键预约、一键申请、一键咨询,满足老年人日常基本需求。社区重点建设示范应用场景,包括支持紧急救援、线上问诊等,由"重技术"向"推场景"转变,增加数字化技术应用与养老服务需求的契合程度,促进养老需求和科技深度融合。

安徽省合肥市庐阳区建立完善"智慧养老"综合信息平台,通过采集全区老年人口、养老服务设施、养老服务人才等方面数据,形成相对完整的"智慧养老"信息化数据库,实现了政府、社区、养老机构和居民之间的信息互联和资源共享。庐阳区对特殊困难老年人的家庭实施了适老化改造和智慧化项目服务,安装无线红外传感器和呼叫器、居家生命体征监测床垫等设备,并对接至"智慧养老"综合信息平台,确保老人居家安全。

河北省宁晋县利用"互联网+大数据+物联网",打造智慧养老服务平台,根据老年人的服务需求制定服务计划和工单,家政等专业服务人员上门提供养老服务和家庭服务,实现养老服务供需及时精准对接。平台还加强了服务质量监督管理,建立了服务监督和评价体系,利用手机移动终端 App 将服务记录上传至监管平台,以促进服务质量的提升。

二 2023年养老服务发展展望与建议

(一)着力健全基本养老服务体系

"十四五"期间,我国着力健全基本养老服务体系,强化基本养老服务在实现老有所养中发挥的基础性作用。基本养老服务面向全体老年人,保障全体老年人基本生存发展权,尤其要优先满足经济困难的失能、高龄、无人照顾、孤寡等特殊困难老年人的养老照护服务需要。

全面建立基本养老服务清单制度。作为基本公共服务的重要构成部分,基本养老服务的政策意涵是动态变化的,在不同国家、在同一个国家的不同发展阶段，基本养老服务的内容和标准也会有差别。要顺利推进基本养老服务体系建设，当务之急，就是要制定实施国家和地方基本养老服务清单，以满足全社会最为迫切、最为关注的失能照护需求为核心，明确服务内容和对象，为各级政府履职尽责提供明确依据。与此同时，根据经济社会发展水平和财政承受能力，建立基本养老服务动态调整机制，逐步实现对经济困难高龄、失能老年人提供基本的长期照护服务，并不断提高服务质量水平。

健全精准服务主动响应机制。以《老年人能力评估规范》为基础，了解老年人生活基本状况和养老服务需求，促进基本养老服务供需高效衔接。推广养老顾问、互助养老等方式，逐步实现"政策找人""补贴找人""服务到人"，为老年人提供便捷高效的基本养老服务。

加快在全国范围内建立长期护理保险制度。我国已持续多年开展长期护理保险制度试点，在筹资方式、待遇发放、管理运行等方面积累了一定的实践经验，但试点地区在政策措施上存在明显差别，覆盖人群也总量有限，因此，我国要加大力度在全国范围内建立起长期护理保险制度，为基本养老服务提供坚实的资金保障。

推进基本养老服务均等化。基本养老服务重在机会均等，强调人人享有、人人可及。我国养老服务发展在城乡之间、不同地区之间尚存在差距，因此，今后要着力补足短板，加大对农村地区、经济相对落后地区基本养老服务体系建设的扶持力度，逐步实现城乡之间、不同地区之间基本养老服务均等化。在此过程中，除了发挥政府的主导作用外，也要充分发挥社会组织、企事业单位、社区、居民个人、家庭等多元主体各自优势，不断拓展基本养老服务的内容，提升基本养老服务的品质。

（二）着力推动社区居家健康养老服务发展

筑牢社区健康养老的基础网底。社区是提供健康养老服务的重要平台。一方面，社区汇聚了老年人所需要的各类服务资源，社区卫生服务中心、社区养老服务中心等服务机构与居民联系紧密，能直接面向老年人提供便捷的服务；另一方面，社区能承接各类医疗、养老等服务机构，将专业化的医疗

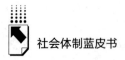

养老服务引入社区，并延伸到家庭。城乡社区要进一步加强对居民的健康教育，增强居民自我保健意识，提升居民健康素质。进一步加强预防保健，建立老年人健康档案，加强对老年人的慢病管理。针对老年人看病难问题，促进社区养老服务机构与医疗卫生服务机构合作，通过多种方式提供医养结合服务。针对老年人照护难问题，除了增设社区老年护理服务床位外，还可将符合条件的基层医疗机构转型发展，面向失能半失能老年人提供生活照料和护理康复服务，满足老年人最迫切的长期照护服务需求。

健全家庭支持政策。"家庭"在我国社会政策建设中一直是一个"私领域"，家庭中被照料的老年人及照料者，很少被纳入公共政策的制定中。随着我国老龄化进程加快，养老护理服务需求激增，家庭照料老年人的主体地位得以凸显。统计资料显示，目前在家庭中接受养老照料的老年人比例达90%以上。我国已明确居家养老在养老服务体系中的基础地位。未来我国养老服务体系建设，要适应社会需要，加快健全家庭支持政策，充分发挥家庭对老年人的养老照护功能。家庭支持政策主要包括服务给付和现金给付。服务给付是通过社会力量为居家养老的老年人提供日间照料、康复护理、助餐助洁等服务，从而减轻家庭照料者的压力。现金给付是按照一定标准发放现金津贴，从而给予家庭照料者一定的经济支持。家庭支持政策将家庭中老年人的养老需求显性化，认可家庭照料者的社会功能，激励家庭照料者与机构、社区等共同承担对老年人照料的社会责任。各地养老服务实践表明，家庭养老支持政策能在很大程度上有效解决失能半失能老年人长期照护问题，不少长期护理保险试点地区已经将居家护理服务纳入长期护理保险制度体系。今后要进一步总结各地实践经验，不断健全家庭养老支持政策，从而使亿万家庭更好地发挥健康养老功能。

（三）着力推进智慧养老服务发展

统筹推进分层级的智慧养老服务平台。加强智慧养老服务整体规划，加大统筹协调力度。可以按照行政区划建立市级层面的智慧养老服务平台，将区级、街道级平台设置为子平台，确保关联政策的协同有序，形成平台之间的深度链接，推动跨部门、跨地区、跨行业的合作，实现供给资源的集约化关联，促进供需有序衔接，充分发挥互联网优化市场资源配置的作用。

建立以公众需求为导向的数据共享机制。未来我国智慧养老服务发展的核心内容，是要深化数据开放。要制定统一的数据格式标准，建立标准的技术规范体系，以保证数据的多维度复合叠加。要保障数据安全，通过技术创新，配套相应的保护屏障和保护措施，避免个人信息泄露。要制定养老服务数据信息的可开放清单，明确不同类型数据的使用主体和使用权限。要以公众需求为导向，依托大数据等信息技术，遵循共治共享、平等互惠的基本原则，建立数据共享机制，促进资源整合，提升养老服务的整体效能。

强化"智慧养老"服务理念。智慧养老不是简单地将线下服务迁到线上，而是通过信息技术的运用，重塑养老服务相关主体之间的关系和行为方式，推动养老服务供给方式的创新。我国今后要进一步强化智慧养老的服务理念，加快构建政府主导、多方参与的智慧养老社会支持体系。要充分关照老年人的生理心理特点，增强智慧养老服务平台的适老性，提升养老服务和产品的友好性。要对老年人开展具有针对性的教育培训，提升老年人的数字应用技能，加深老年人对新型数字技术的信任和接纳程度，增强老年人的参与热情。与此同时，要引导全社会形成关爱老年人、帮助老年人的文明风尚，使智慧养老充满人性的温暖。

B.12
2022年医药卫生体制改革进展与展望

胡　薇*

摘　要： 2022年党的二十大胜利召开，全面擘画了未来健康中国战略的发展，医药卫生体制改革高质量发展的趋势日益明显。这一年，改革在强基层、重农村、补公卫方面有诸多举措，在公立医院高质量发展、基层医疗服务能力提升、互联网诊疗、医联体建设、疾控体系改革等方面取得明显进展。未来，医药卫生体制改革将会在高质量发展方面持续发力，特别是在创新三医协同、提升乡村社区医疗卫生服务能力、推进医防协同和医防融合等方面。

关键词： 党的二十大　医药卫生体制改革　疾控改革　紧密型城市医疗集团

　　2022年，党的二十大胜利召开，对推进健康中国建设进行了全面擘画，要求继续深化医药卫生体制改革，促进医保、医疗、医药协同发展和治理。国务院办公厅发布《"十四五"国民健康规划》，要求继续将人民群众生命安全和身体健康放在第一位，全面推进健康中国建设，并对未来5年医药卫生体制改革进行了谋划。这一年，中国成功走出新冠疫情大流行，创造了世界人口大国成功抗击新冠疫情的伟大奇迹。这一年，作为健康中国建设重要组成部分的医药卫生体制改革在公立医院高质量发展、基层医疗卫生服务能

---

　　* 胡薇，博士，中共中央党校（国家行政学院）社会和生态文明教研部副教授，主要研究方向为社会政策与社会保障。

力提升、优质医疗资源的均衡配置、互联网诊疗的规范化发展等方面取得了明显的进步。

一　新时代十年来医药卫生体制改革的重大成就

党的十八大以来，中国医改坚持"一个转变、两个重点"的思路，即把"以治病为中心"转变为"以人民健康为中心"，围绕解决看病难、看病贵两个重点难点问题，推出一系列重要改革举措，推动医改取得显著成效。目前，中国居民人均预期寿命由2020年的77.93岁提高到2021年的78.2岁，孕产妇死亡率从16.9/10万下降到16.1/10万，婴儿死亡率从5.4‰下降到5.0‰①，已建成世界最大的医疗卫生体系、社会保障体系，基本医疗保险参保率稳定在95%。群众关心的一些重点难点问题有了极大改善。

一是基层医疗服务能力显著提升。截至2021年底，全国建有各类基层医疗卫生机构98万个，卫生人员超过440万人，90%的家庭15分钟内能够到达最近的医疗点，基层诊疗量占比长期保持在50%以上。全国已基本实现所有地市和县（市、区）开展家庭医生签约服务，组建超过42万个家庭医生团队，为签约居民，特别是慢病患者、老年人等重点人群提供包括长期处方、上门服务等在内的医疗卫生服务。二是医疗资源配置更加均衡，群众看病难的问题得到有效缓解。持续加强国家医学中心、区域医疗中心和医联体、医共体建设，提升以县医院为代表的基层医疗机构服务能力，大病重病在本省解决、一般疾病在市县解决、头疼脑热在乡村解决逐步成为现实。三是个人医疗卫生负担不断降低，群众看病贵的问题得到有效缓解。随着医疗保障水平的不断提高、国家基本医疗保险目录的动态调整、药品和医疗器械集中带量采购和全面取消药品加成政策等的实施，群众的就医负担明显减轻。居民个人卫生支出所占比重由2012年的34.34%，下降到2021年的

---

① 国家卫健委：《2021年我国卫生健康事业发展统计公报》。

27.7%①。四是药品降价和用药保障方面取得了重大进展。国家医保局组建后，为切实解决群众看病贵的问题，自2019年至2022年底共组织开展了7批药品耗材集中采购，药品平均降价超过50%，耗材平均降价超过80%，累计节约费用约3000亿元。② 同时动态调整医保目录，自2000年第一版医保目录正式发布后，截至2022年共进行了8次目录调整，最近几年基本每年一次调整，目录药品总数从2009年的2172个增加为2022年的2967个③，许多抗癌药品、罕见病药品进入医保目录。五是构建起强大的基本公共卫生服务体系。持续开展国家基本公共卫生均等化服务，2022年人均基本公共卫生服务经费的补助标准提高到84元，农村居民可以在基层医疗卫生机构获得12类基本公共卫生服务，将两癌筛查等纳入基本公共卫生服务项目，妇幼健康均等化水平不断提升。深化疾控体系改革，提升疾控服务能力等。

二 2022年医药卫生体制改革总体进展

（一）党的二十大报告全面擘画健康中国建设

党的二十大报告指出，未来五年是全面建设社会主义现代化国家开局起步的关键时期，全面推进健康中国建设事关民族昌盛和国家强盛。一是健康中国建设的战略地位进一步提升。再次强调把保障人民健康放在优先发展的战略位置，完善人民健康促进政策。二是健康中国的范围不断拓展，"大健康""大卫生"的理念深入人心。党的二十大报告与健康中国有关的论述中，包括了人口发展战略、积极应对人口老龄化国家战略、深化医药卫生体制改革、健全公共卫生体系、重视心理健康和精神卫生、倡导文明健康生活方式等。三是强调改革的协同性、融合性。如将生育、养育、教育一体考虑，强调医保、医疗、医药协同发展和治理，创新医防协同、医防融合机制

---

① 数据主要来自国家卫生健康委员会2022年7月22日新闻发布会。
② 数据主要来自国家卫生健康委员会2022年7月22日新闻发布会。
③ 数据主要来自国家卫生健康委员会2022年7月22日新闻发布会。

等。四是对均等化、公益性、预防性的突出强调。与此前相比，更加突出强调了"深化以公益性为导向的公立医院改革""推动实现全体老年人享有基本养老服务"。五是更加重视农村和社区。提出"发展壮大医疗卫生队伍，把工作重点放在农村和社区"。这些特点说明，自2009年新医改以来，经过长达十几年的艰难探索，中国对破解医改这一世界性难题的思路越来越清晰。

党的二十大报告对健康中国发展的谋划是未来卫生健康事业发展的纲领性文件，而《"十四五"国民健康规划》则是卫生健康领域未来5年更为细致的专业性规划。2022年5月国务院办公厅印发《"十四五"国民健康规划》，提出到2025年中国特色基本医疗卫生制度逐步健全，到2035年建立与基本实现社会主义现代化相适应的卫生健康体系，中国特色基本医疗卫生制度更加完善，人均预期寿命达到80岁以上等重要目标。该规划还部署了包括织牢公共卫生防护网、全方位干预健康问题和影响因素、全周期保障人民健康、提高医疗卫生服务治理水平、促进中医药传承创新发展、做优做强健康产业、强化国民健康支撑与保障等七个方面的重要任务。

（二）疫情防控取得重大决定性胜利，成功走出疫病大流行

新冠疫情是人类历史上极为罕见的全球性大流行病，也是二战以来最严重的全球性公共卫生危机。2022年抗击新冠疫情一直坚持"外防输入、内防反弹"的政策，2022年12月，根据病毒特点变化、疫苗接种普及、防控经验积累等新的形势，因时因势优化防控措施，将新冠病毒感染变为"乙类乙管"，进一步降低疫情防控对人们正常生产生活的影响。在抗击新冠疫情的三年时间里，中国高效统筹疫情防控和经济社会发展，坚持人民至上、生命至上，有效保护了人民群众生命安全和身体健康，建立了比较好的人群免疫屏障，以最小的代价成功走出了新冠疫情大流行。

在疫情防控中，我国医疗服务体系、公共卫生服务体系极限承压，得到了有效的锻炼，在不断发现问题的过程中持续优化调整、升级完善。比如基

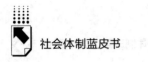

层医疗卫生机构的能力短期内得到有效提升，传染病监测体系和直报系统不断优化，公共卫生服务体系持续健全、重大疫情的常态化防控和应急处置能力得到了提升。新冠疫情防控的经验为深入推动下一步健康中国行动和爱国卫生运动的发展有重要的启示作用，特别是对医防融合、医防协同发展、基本公共卫生服务体系的构建、群众健康生活习惯的养成等有重要作用。

（三）强基层、重农村、补公卫是2022年工作重点

长期以来，基层医疗卫生服务能力不强、城乡医疗资源分布不均衡一直是医改中的重点也是难点。三年疫情则将公共卫生服务能力薄弱、医防亟须融合的问题进一步凸显。党的二十大报告指出，"发展壮大医疗卫生队伍，把工作重点放在农村和社区""创新医防协同、医防融合机制，健全公共卫生体系"等，明确指出了未来医药卫生体制改革中的工作重点。2022年政府工作报告则指出，要落实和完善乡村医生待遇保障与激励政策，推动优质医疗资源向市县延伸，提升基层防病治病能力。2022年初，全国卫生健康工作会议召开，提出了八大工作重点，其中一项是"以基层为重点，巩固健康扶贫成效与乡村振兴相衔接，促进乡村医疗卫生体系健康发展，提升县域综合服务能力"。

2022年7月，国家卫健委印发《卫生健康系统贯彻落实以基层为重点的新时代党的卫生与健康工作方针若干要求》，要求高度重视基层卫生健康事业的发展，并明确十四点工作要求。2023年2月，中办、国办印发《关于进一步深化改革促进乡村医疗卫生体系健康发展的意见》，强调要把乡村医疗卫生工作摆在乡村振兴的重要位置，推动重心下移、资源下沉，健全适应乡村特点、优质高效的乡村医疗卫生体系。本年度与强基层、重农村、补公卫的相关举措很多，如试行县域巡回医疗和派驻服务工作、推动1233家医院开展"千县工程"、深入开展"大学生乡村医生专项计划"、深化疾控体系改革等。总体而言，2022年的医药卫生体制改革整体呈现强基层、重农村、补公卫的重要特点。

三　2022年医药卫生体制改革重要亮点

（一）公立医院高质量发展再上新台阶

近几年，医药卫生体制改革"高质量"发展趋势明显。自2018年《关于坚持以人民健康为中心推动医疗服务高质量发展的意见》发布起，医疗服务的高质量发展即成为医改的重点，而其中的关键就是公立医院的高质量发展。2021年，国务院办公厅印发《关于推动公立医院高质量发展的意见》等三个重要文件，从5个方面、27项二级指标对推动公立医院高质量发展提出了明确要求。2022年初，国务院医改领导小组秘书处印发《关于抓好推动公立医院高质量发展意见落实的通知》，建立了公立医院高质量发展评价机制。7月31日《公立医院高质量发展评价指标（试行）》印发，在以往公立医院绩效考核相关指标的基础上，在党建引领、能力提升、结构优化、创新增效、文化聚力等五个方面建立了相关评价指标体系。为推动这些评价指标落地与科学运用，2022年12月22日，国家卫生健康委发布《公立医院高质量发展评价指标（试行）操作手册（2022版）》，对评价指标体系的设计进行了详细释义。评价指标的建立将会与公立医院绩效考核一起在推动公立医院高质量发展中发挥重要作用。

此前，公立医院高质量发展已在2021年11个综合医改试点省份率先启动。2022年，通过竞争性评审，又确定了15个城市参与2023年中央财政支持的公立医院改革与高质量发展示范项目，每个项目补助5亿元，其中10%专门作为绩效奖补资金。示范项目将在智慧化医院建设、分级诊疗、医疗费用控制等方面着重发力。与此同时，以医院为单位，以委省共建的方式在9个省市14家大型高水平的公立医院开展试点，按照1年起步、3年见效、5年上台阶的目标打造公立医院高质量发展的样板。公立医院的高质量发展又上了一个新的台阶。

但是，高质量发展中也依然存在一些难点问题。近几年关于三级公立医

院绩效考核的国家监测分析情况表明，尽管绩效考核的指挥棒作用明显，但优质医疗资源分布不均衡的问题依然存在，特别是地区间的差异仍十分明显。同时，医疗的核心生产力——医务人员的积极性仍未有效调动，一些医院特别是县级三级医院在人才、科研等方面长期处于弱势。而关于二级医院的绩效考核监测则发现二级医院的内部管理特别是规范化、科学化和精细化水平仍需进一步提升。

（二）基层医疗服务能力进一步提升

强基层一直是医疗卫生体制改革的重心，也是本年度医改的重点内容之一。但是出于各种原因，基层特别是农村基层并没有真正强起来，医疗服务资源上下不均衡、城乡不均衡的问题没有得到根本解决。2022年7月，卫健委印发《卫生健康系统贯彻落实以基层为重点的新时代党的卫生与健康工作方针若干要求》，要求各级卫生健康行政部门实化工作措施，切实加大投入，着力推动医疗卫生工作重心下移、资源下移，把更多的注意力、精力、财力、物力投向基层，把更好的人才、技术、管理、机制引向基层，不断夯实基层基础。本年度，在持续推动"优质服务基层行"活动和社区医院建设等工作的基础上，还有一些新的举措值得关注。

一是家庭医生签约服务的高质量发展。家庭医生是基层医疗能力提升的关键一环，也是预防的基础一环。家庭医生是群众的健康守门人，自2016年家庭医生签约服务在全国开展以来，家庭医生签约制度至2020年基本实现了全覆盖，但"签而不约"的问题一直比较突出，签约医生的实际服务能力有待提高，激励性也不足。2022年，卫健委、财政部、人社部、医保局、中医药局、疾控局等共同发文《关于推进家庭医生签约服务高质量发展的指导意见》，要求从2022年开始，各地在现有服务水平基础上，全人群和重点人群签约服务覆盖率年均提升1~3个百分点；到2035年，签约服务覆盖率达到75%以上，基本实现家庭全覆盖；重点人群签约服务覆盖率达到85%以上，满意度达到85%左右。各省区市也相继印发本区域内家庭医生高质量发展的意见，并在丰富服务内容、增强签约服务吸引力上出台了诸多措施，如提供个性化服务、推广弹性化签约、提供健康咨询、采用"互联网+"的模式等。

二是持续推动乡村医疗卫生服务能力提升。为推动乡村医疗卫生服务能力提升，许多地区通过城市医院巡回医疗对口帮扶、县乡派驻服务、流动巡诊、邻村延伸服务等方式，不断推动优质医疗资源下沉至乡村。2021年，国家卫健委办公厅印发《关于做好村级医疗卫生巡诊派驻服务工作的通知》，通过努力，历史性地消除了乡村医疗卫生机构和人员的"空白点"。2022年，面临新的形势和挑战，国家卫健委等几部门联合印发《关于做好县域巡回医疗和派驻服务工作的指导意见》，持续推动优质医疗资源下沉，要求因地制宜地规范村级巡诊服务、派驻服务。在2021年推行"千县工程"的基础上，2022年4月，国家卫生健康委印发《"千县工程"县医院综合能力提升工作县医院名单》，确定了参与工程的1233家县级医院名单，标志着"千县工程"县医院综合能力提升工作的全面启动。此外，本年度依然持续推动村级公共卫生委员会建设和"大学生乡村医生专项计划"。

（三）互联网诊疗迎来新规范

疫情期间，互联网诊疗发挥了巨大作用，并获得了公众和政府的广泛认可，互联网诊疗已经渗透到更为广泛的人群，悄然改变了群众的认知并进而影响了群众的诊疗习惯。数据显示，截至2022年12月，我国互联网医疗用户规模3.63亿个，较2021年12月增长6466万个，占网民整体的34%。[①] 9月，国家药品监督管理局发布《药品网络销售监督管理办法》，对药品网络销售企业行为、网络销售平台管理进行了详细的规定。至此，包括《互联网诊疗管理办法（试行）》《互联网医院管理办法（试行）》《远程医疗服务管理规范（试行）》等在内的两个办法、一个规范、一个细则基本搭建起互联网诊疗的主要行业规范架构。一些地方如上海、安徽、海南等地也出台了相应的地方性法规。相关制度规范的健全对推动互联网诊疗的进一步发

---

① 中国互联网络信息中心：《第51次中国互联网络发展状况统计报告》，2023年3月2日。

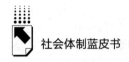

展特别是规范化发展必将产生积极作用。但是互联网诊疗的定位主要还是在复诊和慢性病诊疗方面，同时也难以做到线上与线下的完全统一，其盈利模式也需要新的场景。

（四）医联体建设深入推进

医联体等医疗联合协作的方式是解决医疗资源不均衡的重要抓手，但在相当长时间内，医联体的紧密性不强，在上下转诊、提升基层医疗服务能力和下沉医疗资源等方面仍有较大的提升空间。2023年初，卫健委等部门联合印发《紧密型城市医疗集团建设试点工作方案》，要求在每个省份选择2~3个设区的市，统筹区域内医疗资源，推动实现紧密型城市医疗集团的网格化布局。2023年5月，共有81个城市进入试点名单当中。紧密型城市医疗集团的试点表明以清晰功能定位、医疗分工协作为根本特征的集团化医疗服务格局构建进入全新阶段。

以往，按照《医疗联合体管理办法（试行）》的要求，医疗集团分医联体、医共体、专科联盟和远程医疗协作网等四种模式。但不管是哪一种形式，清晰的功能定位基础上的有效协作是最为核心的，否则三级医院还是会有规模扩张的趋势，医疗服务也会出现向上虹吸而无法实现真正意义的分级诊疗或优质医疗资源的下沉。在以往建设的原则上，推动关系更加紧密的医疗集团的建设是瞄准了"利益共同"的痛点，成立由医院和相关政府部门共同组成的管理委员会，管委会将相关权力赋予集团，集团内部医疗管理一体化、运营管理一体化、信息管理一体化，成为一个更为紧密的新型医疗集团。上述工作方案还设置了责权协同、资源协同、业务协同、机制协同四个方面的15项建设评判标准。紧密型城市医疗集团内，各类医疗机构的功能定位是不同的，牵头医院、成员单位、专科特色较强的二级医院等都有不同的功能定位。

（五）疾控体系改革推进持续

疫情中暴露出的问题使疾病预防控制体系的重要性进一步提升、改革的迫切性进一步凸显。2021年国家疾控局挂牌成立，2022年初，"三定"方案公布，疾控局为国家卫健委下的二级局、副部级单位，主要职能是疾病预防控制与应急监督，疾控局主任由国家卫健委副主任兼任，而中国疾病预防控制中心则由国家疾控局管理，这些安排从某种程度上提升了疾控中心的行政地位。国家疾控局的建立被社会寄予厚望。2022年下半年，有许多省区市包括县级城市纷纷挂牌成立疾控局。这表明，疾控体系改革正在全面提速，从体制上逐渐理顺了地方局与国家局之间的关系，但也意味着，实质性的改革还未正式推进。

（六）药品供应保障高质量发展

一是短缺药品供应监测机制不断完善。短缺药事关百姓用药安全。2017年，原国家卫计委等部门就曾印发《关于改革完善短缺药品供应保障机制的实施意见》，要求建立短缺药品监测预警机制。2019年国务院办公厅印发《关于进一步做好短缺药品保供稳价工作的意见》，将短缺药品的储备、供应和保障提上重要议程。一些地方如贵州、湖南等地也相继出台相关文件并采取举措加强短缺药品的生产、供应和使用的监测。2022年8月，工信部、卫健委等四部门发布《关于加强短缺药品和国家组织药品集中采购中选药品生产储备监测工作的通知》，详细部署相关药品生产的储备监测工作。《通知》中涉及1236个短缺药品及生产企业、783个国家组织集采中选品种及生产企业和10家重点短缺药品储备企业，同时要求监测企业通过两个监测平台，每月填报监测信息，实现动态监测预警。监测体系的进一步落实细化，将对短缺药品的供应保障起到重大作用。

二是儿童药、罕见药保障有新举措。儿童药与罕见药备受社会关注，最近几年医保目录在动态调整时都会对其予以倾斜。2022年5月，国家药监局就《中华人民共和国药品管理法实施条例（修订草案征求意见稿）》向社会公开征求意见。此次修订的重要变化是对儿童新药和罕见病新药分别给予不超过12个月和不超过7年的市场独占期限，是鼓励儿童用药和罕见病用药研发创新的重要举措，如获通过势必极大地激发相关用药的研发创新动力。

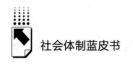

四 下一步改革趋势与建议

（一）未来改革趋势

自 2009 年新医改以来，医疗卫生体制改革经过十多年的探索，逐渐形成了一些中国式的医改经验，如坚持两个至上、坚持公益性导向、坚持三医协同等。随着全面建设社会主义现代化新征程的开启，医药卫生体制改革将围绕以健康为中心的基本要求，不断推进高质量发展。未来一段时间，医药卫生体制改革将呈现以下基本趋势。

一是更加重视基层、农村和公共卫生等领域的改革。具体而言，会着重在提升乡村社区医疗卫生服务能力、加大基本公共卫生服务投入、深化疾控体系改革等方面有更新、更明确的举措。二是持续推进医疗卫生事业高质量发展。既要促进优质医疗资源均衡配置，又要不断降低群众就医负担，持续改善群众就医体验。具体而言，将会继续推进公立医院高质量发展、紧密型医联体建设、国家医疗中心和区域医疗中心建设、分级诊疗等。同时进一步提升医疗服务质量和效率，特别是推进 DRG 和 DIP 改革。三是进一步推进医防融合。更加注重预防，实现医疗服务与公共卫生服务融合是改革的大势所趋、2023 年疾控体系改革有望进一步深入推进。四是持续加强人才队伍建设。医务人员是医改的核心，也是深入推进健康中国建设的关键变量，更是提升医疗卫生服务能力的主体。党的二十大报告指出要"发展壮大医疗卫生队伍"，2023 年《关于进一步完善医疗卫生服务体系的意见》的第一条也是"提升卫生健康人才能力"。在 2022 年强基层的各项改革中，家庭医生、乡村医生、乡村巡诊等改革举措都显示出对基层医务工作者的高度重视。当然，三医协同发展和治理也依然会持续推进。

（二）下一步工作建议

党的十八大以来，医药卫生体制改革成就斐然，但也依然面临一些深层次的问题，改革的深度不足、政府的主导性过强、医务人员的积极性不高、优质医疗资源分布依然不均、医疗费用持续增长的压力日益明显等问题依然困扰着改革。为进一步推进医药卫生体制改革向纵深发展，建议对以下方面有所侧重。

一是在改革主体上，更加注重多元参与。在保证基本医疗卫生服务公益性、公立医院公益性的基础上，注重撬动社会资源参与健康中国建设行动。比如进一步扩容优质医疗资源，要善于支持并规范民营医院的发展，党的二十大报告也指出要"规范民营医院发展"。二是在机制上，更加注重激励相容，适度发挥市场在配置资源上的作用。政府主导对医改所取得的成绩起了极大的作用，但政府主导过多会导致资源的整合与协作的机械化，各医疗机构和政府之间会出现多重博弈，难以实现可持续性发展。未来应更加注重共赢机制的使用。三是在工作重点上，要更加注重调动医务人员改革的积极性，激发其改革的内生动力。四是更加注重对互联网等信息技术的使用。医疗卫生服务的高质量发展离不开信息化，医疗资源的均衡配置更离不开信息化，医疗卫生改革必须要学会拥抱着新一代网络信息技术的发展。

参考文献

沈洪兵：《新型冠状病毒肺炎疫情后我国疾控机构改革发展需要思考的几个问题》，《中华流行病学杂志》2022年第1期。

熊昌娥、陈汇汇、方鹏骞：《坚持以人民为中心：公立医院高质量发展的内涵、基础和路径》，《中国医院管理》2023年第4期。

王虎峰：《医联体推动公立医院高质量发展的作用和路径研究》，《中国医院管理》2022年第5期。

周立芳等：《新医改以来我国乡村医生相关政策量化研究——基于政策工具、靶点和力度》，《中国卫生政策研究》2022年第2期。

B.13
2022年中国低收入人口服务改革进展与展望

王桑成[*]

摘　要： 2022年，中国低收入人口服务改革取得了三方面主要进展：一是各地低收入人口的界定范畴业已确定；二是全国低收入人口动态监测信息平台基本建成；三是低收入人口分层分类救助帮扶机制日益健全。面对着新时代中国低收入人口的救助需求从单维向多维发展、从消极向积极发展、从现金向服务发展、从粗放向精细发展等新变化，展望2023年，本文建议从机制建立、内容优化、制度保障等方面进行创新优化，以满足低收入人口的实际需求，强化兜底保障，促进全体人民实现共同富裕。

关键词： 低收入人口　共同富裕　社会服务

　　2022年是党和国家历史上极为重要的一年，是巩固拓展脱贫攻坚成果同乡村振兴有效衔接的深化之年。在这一年，我国的社会救助事业，尤其是低收入人口等困难群众服务也迎来了高速发展。3月6日，习近平总书记参加政协农业界、社会福利和社会保障界联组会时指出，"对困难群众，我们要格外关注、格外关爱、格外关心，千方百计帮助他们排忧解难，把群众的

---

* 王桑成，中共中央党校（国家行政学院）社会和生态文明教研部讲师，主要研究方向为民生保障、社会治理、社会政策等。

安危冷暖时刻放在心上，把党和政府的温暖送到千家万户"。① 作为困难群众的重要组成，低收入人口是后扶贫时代贫困治理的重要对象，亦是促进共同富裕的重点人群。习近平总书记指出，"低收入群体是促进共同富裕的重点帮扶保障人群"。②

一　2022年中国低收入人口服务改革主要进展

在党中央、国务院的正确领导下，在有关部门和地区的通力合作下，2022年我国低收入人口服务改革取得了以下三方面主要进展。

（一）各地低收入人口的界定范畴业已确定

目前国内外对于低收入人口并没有明确的概念界定。在国际上，低收入是经济学经常使用的概念，它是指个体的收入水平低于社会普遍收入水平的状况；相对应的是，低收入人口为相对于当时、当地大多数社会成员的收入水平而言，处于较低收入水平的人口。③ 在我国，低收入人口广泛出现于政策文本当中，在不同的政策文本中，低收入人口的概念内涵存在一定的差异，大体分为四种类型：一是从社会救助的视角出发，将低收入人口视为社会救助对象，通常将其界定为人均收入高于低保标准且低于低保标准一定倍数（通常为1.5倍）的群体，即民政部门的"低收入人口"概念；④ 二是从统计调查的角度出发，将所有家庭收入按五等份划分，处于底层20%的家庭即低收入户⑤；可以看到，前两种类型可以被视为相对标准视角下的概念

---

① 习近平：《在参加全国政协十三届五次会议农业界、社会福利和社会保障界委员联组会时的讲话》，载中共中央党史和文献研究院、中央学习贯彻习近平新时代中国特色社会主义思想主题教育领导小组办公室编《习近平新时代中国特色社会主义思想专题摘编》，党建读物出版社、中央文献出版社，2023，第357页。

② 习近平：《扎实推动共同富裕》，《求是》2021年第20期。

③ 林闽钢：《促进低收入群体迈向共同富裕论纲》，《治理研究》2022年第5期。

④ 李棉管、岳经纶：《相对贫困与治理的长效机制：从理论到政策》，《社会学研究》2020年第6期。

⑤ 杨立雄：《低收入群体共同富裕问题研究》，《社会保障评论》2021年第4期。

内涵，而第三种类型则是从绝对标准出发对低收入人口进行界定。国家统计局曾将 2018 年价格下家庭年收入（典型的三口之家）介于 10 万~50 万元的家庭定义为中等收入家庭，因此按照这一测算方式，家庭年收入低于 10 万元的家庭则可以被视为低收入家庭。比如，依据《浙江高质量发展建设共同富裕示范区实施方案（2021—2025 年）》，家庭年可支配收入 10 万元以下的属于低收入家庭。由于目前人们对于低收入人口标准认定尚未产生共识，因此在政策文本中也会采取列举具体类型的方式来界定低收入人口。2020 年 12 月，中共中央、国务院在《关于实现巩固拓展脱贫攻坚成果同乡村振兴有效衔接的意见》中，提出以现有社会保障体系为基础，对农村低保对象、农村特困人员、农村易返贫致贫人口，以及因病因灾因意外事故等刚性支出较大或收入大幅缩减导致基本生活出现严重困难人口等农村低收入人口开展动态监测。因此，也有学者强调我国低收入群体是指低保对象、特困人员、低保边缘人口、易返贫致贫人口、因病因灾因意外事故刚性支出较大导致生活出现困难的人口。[①]

就目前实践来看，国家层面上低收入人口涵盖了低保人口、特困人员、低保边缘人口、支出型困难人口以及易致贫返贫人口五种类型。在国家层面低收入人口结构划分的基础上，各省、自治区、直辖市也相继确定了本省低收入人口的主要结构及其具体的认定条件。尽管各地认定的低收入人口的具体结构存在一定差异，但是总体来看，一方面，主要包括民政部门认定的特困人员、低保对象、低保边缘户；另一方面，乡村振兴部门认定的返贫致贫人口、脱贫不稳定户、边缘易致贫户、因病因灾因意外事故等刚性支出较大或收入大幅缩减导致基本生活出现严重困难户以及各地认定的其他群体也是低收入人口的主要组成。比如，浙江省对于低收入人口的界定相对具象化、个性化，浙江省将家庭年可支配收入 10 万元以下家庭视为低收入家庭，一方面包括低保对象、低保边缘对象以及特困对象等在册对象；另一方面主要包括持续监测对象，分为临时救助、近两年内申请困难救助未获通过、近三

---

① 林闽钢：《促进低收入群体迈向共同富裕论纲》，《治理研究》2022 年第 5 期。

年内退出困难救助等非在册对象，以及近一年内教育等专项救助、困难残疾人等特殊群体救助等对象。

不过，对于各类人群的具体界定，各地的标准存在一定差异。比如在江苏，低保边缘家庭是指不符合低保、特困人员条件，家庭成员人均收入不高于当地低保标准1.5倍，且家庭财产状况符合相关规定的家庭；支出型困难家庭是指不符合低保、特困人员、低保边缘家庭条件，家庭人均年收入低于上年度户籍所在地居民人均可支配收入，在扣减认定的医疗、教育、残疾康复和因灾、因意外事故等刚性支出后，人均年收入低于当地年低保标准，且家庭财产状况符合相关规定的家庭。而在广西，低保边缘家庭被界定为家庭人均月收入低于当地月低保标准的2倍，财产状况符合相关规定，且未纳入低保、特困供养范围的家庭；支出型困难家庭被界定为家庭人均年收入低于当地上年度居民人均可支配收入且扣减医疗、教育、残疾康复、因灾因意外事故等必需支出后，低于当地年低保标准，家庭财产状况符合相关规定，未纳入低保、特困供养和低保边缘救助范围的家庭。

（二）全国低收入人口动态监测信息平台基本建成

在民政部2022年第一季度例行新闻发布会上，民政部社会救助司副司长张伟介绍，2021年以来，民政部组织开发建设了全国低收入人口动态监测信息平台，及时发现存在困难风险的群众，对符合救助条件的，会同相关部门及时提供救助帮扶。目前已基本建成全国低收入人口动态监测信息平台。该平台可通过数据比对等手段开展低收入人口常态化监测，及时预警发现需要救助的困难群众，由基层工作人员实地查访核实后，对符合条件的困难群众进行有针对性的救助帮扶。[①] 据了解，全国低收入人口动态监测信息平台主要靠两方面措施：一是线下主动发现。基层干部、民政经办人员走村入户去核对核查，把这部分人找出来。二是信息比对。相关部门都掌握了困难群众的信息，把这些信息归总起来以后进行比对，可以发现一部分困难群

---

① 李昌禹：《低收入人口数据库已建成》，《人民日报》2022年1月27日，第7版。

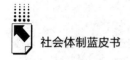

众，这是线上比对监测。通过这些方式，线上线下相结合，预警发现需要救助的困难群众。预警以后，及时推送到相关部门和基层的民政经办部门，开展综合性帮扶。

截至2021年底，全国共认定低保边缘人口431万人、支出型困难人口433万人；城乡低保对象为4212万人，城乡特困人员为470万人、易致贫返贫人口254万人，全国合计有5800多万的低收入人口。① 2022年6月17日，民政部有关领导同志指出，全国低收入人口动态监测信息平台基本建成，归集了6200万左右低收入人口的信息；其中低保对象、特困人员约4600万，低保边缘家庭、支出型困难人口约1100万，还有易返贫致贫和其他困难人员500万左右。初步实现了低收入人口的信息汇聚、常态监测、快速预警。②

（三）低收入人口分层分类救助帮扶机制日益健全

2020年，中共中央办公厅和国务院办公厅印发《关于改革完善社会救助制度的意见》，明确建立健全分层分类的社会救助体系的重点任务，强调构建综合救助格局、打造多层次救助体系、创新社会救助方式以及促进城乡统筹发展。分层分类的社会救助体系要求针对不同类型的困难家庭和人员提供有针对性的、差异化的救助帮扶，强调围绕绝对贫困、相对贫困、急难情形等维度建立分类的梯度救助体系。党的二十大报告中，"健全分层分类的社会救助体系"再次被提及，分层分类社会救助体系适应了我国困难群众需求的新变化，积极回应了困难群众帮扶需要的多样性，具有鲜明的中国特色。2022年，全国各地低收入人口分层分类救助帮扶机制日益健全，强调根据不同类型的低收入人口的困难程度和致困原因，划定救助圈层，实施分层分类救助。比如，湖北省民政厅还专门组织省直相关部门和单位编发

---

① 李昌禹：《低收入人口数据库已建成》，《人民日报》2022年1月27日，第7版。
② 余湛奕：《中国低收入人口动态监测信息平台基本建成 归集约6200万低收入人口信息》，中国新闻网，2022年6月17日，http://www.chinanews.com.cn/gn/2022/06-17/9782570.shtml。

《湖北省分层分类社会救助政策工具书》，书中系统梳理了国家和省级层面针对低保和特困人员、低保边缘家庭以及其他困难群众的基本生活救助、专项社会救助、急难社会救助三类共 32 项救助帮扶政策，将办理条件、救助标准、救助方式、申报材料、办理途径等信息都进行了明确。

二 新时代中国低收入人口面临的服务新需求

党的二十大报告指出，"我们要实现好、维护好、发展好最广大人民根本利益，紧紧抓住人民最关心最直接最现实的利益问题，坚持尽力而为、量力而行，深入群众、深入基层，采取更多惠民生、暖民心举措，着力解决好人民群众急难愁盼问题"。[①] 长期以来，党领导民生建设始终强调结合人民群众的实际需求，以民生需求定位民生福祉。因此，在促进共同富裕的新时代背景下，有效开展低收入人口的救助帮扶前必须理顺、厘清低收入人口面临的新需求。在新时代下，低收入人口的救助服务面临着以下四方面新需求。

（一）救助帮扶需求从单维向多维发展

随着我国脱贫攻坚战的全面胜利，绝对贫困已经成为历史，但是仍然有不少低收入人口且情况更为复杂，尤其表现为救助帮扶需求呈现多维化发展趋势。在以前，对于低收入人口的救助内容大多是通过单维的现金或实物，帮助低收入人口摆脱缺衣少食的物质困扰。但是随着近年来经济社会的发展，人民群众对美好生活的需求不断提高，民生诉求亦全面升级，低收入群体希望获得的救助内容在增加，救助需求呈多样化的特点。[②] 在共同富裕背

---

① 习近平：《高举中国特色社会主义伟大旗帜 为全面建设社会主义现代化国家而团结奋斗——在中国共产党第二十次全国代表大会上的报告》，《人民日报》2022 年 10 月 26 日，第 1 版。

② 林闽钢：《中国社会救助高质量发展研究》，《苏州大学学报》（哲学社会科学版）2021 年第 4 期。

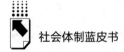
景下，除经济需求外，低收入群体实际上还有精神慰藉、社会融入、能力提升、自我实现等多元需求需要被满足，所以救助服务的递送，必须以低收入群体的实际需求为基础，这样才能最大限度地保证救助精准、提高救助效率。①

（二）救助帮扶需求从消极向积极发展

随着人们生活水平的逐步提高、社会救助标准日益提升以及社会保障体系的逐步完善，低收入人口基本生活需求得到一定满足。因此，以传统的收入给付为主要模式的生存型消极需求呈现下降趋势，但是教育救助、医疗救助以及就业救助等积极型救助帮扶需求迎来了快速发展时期。2017 年中国教育财政家庭调查数据显示，不同收入家庭的教育负担率不同，在非义务教育阶段，消费从低到高的 4 组家庭平均教育负担率分别为 16.6%、11.2%、11.4% 及 8.8%，这意味着低收入家庭的教育支出比重整体而言高于中高收入家庭。② 除了教育负担支出外，医疗负担的加重成为低收入群体"因病致贫""因病返贫"以及低收入阶层陷入贫困的重要原因。③ 此外，随着产业结构的调整，劳动力市场面临着各种新的社会风险，数字经济与人工智能时代的发展也推动着灵活就业等新就业形态不断涌现，作为人力资本积累不足的低收入人口，往往最先遭受失业、就业不足等风险。

（三）救助帮扶需求从现金向服务发展

已有研究发现，随着人民生活水平的快速提升，人们对美好生活的追求日趋强烈，社会救助需求出现升级，其中现金救助方式的重要性有所下降，

---

① 杨穗：《低收入群体增收与福祉改善的保障路径研究》，《中国特色社会主义研究》2022 年第 4 期。
② 汪伟、靳文惠：《人口老龄化、养老保险制度设计与收入不平等的动态演化》，《世界经济》2022 年第 2 期。
③ 唐任伍、孟娜、叶天希：《共同富裕思想演进、现实价值与实现路径》，《改革》2022 年第 1 期。

服务救助需求快速上升，情感性救助需求稳步增加。[1] 也有研究认为，随着公民权利意识的觉醒，受助者对美好生活的期望和追求，使得其对社会救助的期待不再仅以维持温饱为目标，也提出了诸如医疗服务、心理辅导、满足情感和归属需求等服务救助需求，呈现以现金和物质需求为主向服务需求为主的转变。[2] 因此，随着绝对贫困的消除和相对贫困的凸显，对服务救助的需求将超过对现金救济的需求，成为社会救助的核心问题与重点内容。[3] 比如，人口老龄化和高龄化带来老年人生理机能的下降和健康状况的恶化，进而导致对照料服务需求的增加。低收入群体对养老服务，特别是对托老所、养老护理机构及社区长期护理服务等提出了更紧迫的需求。再比如，由于中国人口流动加剧，低收入群体参照对象是原居民主体，那么在教育、医疗、社保、居住条件以及社会融入等多维度上都会引致低收入群体的"心理冲击"，甚至产生"心理扭曲"。[4] 因此，低收入人口的精神健康以及对融入社会的需求等将会进一步增长。

（四）救助帮扶需求从粗放向精细发展

如前所述，目前各地划定的低收入人口既包括民政部门认定的特困人员、低保对象、低保边缘户，也包括乡村振兴部门认定的返贫致贫人口、脱贫不稳定户、边缘易致贫户、因病因灾因意外事故等刚性支出较大或收入大幅缩减导致基本生活出现严重困难户以及各地认定的其他群体。因此，面对不同类型的低收入人口救助帮扶需求，难以依靠简单化的服务供给去满足其个性化、特殊性的需求。比如对于长期未就业的低收入人口而言，如果只是

---

① 杨立雄：《从兜底保障到分配正义：面向共同富裕的社会救助改革研究》，《社会保障评论》2022 年第 4 期。

② 公衍勇、聂淑亮：《"后小康时代"社会救助制度的调整优化——基于发展型社会政策视角》，《湘潭大学学报》（哲学社会科学版）2021 年第 5 期。

③ 白维军：《区块链+社会救助服务：创新前景、核心问题与推进方略》，《社会科学辑刊》2021 年第 2 期。

④ 唐文浩、张震：《共同富裕导向下低收入人口帮扶的长效治理：理论逻辑与实践路径》，《江苏社会科学》2022 年第 1 期。

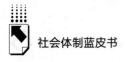
简单通过召开招聘会、开展求职推介服务等就业救助措施，可能无法有效地推动其重返劳动力市场。因为对于该群体而言，既有可能面临着由健康水平较低、教育水平不足等因素产生的就业能力不足问题，也有可能面临着劳动力市场与社会排斥造成的就业机会缺乏问题，还可能存在因为福利依赖心理而产生的就业意愿不足等问题，因此对于不同类型的未就业人口，就业救助必须使用个案方式来递送相应的就业服务，同时引入专业的社会工作服务机构，才能有效实现政策给付与救助需求的有机匹配。

三 新时代低收入人口服务优化展望

2023 年是全面贯彻落实党的二十大精神的开局之年，是实施"十四五"规划承上启下的关键之年，是新时代十年伟大变革后扎实推进共同富裕的重要之年。在这一背景下，针对低收入人口服务，建议从机制建立、内容优化、制度保障等方面进行创新优化，以满足低收入人口的实际需求，强化兜底保障，促进全体人民实现共同富裕。

（一）建立低收入人口主动发现机制，推动从"人找政策"向"政策找人"转变

要实现新时代低收入人口服务高质量发展，首要也是最为关键的环节就是精准高效把好"入口"。因此，要实现"共同富裕路上，一个不能掉队"的目标，就需要建立低收入人口主动发现机制，依托常态化数据库建设、大数据信息技术应用、强化基层工作人员队伍等手段，主动发现有需求的低收入人口，推动救助服务实现从"人找政策"向"政策找人"的转变。

第一，完善全国低收入人口动态监测信息平台建设。建立低收入人口动态监测和常态化帮扶机制，是党中央、国务院着眼于实现全体人民共同富裕的目标，针对巩固拓展脱贫攻坚成果同乡村振兴有效衔接作出的一项重大决策部署。尽管 2020 年以来各地稳步推进了低收入人口监测平台建设，但是就现有情况来看，该项工作还有待进一步完善。比如，各地平台建设实际上

存在不平衡不充分发展问题，东部地区低收入人口信息收集、核对、更新等能力明显高于中西部欠发达地区，从而造成各地在认定低收入人口范畴上难以形成一致的标准，在一定程度上阻碍了基本公共服务的均等化发展。因此，必须从国家层面加强对地方平台建设的指导，尤其对于关键的指标体系、内容范畴等需要尽快出台统一的规范标准，实现平台建设的"全国一盘棋"。又比如，目前各地对于低收入人口的金融资产等信息审核工作仍然面临着若干挑战，包括关键信息难以获取、跨省流动人口监测难、部门协同能力不高、非救助类业务尚未纳入等。因此，需要通过优化部门机构改革、加强法制建设、标准化建设等手段不断增强信息审核的科学性、真实性、有效性。

第二，依托大数据信息技术优化低收入人口动态监测。近年来随着大数据信息技术的发展，目前在国内部分地区的城市兜底性民生建设中运用网络信息技术已经进入第二阶段，开始建立网络信息技术对困难群众的主动发现与识别机制，提高对困难群众实际困难的识别与预警，并通过信息互联体系及相关信息分析法建立对困难群众的智能化主动发现机制。[1] 不过，部分地方对于大数据信息技术的实际运用不够深入，甚至一些基层只是实现了数据的"可视化"，在低收入人口救助智能化研判和预警上依旧存在技术上的短板。对此，研究建设加强省级大数据平台建设，积极推进低收入人口关键信息资源的全省"一张网"建设，在现有低收入人口动态监测信息平台的基础上，不断利用大数据技术，整合好民政、人社、教育、应急、退役军人、卫生健康、医疗保障、乡村振兴、残联等部门有关低保人口、特困人员、低保边缘人口、支出型困难人口、易致贫返贫人口的数据资源，构建低收入人口的大数据矩阵，打通数据链条，实现救助方式的智能筛选研判，即依托大数据及其技术将低收入人口的救助需求与可提供的服务项目自动精准匹配，主动发现潜在的服务对象并向相关部门推送信息，真正实现"政策找人"。

第三，强化基层工作人员队伍"铁脚板"的重要功能。除了依托大数

---

① 关信平：《网络社会时代的城市兜底性民生建设》，《人民论坛·学术前沿》2022年第Z1期。

据平台外，主动发现机制的建立必须发挥好基层工作人员的主观能动性，将走访、发现需要救助的困难群众列为重要工作内容，不断通过下基层、做调研等方式做好低收入人口的常态化信息核对及其服务工作。与此同时，进一步深化"放管服"改革，推进流程再造，为"铁脚板"的功能发挥提供良好的实践环境。建议有条件的地方将低收入人口等社会救助审核确认权限下放至乡镇（街道），减少审批环节，优化审批流程，缩短审批时限，持续提升救助服务效能。比如，2021年，安徽省民政厅鼓励有条件的地方积极推进低保、特困等社会救助审核确认权限下放至乡镇（街道），目前全省共有99个县区、1361个乡镇（街道）已实现这一改革。同时，可以推行"一门受理、协同办理"，由乡镇（街道）经办机构统一受理社会救助申请，综合评估救助需求，提出综合实施社会救助措施的意见。又比如，吉林省在村级设立了社会救助协理员，在困难群众较多的村（社区）建立了社会救助服务站（点），并将走访、发现需要救助的困难群众列为村（社区）重要工作内容。

（二）优化低收入人口救助内容，健全"物质+服务"双渠道供给模式

兜底保障是低收入人口走向共同富裕的底线任务和基本要求。在推进共同富裕阶段，应该不断优化物质给付与服务给付内容，在双渠道救助供给中满足低收入群体基本物质需求的同时，积极开展个性化、针对性的服务救助。"服务救助"作为促进发展型救助制度体系中的重要内容，是对贫困人口的迫切需求的回应，也是当前社会救助体系中较为薄弱的环节，在"十四五"期间我国应着重加强"服务救助"机制建设。[①]

第一，准确把握低收入人口的救助需求与现行政策，及时制定救助需求与服务供给两张清单。一是利用信息检测平台、大数据分析技术、基层干部等多方力量，通过线上检测与线下核查联动机制，准确把握低收入人口及其

[①] 王世强：《强化赋权式介入：社会工作参与社会救助的实践进路》，《学习与实践》2022年第2期。

家庭的实际收入水平以及食品、住房、教育、医疗等方面的生活成本。在了解收入与支出信息的基础上，立体多维刻画出低收入人口及其家庭的救助需求清单。二是积极整合国家、省、市、县（区）、乡（镇）等不同层级政府以及非政府组织等救助资源，打通民政、人社、教育、残联、医保等多个部门的救助渠道，在供给侧以基本生活需要为导向，研究制定并定期发布低收入人口救助帮扶清单。

第二，健全现行的救助项目，提高现金救助与服务救助的质量，减少低收入人口的刚性收入，增加低收入人口的劳动所得。一方面，就业救助、教育救助作为发展型社会救助，有利于激发低收入人口的内生动力，需要不断优化完善。对于就业救助，既需要理顺就业救助的制度定位，促进社会救助政策与劳动力市场政策的有效衔接，也应该实现内容的精细化设计，促进救助需求与政策供给的精准匹配。[①] 对于教育救助，建议在社会投资的视角下进行内容的优化，包括从潜在人力资源的角度来设定政策对象、将教育救助作为整个生命周期中的一个重要投资环节、政策手段从完全的经济资助向经济与服务双重支持的方向转变等措施。另一方面，通过优化医疗救助、临时救助等制度，帮助低收入人口抵御灾难性支出风险，防止低收入人口因病致贫、因病返贫。医疗救助需要在精准识别低收入人口的基础上，根据其致贫原因制定不同类型的待遇标准，同时需要拓宽医疗救助基金来源，优化医疗救助支出结构。[②] 临时救助应该将常住非户籍人口和外来务工人员等流动人口统一纳入当地社会救助范围。[③]

（三）创新低收入人口服务的制度保障，搭建高效便捷的救助帮扶共同体

党的二十大报告指出，建设人人有责、人人尽责、人人享有的社会治理

---

① 王桑成：《何以授人以渔？——就业救助制度的演变发展、短板不足及其路径优化》，《东岳论丛》2023年第5期。

② 顾海、吴迪：《"十四五"时期基本医疗保障制度高质量发展的基本内涵与战略构想》，《管理世界》2021年第9期。

③ 魏后凯：《新常态下中国城乡一体化格局及推进战略》，《中国农村经济》2016年第1期。

共同体。① 因此，在扎实推进共同富裕的新时代，低收入人口的救助帮扶也应该全面加强党的领导，通过创新相关的制度保障，搭建高效便捷的救助帮扶共同体。

第一，积极探索"党建+救助"，促进基层党建与低收入人口服务深度融合。一是在社会救助工作中，可以将党建工作纳入低收入人口的服务内容，开展党员救助对象的党建工作，提高其党性修养和思想道德素质，增强他们的自我发展能力。二是鼓励党员积极参与低收入人口救助帮扶志愿服务，成立党员志愿者队伍，为困难群众提供帮助和支持。三是通过建立健全党建与救助工作相结合的机制和制度，加强党员干部队伍建设，提高他们的服务能力和水平，不断提升社会救助工作的质量和效果。近年来各地积极开展"党建+救助"，不断优化党建引领基层社会救助的新模式。比如，四川省成都市青羊区在"党建+救助"工作中注重宣传教育和思想引导。他们通过开展各种形式的宣传教育活动，弘扬社会主义核心价值观，引导广大党员干部和社会成员关注困难群众，传递正能量。同时，通过组织党课学习和座谈会，加强党员干部的教育培训，提高他们的服务能力和水平。又比如，广东省梅州市梅县区在"党建+救助"工作中注重党建引领和党员干部的示范作用。他们成立了党建救助工作领导小组，将党建工作与救助工作相结合。通过开展党员救助对象的党建工作，提高他们的思想道德素质和自我发展能力。同时，党员干部积极参与救助工作，通过实际行动传递党的温暖和关怀，起到了良好的示范作用。

第二，充分吸引社会力量参与，制定低收入人口救助服务共同体具体机制。首先，构建救助帮扶共同体需要建立起政府、社会组织、企业和公民等多元主体之间的合作机制。政府部门应加强与社会组织和企业的合作，形成资源共享、信息共享的合作机制。同时，需要积极引导和鼓励公民参与到救助帮扶活动中，形成社会各界共同参与的合作格局。其次，共同体成员之间

---

① 习近平：《高举中国特色社会主义伟大旗帜为全面建设社会主义现代化国家而团结奋斗——在中国共产党第二十次全国代表大会上的报告》，《人民日报》2022年10月26日，第1版。

应建立信息共享和协调机制，及时共享救助对象的信息和需求，避免重复救助或信息不对称的问题。政府可以建立统一的信息平台，实现信息的集中管理和共享。同时，定期召开联席会议或工作对接会，加强不同机构之间的协调与沟通。再次，构建救助帮扶共同体需要建立起帮扶网络，将各方资源和力量有机连接起来。可以通过建立帮扶联盟、帮扶工作组等形式，将政府、社会组织、企业和公民等力量有机结合起来，形成互助互补、协同推进的帮扶网络。同时，可以通过共同筹集资金、物资、技术和专业知识等资源，提供全方位的帮扶支持。最后，为共同体成员提供相关培训和能力建设，提高其救助帮扶的专业水平和服务能力。政府可以组织培训班、研讨会等活动，提供救助政策、法律法规、心理援助等方面的培训内容。同时，鼓励社会组织和企业开展相关培训，提供专业技能培训和职业指导，提升帮扶人员的专业素养。

第三，完善专项救助的资格条件，健全分层分类救助制度，满足低收入人口的多元需求。现有的分类救助并没有真正切合需要救助者的实际需求，那些低保边缘户、脱贫不稳定户等低收入人口并不能有效受惠于各项专项救助。其中最为主要的原因在于住房、教育、医疗等专项救助并没有明确符合福利项目与潜在受助者特征的资格条件，因此在地方实施过程中往往还是基于低保资格来决定是否给付相应的专项救助。为此，建议在完善不同专项救助项目资格条件的基础上进一步健全分层分类救助，以低收入人口为核心，将低保人口、低保边缘人口、脱贫不稳定户、边缘易致贫户、突发困难户等各类型低收入人口进行有机分层分类，根据不同的圈层进行相应的救助帮扶。具体而言，一是完善分类标准和评估体系，根据贫困线、收入水平、困难程度、人口特征等因素，将救助对象分为不同层次和类别；二是需要设计差异化的救助政策和措施，针对不同层次和类别的救助对象，制定相应的救助政策和措施，真正实现分类救助。

第四，探索全民基本收入、全民基本服务的中国路径，以普惠式服务加强服务兜底。全民基本收入作为一项公民基本经济保障的构想，是面对当前世界诸多社会经济挑战的潜在对策。除了全民基本收入外，全民基本服务也

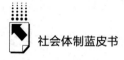

逐渐成为当代社会政策的一大创新思潮。所谓全民基本服务或 UBS，指的是一个保护和发展现存公共服务，并将这种服务供应模式扩展到新领域的理念与制度。在基本服务理念的倡导者看来，扩大免费公共服务，可以使人人都能过上更充实的生活，并确保有更多机会获得更可持续的安全、机会和参与。① 实际上，全民基本服务与我国近年来大力推进的基本公共服务均等化有异曲同工之处。党的二十大报告强调"健全基本公共服务体系，提升公共服务水平，增强均衡性和可及性，扎实推进共同富裕"。因此通过宏观政策调控实现基本公共服务的均等化有利于从普惠性福利的角度为低收入人口构建一道均等化的"防护网"。尽管近年来我国在基本服务均等化的进程中取得了一系列成效，但是目前不同地区、不同社会阶层以及城乡之间的基本公共服务还存在一定的不平衡、不充分的地方，因此需要在未来进一步加大财政投入、优化服务供给模式，以实现人人享有的均等化公共服务。

---

① 岳经纶、吴高辉：《全民基本收入与全民基本服务——当代两大社会政策思潮的比较与论争》，《广东社会科学》2022 年第 1 期。

B.14
2022年儿童早期照顾服务发展与展望

陈　偲*

摘　要： 2022年，我国儿童早期照顾服务政策进一步发展，政策目标进一步聚焦于提供积极的生育支持，重视儿童早期照顾服务的精细化、落地化发展。同时，儿童早期照顾服务进一步发展并面临着一些挑战：托育服务供给数量持续增长，供需缺口与不平衡并存；普惠托育服务进一步发展，民办营利性机构仍占据主导；托育服务质量是重要关注点，服务供给有效性有待提升；少数地区对家庭科学养育指导服务进行创新探索，但总体发展不足。未来，需加大公共资源投入，增加普惠性托育服务供给；发展高质量的托育服务，进一步满足家庭美好生活需要；明确家庭主体地位，加大对家庭科学养育指导服务的财政支持。

关键词： 儿童早期照顾服务　托育服务　家庭科学养育指导　生育支持

2022年，党的二十大胜利召开，描绘了全面建设社会主义现代化国家的宏伟蓝图。这一年，我国经济社会发展取得新的进展，有力应对疫情等不确定因素冲击。同时，在经济社会运行总体平稳、持续优化的背景下，我国的人口发展问题日益凸显，面临着少子化、老龄化带来的诸多挑战，2022年我国人口开始出现负增长，全年出生人口956万人，人口自然增长率为

---

* 陈偲，管理学博士，中共中央党校（国家行政学院）报刊社副编审。

-0.60‰, 全国人口 141175 万人, 比上年末减少 85 万人[①]。我国继续实施鼓励生育的基本国策, 并制定系列配套支持措施。其中, 儿童早期照顾服务是生育支持政策的重要组成部分, 是家庭和社会所迫切需要的服务, 有助于破除"不敢生""不愿生"等困境。本文将对 2022 年儿童早期照顾服务的政策与实践发展进行梳理, 并在此基础上展望未来。

一 2022年以来儿童早期照顾服务的政策发展

自 2019 年国务院办公厅出台《关于促进 3 岁以下婴幼儿照护服务发展的指导意见》(以下简称《意见》) 以来, 我国逐渐形成儿童早期照顾服务的政策体系, 涵盖托育机构设置标准、服务管理规范等多个领域。2021 年, 我国"十四五"规划提出"健全婴幼儿发展政策", 强调发展普惠托育服务体系, 健全支持婴幼儿照护服务和早期发展的政策体系。在此基础上, 2022 年, 我国儿童早期照顾服务政策进一步发展, 具有以下特点。

进一步聚焦儿童早期照顾服务的政策目标, 即提供积极生育支持。党的二十大报告明确指出, 要优化人口发展战略, 建立生育支持政策体系, 降低生育、养育、教育成本, 实施积极应对人口老龄化国家战略。2022 年的国务院政府工作报告提出, 完善三孩生育政策配套措施, 将 3 岁以下婴幼儿照护费用纳入个人所得税专项附加扣除, 发展普惠托育服务, 减轻家庭养育负担。同时, 国家卫健委等 17 个部门于 2022 年出台了《关于进一步完善和落实积极生育支持措施的指导意见》, 提出发展普惠托育服务体系, 增加普惠托育服务供给, 降低托育机构运营成本, 提升托育服务质量。其中, 要求 2022 年全国所有地市要印发实施"一老一小"整体解决方案, 并对中央预算内投资支持和引导、完善土地和住房等支持性政策、鼓励社会资本设立托育服务事业发展基金并提供增信支持、专业人才培养、托育从业人员职业资

---

① 国家统计局:《2022 年, 中国人口负增长》, https://health.cnr.cn/jkgdxw/20230117/t2023 0117_ 526128627. shtml。

格准入制度等方面工作作出顶层部署。

进一步引领儿童早期照顾服务的精细化、落地化发展。第一，非常态情境下加强对托育服务业的纾困扶持。2022年，在疫情冲击等因素影响下，托育服务业面临经营困难，在此背景下，我国出台《养老托育服务业纾困扶持若干政策措施》，从房租减免、税费减免、社会保险、金融、防疫等方面进行支持，帮助其渡过难关、恢复发展。第二，继续重视发挥资金引导作用，促进社会力量参与。2022年3月，财政部拨款74亿元专项中央基建投资预算用于积极应对人口老龄化工程和托育建设（养老、托育服务体系方向）。第三，继续重视示范引领作用的发挥。要求托育综合服务中心的建设应发挥示范引领、带动辐射作用，为托育服务机构高质量建设提供技术支撑及样板标杆①，为地方建设服务中心提供参考依据。同时，全国婴幼儿照护服务示范城市创建活动持续推进，国家鼓励各地在托育服务的制度、补贴、人才培养、应急纾困、托位数等方面做出努力，促进托育服务市场的发展。我国第一批全国婴幼儿照护服务示范城市已于2023年3月公布②。此外，2022年7月，我国发布《关于推荐申报2022年全国爱心托育用人单位的通知》，带动和支持有条件的用人单位为职工提供托育服务，对相关用人单位下拨约10万元专项补助资金。第四，推动儿童早期照顾服务质量的提升。在国务院办公厅《关于促进3岁以下婴幼儿照护服务发展的指导意见》《托育机构设置标准（试行）》等文件要求的基础上，进一步细化有关规范。在托育机构管理方面，制定托育机构婴幼儿喂养与营养指南、消防安全指南、卫生评价、托育从业人员职业行为准则等相关内容。第五，进一步关注家庭婴幼儿科学养育指导，我国出台《3岁以下婴幼儿健康养育照护指南（试行）》，为家庭提供科学规范的婴幼儿照护标准。

---

① 《国家卫生健康委办公厅关于印发托育综合服务中心建设指南（试行）的通知》（国卫办人口函〔2021〕629号），国家卫生计生委人口监测与家庭发展司，http://www.nhc.gov.cn/rkjcyjtfzs/s7786/202201/a04dfa5f28a44396b11021fc5cdf92bf.shtml。

② 《首批33个全国婴幼儿照护服务示范城市发布》，光明日报百家号，https://baijiahao.baidu.com/s?id=1761814923000029149&wfr=spider&for=pc。

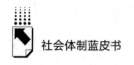

二 儿童早期照顾服务的发展与挑战

（一）托育服务供给数量持续增长，供需缺口与不平衡并存

尽管面临疫情等诸多因素的挑战，2022年，我国托育服务供给数量继续提升，同时，也存在供需缺口、供需不平衡等困难。在供需缺口方面，自2019年我国迎来托育服务的"元年"，托育服务机构的数量一直处于持续增长中。截至2023年3月，全国共有托育服务机构约7.5万家，提供托位约350万个[①]。根据企查查数据，经营范围涵盖托育服务、登记状况为在业和存续的新成立企业约为2.6万家，尽管低于2021年的2.9万家，但仍约为2020年新增数量的2倍、2019年的5.5倍。总体上，我国托育服务的供需缺口呈现逐渐缩小的趋势，但托育服务供给总体数量存在不足。国家卫生健康委人口监测与家庭发展司相关负责人表示，当前3岁以下儿童入托率约为6%[②]。"十四五"规划提出2025年每千人口拥有4.5个3岁以下婴幼儿托位数，据测算，我国当前在入托率方面的差距约为8个百分点。同时，我国与OECD国家超过30%的平均入托率相比，依然有较大发展空间。

在托育服务供需不平衡方面，部分地区存在托位供给数量不高和托位空置率较高并存的情况。例如，据调查，某一线城市托位空置率较高，托位使用率约为35%[③]，这一情况在全国不少地方都比较常见。从社会需求类型论的视角看，当前家庭托育服务存在表达性需求（面对现实中的托育服务供给时，家庭是否用实际行动来表达和满足自己的需求）与感觉性需求（家庭对于托育服务的主观感受性需求）不一致。而当前大多数家庭认为

---

① 《全国共有托育服务机构约7.5万家》，中国青年报百家号，https：//baijiahao. baidu. com/s？id=1761704433934420884&wfr=spider&for=pc，2023年3月29日。
② 《我国托育机构入托率仅为6%左右，如何实现"幼有所育"？》，海报新闻百家号，https：//baijiahao. baidu. com/s？id=1743813265009388757&wfr=spider&for=pc。
③ 《多元推动 幼有所育》，腾讯网，2022年10月29日，https：//new. qq. com/rain/a/20221029A00EB300。

自己需要托育服务却没有选择现实中的托育服务，其主要原因在于服务供给一定程度上未能满足家庭的实际需求，服务的可获取性、可负担性、质量等方面与家庭需求有距离。其中，《2022年北京市托育行业发展报告》指出，在对1240个婴幼儿家庭进行问卷调查后发现，"机构费用较高"是家庭未送托最主要的原因，占比51.9%[①]。此外，部分家庭认为已有托育服务仍然存在方便可及性不强、人员流动较大等问题，同时，相对于占据市场份额较多的社会化托育机构，家庭更为信任的公办机构总体数量较少。

总体而言，当前的托育服务供给结构难以满足家庭需求。

（二）普惠托育服务进一步发展，民办营利性机构仍占据主导

近年来，随着政策空间更多向普惠性托育服务开放，我国普惠托育服务供给数量不断加大，但仍有较大提升空间。2020~2022年，国家发展改革委和国家卫健委持续开展了普惠托育服务专项行动，下达中央预算内投资20亿元，带动地方政府和社会投资超过50亿元，累计新增托位20万个[②]。同时，各地采取了多种普惠托育服务的发展方式，包括对市场化托育机构等提供建设补贴、租金补贴、托位、示范机构奖励、税收优惠、水电气优惠其他软性补贴等支持。同时，地方的创新性做法如上海"宝宝屋"为普惠性社区托育服务的发展提供了蓝本。这一模式将在上海进行推广，街镇覆盖率将达到85%~100%，可为1~3岁儿童每年提供不少于12次的免费照护服务，较大程度地贴近了家庭需求。

与此同时，普惠性托育服务覆盖范围有限、分布不够均衡，发展不够充分，无论是机构式服务还是社区式托育服务等，更多集中在经济发展和城市化程度较高的地区。市场化的托育机构仍然是最主要的服务供给者，例如，

---

① 《〈北京市托育行业发展报告〉解读：洞察托育现状与趋势》，托育研究员网易号，https://www.163.com/dy/article/HGS1D6U70552X7YA.html。

② 《我国普惠托育服务供给不断扩大，两年累计新增托位20万个》，中国青年报百家号，https://baijiahao.baidu.com/s? id=1741378533202224267&wfr=spider&for=pc。

北京96.7%的托育机构为民办，营利性托育机构占比95%[①]，托育服务存在市场化程度高、运营成本高的现状。并且，一方面，普惠性托育服务供给数量的提升存在困难：一是普惠性托育服务尚未被纳入基本公共服务、仍属于地方事权，公共资源的投入尽管有所增加但仍较为有限；二是托育机构获取政府补贴等支持的门槛较高，能够争取到相关资源的托育机构数量很有限，而托育机构具有前期投入大、运营成本高、投资周期长、收益回报有限等特点，仅场地租金、人力投入等就占据了80%以上的成本，纯市场化机构的价格难以满足家庭对于普惠性服务的需求；三是受到突发公共卫生事件等因素的影响，托育机构还面临着抗风险能力弱的问题。2022年，在疫情等因素的影响下，托育机构的发展举步维艰，大部分机构长时间处于停业状态甚至最终退出市场，一定程度影响到社会力量参与服务供给的信心和积极性。另一方面，家庭对于托育服务的可负担性依然不足。例如，2020年，北京托育机构平均月收费约6700元、占家庭可支配收入的46.5%[②]，而未送托家庭理想的价格在2000元以内，75%的已送托家庭理想的价格在4000元以内[③]。总体上，普惠性托育服务供给和需求的矛盾仍然较为突出。

（三）托育服务质量是重要关注点，服务供给有效性有待提升

在关注托育服务数量的同时，还需要重视托育服务质量以增强服务供给的有效性。托育服务质量直接关系到婴幼儿的身心发展健康，是影响家庭是否选择托育服务的关键要素之一。近几年多项调查结果显示，超过80%的受访者将托育服务的安全性、服务质量保障等作为选择托育机构最重视的因素。而出于托育机构的质量参差不齐等原因，部分家庭对托育服务信任不

[①] 《〈北京市托育行业发展报告〉解读：洞察托育现状与趋势》，托育研究员网易号，https：//www.163.com/dy/article/HGS1D6U70552X7YA.html。

[②] 《全国政协"加快发展普惠托育服务体系"专题调研综述》，《人民政协报》，http：//zx.zxy.hunanzx.gov.cn/szxapp/1/189/content_ 853239.html。

[③] 《〈北京市托育行业发展报告〉解读：洞察托育现状与趋势》，托育研究员网易号，https：//www.163.com/dy/article/HGS1D6U70552X7YA.html。

足，导致有需求的家庭难以使用现有服务资源。

首先，我国托育服务从业人员总体存量不足，并有时存在流动性大、专业性参差不齐等问题。托育服务质量的核心在于人。目前，我国尚未形成完善而系统化的托育服务人才培养体系。在学历教育方面，婴幼儿托育类专业于2021年正式出现在《职业教育专业目录（2021年）》中，各方对于新专业的发展还处于尝试阶段，对相关制度方案、教材体系、师资力量等问题还在实践探索中。在职业资格方面，现有托育服务的职业资格准入门槛不高，缺乏专门针对3岁以下托育机构从业的专业系统认证。目前，托育机构从业人员持证情况五花八门，既有幼儿园和中小学教师资格证，也有保育员证、育婴员证以及各类社会机构培训证书。在职业技能培训方面，我国出台了《托育机构负责人培训大纲》《托育机构保育人员培训大纲》等文件，但是尚未形成完善的培训制度。政府对于培训投入力度有限，培训时长、培训教材开发等尚未形成统一的国家标准，目前的职业技能培训以机构内部的自培训等社会化方式为主。在职业发展方面，从业人员工资待遇普遍不高，缺乏明确可期的职业晋升通道，造成人员流动率较高等问题。据全国13个城市的调查，托育从业人员41.5%月收入在2000元以下，18%的照护人员在3年内有过1~2次离职经历，51.4%的照护人员有离职倾向[1]。

其次，托育服务监管体系不健全。托育服务的质量管理涉及卫生健康、市场监管、民政、消防、住建等多个部门，各个领域的专业性、独立性较强。现有托育服务质量管理的部门联动性、综合协调性不强，不利于开展常态化监管。此外，在内容管理上，侧重于师生比、班级规模、健康和安全等结构性因素，而对于师生互动和沟通中的情感环境、敏感性回应、情感支持等过程性因素关注较为有限。

---

[1] 《高质量托育服务亟须高素质人才队伍建设》，人民政协网，http://www.rmzxb.com.cn/c/2022-04-13/3093508.shtm。

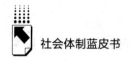

（四）少数地区对家庭科学养育指导服务进行创新探索，但总体发展不足

家庭是儿童早期照顾最重要的责任主体。2019 年，国务院办公厅出台的《意见》强调，发展婴幼儿照护服务的重点是为家庭提供科学养育指导。并且，2021 年，我国的"十四五"规划和《家庭教育促进法》都对家庭科学养育指导服务提出了要求，以增强家庭儿童早期照顾的能力。在实践层面，我国逐渐对家庭科学养育指导服务的发展予以关注。其中，少数经济较发达城市进行了创新探索，例如，杭州首创"婴幼儿成长驿站"的服务载体，提供家庭养育指导的场地并定期开展养育照护小组活动、养育技能提升课堂、育儿指导活动等，打造 15 分钟婴幼儿照护服务圈。与此同时，一些欠发达地区的弱势家庭得到相关项目支持。例如，中国发展研究基金会发起的"慧育中国：山村入户早教计划"，多年来持续关注贫困地区儿童营养与抚育，长期为婴幼儿家庭提供每周一次的入户养育指导，对儿童语言和认知技能、精细动作技能和社会情感能力有很大的影响①。

家庭科学养育指导服务覆盖率较为有限，而且指导服务的系统性和公共性不强、各地差距较大。在具体服务过程中，多数地区在指导内容上缺乏统一的标准，服务频次不规律、服务密度不大，未形成体系化服务，缺少对单亲、低收入等特殊家庭的服务，还缺乏可操作化的定量政策目标、资金补贴方式、具体的项目支撑等。部分地区调查表明，我国约有超过 75% 的家庭有科学养育指导服务的需求但没有接受过相关指导。这表明需要进一步完善儿童早期照顾的专业指导与健康服务，满足家庭对回应性照护、早期学习机会等方面的指导需求②③，提高儿童发展水平。

---

① 《詹姆斯·赫克曼："慧育中国"可以成功的大规模实施》，中国发展研究基金会官微，2020 年 9 月 11 日，https：//weibo.com/ttarticle/p/show？id=2309404547965191848046。

② 尹春岚等：《婴幼儿家庭养育照护指导需求分析》，《中国儿童保健杂志》2023 年第 1 期。

③ 陶金玲、陆佳静：《婴幼儿家庭保教指导需求调查与分析——以南通市为例》，《陕西学前师范学院学报》2020 年第 11 期。

三　未来儿童早期照顾发展展望

（一）加大公共资源投入，增加普惠性托育服务供给

未来，进一步增大普惠性托育服务供给是满足社会需求的关键。在场地和人力等成本高、风险大的情况下，主要依靠市场力量难以解决这一问题。下一步，需要加强公共资源的投入和协调。

第一，可考虑将普惠性托育服务纳入基本公共服务体系，将其作为一项基础性民生工程并建立常态化经费投入机制。从社会投资视角出发，以民生建设为重点的社会建设具有很强的"投资性"，社会建设也可以成为一种"开发性投资"①，重视托育服务对于经济社会发展的中长期价值。在世界范围内，将托育纳入基本公共服务也是越来越多国家的政策选择。可按照中央与地方财政事权和支出责任，建立相应的补助机制，以改变目前托育服务主要由地方财政承担、支出压力大与区域发展不均衡等现状。同时，可在"十四五"规划关于每千人口拥有3岁以下婴幼儿托位数的基础上，要求各地进一步明确普惠托位的发展规划目标，尤其需结合区域人口规模结构、服务供需等进行托育服务覆盖率的设定，将其纳入发展目标并进行相应的经费支持。

第二，在财政资源总量有限的情况下，可更多从存量资源入手。在市场资源配置的框架中，由于托育服务前期投入大、投资周期长以及政策对于场地有精细化要求，托育机构在市场议价方面并不具备优势，或者区位好、租金成本高而价格高，或者区位差、租金成本低但不够就近便捷，都会带来托位使用率不高的问题。面对上述情况，首先，可进一步挖掘公共空间资源，以降低机构运营的成本和服务价格。利用社区、企事业单位、党政机关、幼儿园已有的空闲场地和设施，以免费或低价或发放租金补贴的方式，探索社会力量使用服务场地的公共空间资源转化机制，提升公共空间资源的利用效

---

① 杨典：《展望"十四五"：抓民生也是抓发展》，《中国纪检监察》2020年第21期。

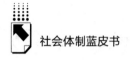

率。其次，政府需通过补助、税收减免等政策予以支持，并积极破除资源转化的障碍。

具体而言，在制度规范方面，现有关于托育机构的建设标准更适用于规模相对较大、市场化的独立托育机构，对于社区托育、企事业单位托育等小型托育机构的规范机制可研究具有差异化的政策，在确保服务质量的前提下提升制度的灵活性。在运营机制衔接方面，可探索公办公营、公建民营、民办公助、购买第三方服务等多种方式，打通社区、党政机关和企事业单位等用人单位与社会力量合作办托育的渠道，在登记备案等方面予以充分政策支持，考虑辖区居民和所在单位子女优先入托，激励多方社会力量的参与。

第三，激励社会力量参与托育服务供给。在政策空间向普惠性托育服务扩张、突发公共卫生事件等多种因素的冲击下，民办托育服务机构面临着经营和发展难题，甚至对托育服务市场的前景产生动摇心理，影响着社会力量参与的信心。可在市场经营状况、托位测算等调研基础上，出台适宜于大多数托育机构现有条件的相关扶持政策，使部分有主观意愿的民办托育服务机构能够顺利转型、拥有提供普惠性服务的机会，这样既有助于缓解经营压力、恢复市场信心，又可以利用现有资源增加更多普惠性托位。

（二）发展高质量的托育服务，进一步满足家庭美好生活需要

随着中国特色社会主义进入新时代，我国社会主要矛盾已转化为人民日益增长的美好生活需要和不平衡不充分的发展之间的矛盾。0~3岁儿童是"最柔软"的群体，在儿童早期照顾方面，家庭希望拥有更优质的托育服务，以解除家庭照料的后顾之忧。对家庭密切关注的服务质量问题，需要从托育服务人才队伍建设、托育服务监管体系等关键环节着手，提升托育服务供给的质量和效率。

我国托育服务人才队伍建设在学历教育、职业资格、职业培训等方面还存在较大提升空间。在学历教育方面，需多渠道发力以加快托育服务专业人才培养。继续支持引导高校和职业院校开设婴幼儿托育相关专业，探索全日制教育和在职学历教育有机结合如中等专业或高中和大学本科贯通

等，扩大人才培养规模、增加托育服务人才学历提升渠道。推动建立婴幼儿托育专业设置标准、教学要求等，加快组织托育服务相关专业权威教材的编写。促进产学研结合，加强实习基地建设，将职业资格认证与课程达标情况相结合。在职业资格认证方面，充分借鉴国际经验，确定托育专业任职资格证书和职业技能等级认定的标准，并可适当提高师资准入的门槛。尤其是对于培训的课时、考核内容、师资学历等提出更具有可操作化的要求。例如，奥地利要求托育教师完成 5 年的职业培训，部分地区要求第五年达到理论课程 300 小时、实习时间 160 小时。葡萄牙要求托育教师拥有本科或硕士学位，并拥有儿童发展专业资格①。在职业培训方面，探索设立标准化的培训制度，并可按照急需紧缺人员的标准，将托育从业人员纳入国家级或省市级培训计划，明确财政经费的支持对象、标准、机制等。鼓励高校和职业院校开设多种形式的线上线下培训，为托育机构提供专业化支持。在职业发展方面，加强托育从业人员劳动权益保障，包括核定合理的工资待遇、"五险一金"的缴纳、工资长效增长机制等。同时，研究建立适宜的职业等级发展办法，以加强托育从业人员的职业稳定性、工作积极性。

进一步探索托育服务质量监管中的制度性问题。首先，面对多个质量监督部门协调性不强、监管效率不高的问题，研究制定综合监管措施。组建各相关部门共同参与的综合性机构，由专兼职人员定期开展综合监管，促进管理常态化。充分运用信息化手段，通过建立智慧托育信息管理平台实现信息互享、破除监管盲区。其次，在质量监管内容方面，需重视硬性监管与软件监管相结合。在对师生比、班级规模、健康和安全等结构性因素进行监管的同时，需更多将目光投向情感支持和回应等过程性因素，制定关于师生互动、游戏活动的过程质量指标体系、质量评估标准等，鼓励教师加强对儿童的回应与互动，以情感关怀为基础与儿童建立积极关系，持续提升托育过程

---

① 但菲、张德佳、索长清：《重视并提高托育过程质量：OECD 的建议及其启示》，《学前教育研究》2022 年第 12 期。

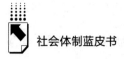

质量。在监管方式上，既可通过定量化的数据等进行直接测算，也可通过深入现场、持续系统的自然观察进行。

（三）明确家庭主体地位，加强对家庭科学养育指导服务的财政支持

家庭是儿童早期照顾最重要的主体，家庭的养育质量与儿童的早期发展息息相关，家庭科学养育指导服务是重要的未来人力资源投资。未来，可加强对家庭科学养育指导服务的财政支持，参照对托育服务的投入比重进行安排。同时，可重点关注几个方面：一是在发展方式上，可统筹托育服务与家庭科学养育指导服务的发展，挖掘存量资源的潜力。充分依托托育服务机构尤其是社区机构，利用其场地、人员、课程设计等专业化资源，开展入户指导、亲子活动、家长课堂等多样化活动，提供养育方式指导、儿童早期发展干预等服务，在满足家庭需要的同时也拓展了托育机构的业务渠道、缓解了部分机构的经营压力。二是在服务对象上，在面向普通家庭的基础上，也要对单亲家庭、低收入家庭采取更有针对性的服务策略，如加强对家长的就业指导、助其获取社会资源等。三是重视服务质量的标准化、规范化管理，对服务基本资质、服务内容、服务流程等作出明确安排，参考借鉴国际经验编写入户指导教程等，关注家庭的一般性需求与个性化需求。

现代社会组织篇

Modern Social Organizations

B.15
中国志愿服务组织的现状、挑战与策略

滕 云 杨 悦*

摘 要： 我国志愿服务源于雷锋精神，从 1963 年 3 月毛泽东同志发出
"向雷锋同志学习"的号召，到 1979 年首批联合国志愿人员来
到中国偏远地区从事环境、技术等方面的志愿服务工作，再到
2023 年中央社会工作部成立，中国志愿服务组织化经历了长达
60 年的实践与探索。尽管我国志愿服务事业发展迅速，但志愿
服务组织的专业化依然处于初级阶段。志愿服务组织政策与区
域化差异、组织发展需求及组织内部困境带来志愿精神缺失、
协作系统处处受掣肘、区域枢纽型志愿服务组织缺位等诸多挑
战。为此，本文提出如下策略：完善中国特色的基层志愿服务
体系，强化志愿服务组织的基层服务能力，依托国际志愿合作
提升人才储备。

---

* 滕云，国际志愿组织联盟（VGA）董事，中国青年志愿者协会常务理事，主要研究方向为志
愿服务体系建设与非营利组织管理；杨悦，大连新闻传媒集团记者、编辑，主要研究方向为
志愿服务文化传播。

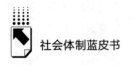

关键词： 志愿服务组织　基层治理　社会工作　公益慈善

2023 年 3 月，党中央新组建了中央社会工作部，负责指导全国志愿服务工作和社会工作人才队伍建设等。作为实施主体，志愿服务组织随着志愿服务工作的不断深化，将对建立城乡社区治理体系、提升基层治理能力、完善社会工作体系、回应人民需求发挥不可替代的作用。这也意味着，我国的志愿服务从社会广泛动员向社会深度参与进行过渡，同时对志愿服务组织在研判诉求、规范建设、持续发展等方面提出了新的挑战。

我国志愿服务根植于雷锋精神，其本质内涵是"全心全意为人民服务"，具有强调奉献、青年先行、注重实践与组织化动员程度高等鲜明特点，这与西方源于 19 世纪初的国家宗教慈善性的志愿服务有着本质上的差异。从毛泽东同志 1963 年发出"向雷锋同志学习"的号召，到 1979 年首批联合国志愿人员来到中国偏远地区从事环境、技术等方面的志愿服务工作，再到而今中央社会工作部成立，中国志愿服务组织化经历了长达 60 年的实践与探索。截至 2023 年 6 月，民政部中国志愿服务网数据显示，全国注册的志愿服务队伍有 135 万支，开展志愿服务活动 1098 万次，超过 2.31 亿名志愿者进行了实名注册，累计服务总时长超过 53.19 亿小时。

一　中国志愿服务组织概况

目前，经民政系统标识的全国志愿服务组织数量约为 2.3 万个，约占全国注册社会组织总数的 0.02%。其中，有 334 个已经获得慈善组织认证，占全国慈善组织总数的 2.73%；获得公开募捐资格的志愿服务组织有 39 个，占所有具有公开募捐资格社会组织总数的 0.93%。在项目筹资方面，志愿服务活动公募的项目共有 407 个，占全国公募项目总数的 1.15%。在慈善信托方面，志愿服务专项信托基金共 9 个，总额为 526.69 万元，占全国慈善信托基金总额的 0.09%。这些数据表明，虽然我国志愿服务事业发展迅速，但志愿服务组织的专业化依然处于初级阶段。①

（一）中国志愿服务组织的发展阶段

第一阶段，从邻里互助走向注册登记。1989 年 3 月，13 名党员在天津市朝阳里社区发起成立了邻里互助志愿服务小组，在区委及区政府的支持下建立了区、街道、社区的三级志愿服务组织体系，并经民政部在全国进行经验推广；1990 年 4 月，依托香港义工运动发展经验，共青团深圳市委正式注册成立中国内地第一个志愿服务法人社团——深圳市义工联合会，随后出台了第一个地方性志愿服务法规；1994 年 12 月 "中国青年志愿者协会" 注册成立，作为中国首家全国系统志愿服务组织开启了以学雷锋与社会实践相结合的中国特色志愿服务组织模式。

第二阶段，踏上规范化、品牌化、网络化、法制化道路。2006 年 10 月，党的十六届六中全会做出的《中共中央关于构建社会主义和谐社会若干重大问题的决定》，首次提出了建立社会志愿服务体系；2006 年 11 月，共青团中央印发《中国注册志愿者管理办法》；2008 年 5～8 月，汶川地震与北京奥运志愿服务组织的广泛集结参与，使志愿服务组织化管理进一步深化；2016 年 7 月，中宣部、民政部等部门联合印发《关于支持和发展志愿服务组织的意见》；2017 年 6 月，民政部开发的 "全国志愿服务信息系统" 正式上线；2017 年 8 月国务院发布《志愿服务条例》；2018 年 4 月，民政部发布《关于做好志愿服务组织身份标识工作的通知》，由民政部门主导的社区志愿服务与共青团主导的青年志愿服务齐头并进，成为志愿服务组织的两大主要力量，中国志愿服务组织踏上了规范化、品牌化、网络化、法制化的道路。

第三阶段，步入多元化、常态化、专业化、国际化新征程。2019 年 11

---

① 数据来源于中国社会组织政务服务平台、民政一体化政务服务平台慈善中国网、中国志愿服务网。

月，中国青年志愿者协会与联合国志愿人员组织（UNV）联合实施"中国青年志愿者海外服务计划——服务联合国机构"项目，中国青年志愿者赴全球各联合国机构及"一带一路"沿线国家开展国际志愿服务，涉及志愿服务能力建设、青年参与可持续发展等多个领域；2019年12月以后，新冠疫情席卷全球，中国志愿服务组织围绕公共服务领域、新时代文明实践及慈善事业发展活跃于一线城乡社区；2020年10月，党的第十九届五中全会提出"实现中华民族伟大复兴的战略全局和世界百年未有之大变局"后，2023年2月，中国志愿服务联合会、中国民间组织国际交流促进会联合举办"国际志愿服务能力建设培训班"，并成立了国际志愿服务工作委员会；7月，新任中央社会工作部副部长出席"中国式现代化与志愿服务高质量发展"研讨会，中国志愿服务组织围绕国内与国际服务领域踏上多元化、常态化、专业化、国际化的新征程。

（二）中国志愿服务组织的协调机制

志愿服务组织全国发展。中央宣传部、文明办、民政部、文联、残联、农业部等部门，在2009年7月后陆续组建了中国志愿服务基金会、中华志愿者协会、中国志愿者联合会、中国文艺志愿者协会、中国助残志愿者协会、中国乡村发展志愿服务促进会等志愿行业组织。2017年1月，中央精神文明办公室牵头成立"全国志愿服务工作协调小组"；2019年7月，中宣部领导建立了以新时代文明实践志愿服务为载体，以中宣部志愿服务促进中心、中国志愿服务联合会、中国志愿服务基金会为行业枢纽的工作体系。随着2023年中央社会工作部的成立与全国志愿服务统筹工作机构的转隶，中国志愿服务组织也从青年先行、社会参与、部门协力走向以回应人民需求与社会矛盾为重点，以基层社会治理为导向，以中央社会工作部统筹、民政部管理、多部门协力发展为体系的志愿服务组织模式。

志愿服务组织国际参与。志愿服务的海外参与是国家软实力的体现，目前全球有90个国家制定了志愿服务相关的法律法规，每年有160多万名志愿者参与海外志愿服务。联合国确定2001年为"国际志愿者年"的同时，中国外经贸部响应成立了中国国际志愿者年委员会，开始推动中国志愿服务参与国际事务，但尽管通过中国的民间社会组织每年有超过 1 万名的中国志愿者被派往海外，但 20 年来通过国家层面派往海外的仅有 700 多名，主要集中在非洲等发展中国家，服务领域也主要局限于汉语教学、体育锻炼、医疗保健等。而美国最大的海外志愿服务组织"和平队"每年派遣超过 8000 名志愿者前往各个国家，英国的海外志愿服务社每年有超过 1800 名志愿者参与 60 多个国家的志愿服务。

二 志愿服务组织发展面临的挑战

随着社会需求与国际矛盾的复杂化，传统的组织治理体系已经难以满足新时代对志愿服务组织的要求。面对中国地域差异、国际形势动荡、疫情后经济社会低迷以及机制改革带来的诸多变化，虽然国家对志愿服务组织的发展愈发重视，但志愿服务组织所提供的服务模式和内容、组织管理的效率和一致性还未能与之匹配，这对志愿服务组织的发展提出了新的挑战。

（一）志愿服务组织政策与区域化差异带来的挑战

党的二十大报告中要求"完善志愿服务制度和工作体系"，虽然我国有18 个省和 5 个有立法权的市陆续制定了地方相关志愿服务法规，但政策及资源的传导需要借助于区域枢纽型服务机构才能完成。而以目前的实际情况来看，志愿服务组织的区域支持中心并没有建立起来，大量资源汇聚在中字头志愿服务组织层面，志愿服务行业协会更多是以文件下发的形式进行政策推动，没有对政府主导志愿服务组织以及民间志愿服务组织进行有效整合，没有建立起所在地志愿服务生态的协作机制。

1.志愿服务组织的志愿精神缺失

志愿服务组织的内核动力是志愿精神，而其实质我们可以称之为"服务社会、无偿奉献的理想主义"，在中国传统文化中是一种急公好义的体现。以志愿服务组织参与疫情工作为例。2022 年 12 月两条新闻登上热搜：

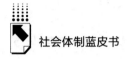
一是某公司表示，永不录用 2022 年度防疫志愿者；二是呼和浩特等地防疫志愿者集体讨薪。这实际上反映出的是当地志愿服务组织的缺位与不足，是忽略了志愿服务精神的内核导致的结果。武汉市在防疫志愿服务中甚至出现基层行政单位以每天发 300~500 元的高额补贴来招募志愿者的严重不当行为，完全忽略了志愿无偿与助人自助的社会属性。同时，志愿精神的缺失也引发了志愿服务组织的管理问题，四川省某志愿平台公布的数据显示，2023年 2~4 月，线上收到志愿服务违规举报 310 个，处理违规志愿活动 1447个，涉及违规记录 10.6 万人次。

2. 志愿服务组织协作系统处处受掣肘

虽然我国已经初步建成志愿服务协调机制，但在开展推动志愿服务的实际工作时，志愿服务组织及相关方却缺乏通路，经常碰壁、处处受掣肘。想进高校招募志愿者，需要加入共青团的志愿服务体系；想宣传扩大影响力，需要参与文明办的新时代文明志愿服务行动；想去社区做项目服务，需要加入民政或慈善会系统；开展救灾服务时，又被要求参与红十字会的联合筹款……甚至出现一家基层志愿者服务组织被几个志愿服务系统要求在不同的志愿服务平台上进行重复登录，为基层志愿服务组织造成额外负担。

3. 区域枢纽型志愿服务组织缺位

虽然全国各地陆续成立了志愿服务联合会、志愿者协会、志愿者服务领导协调小组等机构，但在省市级层面，针对行业发展的支持型组织数量稀少，无法提供有效的战略支持、项目创新和基金发展的服务，没有建立发挥志愿者专长的转介平台，导致想任用志愿者的机构缺乏供需对接。在传统的、行政化的动员方式外，忽略了志愿服务的社会化属性，不重视志愿服务组织的能力提升与项目精细化管理，在志愿基金发展与志愿服务组织可持续发展方面表现乏力。以雷锋精神发源地辽宁省为例：省级志愿服务组织仅有一家，缺乏与之配套的志愿服务基金会和其他行业机构，甚至出现五年延期换届选举与账务封存等问题，自然也无法在当地起到枢纽支持的作用。

（二）志愿服务组织发展需求带来的挑战

不同的地域、区域赋予了当地志愿服务组织各不相同的优势和特点。例如：北京在志愿服务资源及政策推动方面具备优势；上海依托其经济及国际优势在专业化方面经验明显；广州深圳依托政策开放优势推动志愿服务项目多元化；云南地区依托其生物多样性与国际合作具备人才优势；辽宁作为雷锋精神的发源地获得文化行政优势……但这些优势在志愿服务组织层面没有被有效激活，大量志愿服务组织因为缺乏资源与专业知识，无法针对某一个社会问题进行聚焦，项目活动同质化情况严重。

1. 基层志愿服务组织的资金挑战

根据 2022 年的网络数据，中国志愿者的年度社会价值达到了 1954 亿元，但由于长期缺乏资金支持，一线志愿服务组织的经费极度短缺，超过四成的志愿者无法得到有效的招募，而 1/3 的志愿服务组织面临当地政府和社区的不支持。这导致了志愿服务组织在服务培训、岗位管理、招募遴选及基础装备等方面普遍投入不足，大部分志愿服务组织没有配套的激励、督导与内部治理机制。以大连市级某枢纽型志愿服务组织为例，对外公布注册志愿者为 36 万人，但受经费制约，实际为志愿者提供保险的数量不超过千人。综合来看，当地经济发展水平减速、地方财政经费支持缺乏、志愿服务资源配置向上集中是制约志愿服务发展的三个重要因素。

2. 志愿服务组织的行政化、市场化问题

基层志愿者服务组织在回应社会问题的独立性方面有所欠缺，片面通过行政化、市场化方式进行推动。例如，四川省某乡镇团委及青年志愿者协会需招募 20 名志愿者开展志愿服务活动，实际填写志愿者招募需求 500 人，无论报名人员是否参加活动，一经报名全部审核通过，最终被通报批评。2021 年 9 月，不少网络媒体发布了一篇《龙晶睛，你火了！》的文章，此文在教师节推出，龙晶睛作为"最美支教志愿者"形象脱颖而出。随后"爱心支教志愿者 5 天暑托班"开始招募，报名志愿者需要先交 5000 元报名费用，两天给孩子们上课，其余三天为采风和农耕体验，活动结束会提供支教

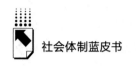
志愿服务证明。最终"最美支教志愿者"举办组织因违规募捐被长沙市民政局进行行政处罚。志愿服务组织在倡导民众自发参与时，制定规章制度、鼓励机制都是必不可少的，但要避免志愿服务的过度行政化、市场化，否则极易导致民众参与意愿不足，造成志愿服务成为一种短期运动，阻挡其向生活常态化进行有效转变。

3. 复杂社会需求带来专业挑战

随着人民对美好生活的向往更多元化的趋势，文明倡导型的传统志愿服务也在向解决民众深层需求问题进行转变，而基层志愿服务组织普遍存在资源小而散的情况，无法在弱势群体与公共服务领域进行更专业的尝试。以人民信访工作为例，志愿者们因其公益属性、参与中立、专业技能可以更为有效地帮助处理复杂的诉求问题，保障当事人的正当利益，为促进社会和谐稳定起到良好的作用。但目前的信访工作中与志愿服务组织合作的案例非常有限，由于缺乏在社会工作、心理疏导、法律援助及救助方面的专业人员参与，无法为群众提供更好的利益协调和权益保障通道，距离基层矛盾纠纷化解与萌芽期预防的更优状态存在巨大差距。

（三）志愿服务组织的内部发展困境

联合国2022年世界志愿服务状况报告显示，全世界15岁以上人口每月参加志愿服务的比例接近15%，即8.62亿人，但其中只有6.5%通过志愿服务组织参与正式的志愿服务。目前我国的志愿服务参与率仅有5%，在全球排名倒数第六，而通过志愿组织参与活动的比例更低，在全球的排名为倒数第三或第四。截至2023年6月，中国实名注册的志愿者只有8195万人拥有志愿服务记录，有64.6%的人员在注册后没有参与志愿服务组织的实质服务项目。

1. 志愿服务组织在培训及管理上不足

因为缺乏足够的保障和支持，目前志愿服务组织的培训大多停留在省市级层面，而且内容偏向于政策传达，关于志愿者招募、志愿项目组织、志愿人才保留及培训管理方面内容缺乏。基层志愿服务组织获取专业信息的渠道也非常有限，政府和社会组织缺乏对志愿者进行有效培训的办法与经验，大多数志愿者只是根据自己已有的知识、经验提供服务，服务效果自然有限。培训的缺失导致了大多数志愿者的服务停留在低层次状态，对社会贡献不高，对于志愿者的成长与锻炼也就极为有限，从而导致志愿服务组织的人员流失严重。

2.志愿服务组织激励机制趋于表象化

志愿服务激励是志愿人员保留的有效方法。以香港义工发展局为例，每年都会组织针对全市志愿者的嘉奖典礼，并推出了101种激励志愿者的方法等工具。全国范围内虽然也有"四个一百"志愿表彰活动以及星级志愿服务制度，但内地很多志愿服务组织的激励仅停留于表面，并没有让志愿服务人员有真正的荣誉感与获得感。虽然已有政府部门在积极推动激励机制，比如北京市政府针对优秀志愿者启动了故宫等景点免票的激励制度，教育部门也将志愿服务纳入学分管理与信用体系建设，并明确了青少年完成40小时志愿服务的基础要求，但缺少与之匹配的志愿服务组织提供适宜参与的志愿服务项目，导致志愿服务岗位的实际供给非常有限，加之监管体系的不完善，甚至出现了网上虚假销售志愿服务时长等不法行为。

3.志愿服务组织的专业化发展

志愿服务组织专业化的首要任务是人才的发展与保留。目前全国还没有针对志愿服务领域的本科专业，志愿领域人才更多依托社会工作领域开展学历教育，而一线志愿服务组织从业人员更多是从资深的志愿者转化而来，专业人才队伍的建设仍然是亟待解决的问题。专业志愿者的支持与发展在中国香港、台湾及新加坡等地区有可供借鉴的经验，比如专业的律师志愿队伍为弱势群体提供法律服务，具有医疗特长的志愿者参与到欠发达地区提动医疗援助，甚至出现了"无国界医生"这种由医生和记者组成的专业志愿者国际服务机构。另外，随着互联网的广泛应用，越来越多的志愿者组织也尝试通过技术手段推动志愿服务。例如，联合国志愿人员组织开发了网上志愿服务岗位，推动上千名世界各地的专业志愿者在线上推进社会服务目标的达成。

三 中国志愿服务组织发展策略

要推进志愿服务的组织化、规范化、系统化，需要建立以志愿服务组织能力建设为中心，中央统筹推动、省级区域联动、市级强化枢纽、区县落实项目、基层聚焦服务的协作机制，才能发挥好志愿者作为社会人力资源的再次分配作用。

（一）完善中国特色的基层志愿服务体系

以学雷锋志愿服务为契机，以聚焦在地社会问题为导向，构建物质文明与精神文明协调发展的中国志愿服务价值体系，加强志愿服务协调小组与枢纽型机构对地方生态的支持。

1. 坚持党建在志愿服务组织中的引领作用

发挥党建在志愿服务组织中的引领作用，依托党群组织、社会组织、社区组织、高校团体、企业组织提升志愿者留存率，进一步完善人才、资金、政策的支持配套，细化行业志愿服务工作的指导意见，强化法律规范的落实与公开透明的实施规则，探索形成多角度参与、阶梯型激励与个人信用支持的可持续发展机制，推动志愿服务团体、志愿服务队伍的持续增量。完善志愿服务记录监管流程，建立健全志愿服务组织定期抽查机制，邀请党群及公检法等相关部门担任联合执法监察员，加强志愿服务事中事后监管、公示和披露机制。

2. 强化枢纽型志愿服务组织的时代核心地位

以区域中心城市为基点构建志愿服务生态，加强行业协会的枢纽职能，推动各级政府在年度财政比例中列支志愿服务预算，在志愿服务队伍建设、项目创新与激励机制上进行制度化设计。鼓励有共同特点的区域建立交流合作机制，打造区域发展交流论坛，推动资源向县市级层面倾斜，成立志愿服务资源调配中心，在政府拨款、市场捐赠、社会捐助等方面建立支持网络，激活基层志愿服务组织自我造血能力，在法律法规、服务流程、志愿装备、工具方法等方面完善符合在地需求的志愿服务标准，基于共产党员志愿者、社区工作志愿者、职员工人志愿者、高校学生志愿者、巾帼妇女志愿者、老年金秋志愿者、阳光助残志愿者的专业经验，持续推动志愿服务组织落实常态化服务目标。

（二）强化志愿服务组织的基层服务能力

专业志愿者在总体志愿服务中所占的比例，反映了一个志愿服务组织的发展水平。专业能力的志愿者更加聚焦需求，时序性更持久、稳定性更高，与组织的粘性也更强，其专业能力和素养也使其服务更有效率。

1. 引导志愿服务组织参与社区工作

支持志愿服务组织参与社区工作站协同服务，鼓励与社区备案社会组织合作，组织力量开展区域专题调研，从制度供给、项目供给、经费保障等角度，进一步支持、加强和改进基层社会工作。完善社区志愿服务队管理模式、强化项目创新推动力，通过建立新的工作方式，引导心理、法律及社会工作者组建专才志愿服务队伍，参与人民信访、应急救援、人口老龄化等公共服务。推动高校社会工作领域开设志愿服务专业，引导大学生社工参与社区实践工作，助推社会工作者在志愿服务细分领域的岗位探索。

2. 聚焦志愿服务组织综合治理

强化志愿服务组织内部治理与议事会建设，帮助志愿服务组织在一线受助者服务、志愿服务转介、志愿发展研究、文化宣传倡导与志愿服务筹资等不同领域进行探索，提高现代管理工具在志愿服务团队中的使用效率、专职志愿工作者的任职比例，支持基层志愿服务团队扎根社区在某一领域持续深耕，鼓励社区民众发挥个人专长持续参与在地社区服务。推动"互联网+志愿服务"志愿服务组织信息化建设，鼓励两新组织及企事业单位组建志愿服务队伍，推动公益慈善型基金会、金融机构向志愿服务慈善信托方面倾斜。

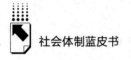

（三）依托国际志愿合作提升人才储备

1. 联合国志愿服务组织平台的合作

接轨国际规则，发挥联合国志愿服务人员组织、国际志愿服务协调委员会等机构的桥梁作用，推动中国志愿服务组织参与不同国家的志愿服务项目与交流活动。响应联合国人类可持续发展目标志愿行动，通过参与国际志愿人员日及国际志愿服务论坛等活动，建立北上广深等一线城市的专业志愿组织参与国际事务的交流通道。邀请发达国家及地区的志愿服务组织分享国际经验与现代管理工具与案例，建立中国志愿服务组织国际朋友圈。

2. 推动中国志愿服务组织参与国际服务

依托"一带一路"建设，发挥毗邻地区优势探索交流与合作的机制，增加国家派遣海外志愿服务的数量，鼓励中国志愿服务组织参与项目实施，促进国家与地区的民族文化了解，传播中华文化、讲好中国故事，并优先在弱势群体支持、生态环境保护、文化交流合作及国际伙伴关系等领域发挥作用，培养一批拥有国际视野和现代公益理念的志愿服务人才，为基层社会治理与志愿服务事业提供可持续发展的力量。

B.16
2022年中国志愿服务
发展特征与社会参与路径

摘　要： 自2008年以来，中国志愿服务在社会服务与社会治理创新中发挥着越来越重要的作用。公民个体通过有组织的志愿服务参与城乡公共事务管理和国家建设，在服务中学习社会规则、互助进步和团结友爱，共建共治韧性社区与文明社会。2022年，全国累计注册志愿者2.3亿人，志愿队伍135万个，约有1.2亿名活跃志愿者无偿贡献志愿服务时间40亿小时，折合社会服务人工成本价值1915亿元，超出当年资金捐赠总额，为社会无偿提供了相当于203万名全职雇员。志愿者已经成为第三次分配的主力军，在更多领域参与并推动社会治理创新。

关键词： 活跃志愿者　志愿服务组织　志愿服务项目　社会治理

志愿服务不仅是社会文明进步的标志，也是实现社会公平正义、国民福利、公民参与和构建诚信与韧性社会的重要路径。2008年以来，中国志愿服务发展提速。近年来，每年约有1亿多名活跃志愿者[①]通过不同类型的组织参与多样性志愿服务活动，从应急救援、抢险救灾、大型社会活动、脱贫攻坚与乡村振兴、社会弱势群体关爱、公平教育、环境可持续发展、公共卫

---

* 翟雁，北京博能志愿公益基金会理事长，北京市志愿服务联合会常务理事，北京志愿服务发展研究会理事和专家，民政部、团中央、中国志愿服务联合会等志愿服务研究与培训专家。

① 活跃志愿者，是指当年自愿、无偿参与有组织的正式志愿服务时长超过1小时的志愿者。

生事件疫情防控等，到公民参与、服务学习、社区基层治理、居民互助与韧性社区、社会诚信与文明风尚、科技和专业志愿与社会创新等。本报告通过田野调查、文献研究简要回顾中国志愿服务参与社会治理创新的驱动力，并基于《2022 年中国志愿服务发展指数报告》的调研数据①，针对 2022 年志愿服务在国家发展和社会治理中的参与路径、特征及其成效等进行梳理，针对主要问题与挑战提出相关建议。

一 2022年中国志愿服务发展数据

中国志愿服务发展指数聚焦志愿服务事业的三个基本要素，一是志愿者，作为志愿服务的供给主体，本质是受志愿精神驱动、个人能力和社会激励因素影响。二是志愿服务组织（队伍），作为志愿者参与服务的渠道和组织保障，构成社会单元和网络。三是志愿服务项目（业务模式），以社会需求为导向，动员和整合社会资源提供与需求相适应的独特的解决方案和服务机制，并通过实施服务与管理达成公益成效。回顾 2022 年中国志愿服务发展，可以发现志愿服务三要素发展的基本状况如下。

（一）志愿者

2022 年活跃志愿者仍以受过高等教育的青年女性为主（59.36%），24 岁及以下的青年志愿者数量较 2021 年有较大幅度增长，占比达到 64.72%，增长率为 26.93%；受过高等教育的志愿者占比再创新高，达到 71.81%（见图 1）。中青年女性仍是活跃志愿者主要群体，呈现年轻化、知识化、价值导向、学习导向等特征。

2022 年志愿者参与服务的动机相较 2021 年的变化是：志愿者对个人福利和社会优待方面的需要有所增加，见图 2。

---

① 2022 年指数调研数据：通过对 200 家指数组织问卷调研获得了指数组织数据和志愿者数据。一是回收有效问卷 173 家组织，二是运用滚雪球抽样方法，回收了志愿者问卷，共有来自中国大陆地区 31 个省、市、自治区以及港澳台和海外同胞的志愿者有效问卷 27824 份，剔除未成年人问卷后，进入数据分析采样 25743 份。

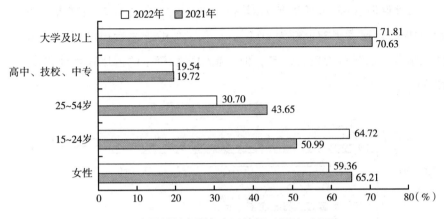

图1　中国活跃志愿者人口特征（2021~2022）

资料来源：2022年中国志愿服务发展指数报告。

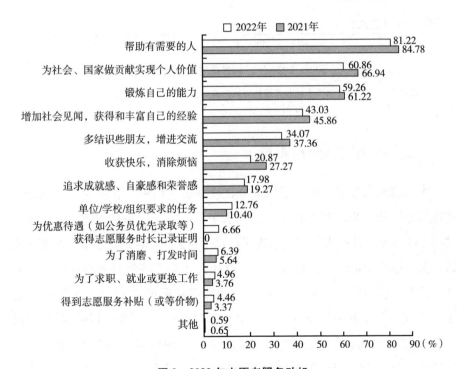

图2　2022年志愿者服务动机

资料来源：2022年中国志愿服务发展指数报告。

与此同时，62.02%的志愿者在2022年度给公益组织捐赠了现金。40.21%的志愿者捐赠金额为100元以下，3%的志愿者捐赠超过千元。男性志愿者的捐赠行为较女性少，但是捐赠大额资金的占比较女性稍高（见图3）。

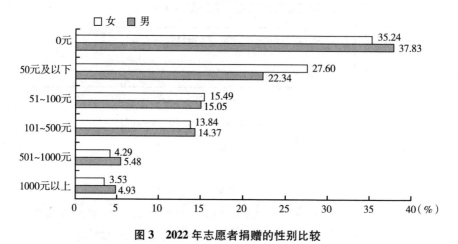

图3　2022年志愿者捐赠的性别比较

资料来源：2022年中国志愿服务发展指数报告。

（二）志愿服务组织（队伍）

中国志愿服务组织主要是以未登记注册的非组织"社群化"方式开展志愿服务活动。2022年末在中国志愿服务信息系统注册的志愿者队伍累计共有135万家，其中90%以上未在民政部门正式登记注册，主要是依托于党政机关、企事业单位、社会组织、街道社区居委会等挂靠和自组织形式存在。截至2022年9月30日，我国正式登记注册的含有"志愿"或"志工"、"义工"字样的社会组织，共计18237家，其中正常运行的共计14606家（见表1）。含有志愿服务组织标识的正式组织仅有12642家，其中已经注销的有2676家，已经被撤销的87家，处于正常状态的不足1万家，仅有9879家。

表1 2022年正式登记注册的志愿服务组织统计

单位：家

成立时间	含"志愿"数量（家）	含"义工"数量（家）	含"志工"数量（家）	备注
成立1年内	1325	22	0	正常
成立1~5年	5237	268	3	正常
成立5~10年	5204	854	12	正常
成立10~15年	958	144	0	正常
成立15年以上	552	27	0	正常
合计	13276	1315	15	14606

资料来源：闫晓英、翟雁主编《新时代志愿服务发展研究报告》，民政部政策研究中心，2023年5月。

中国志愿服务组织调研显示，组织以非官方的区县级为主，以社会团体、社会服务机构居多（见图4），以低成本小规模实现稳定高效运作，为志愿者和志愿服务对象提供需求对接与服务。其中，非正式组织以其灵活性、民主化、凝聚力强和活跃等特点在志愿服务中更具优势。2022年志愿服务组织或因疫情减少了活动，但是志愿者通过"非组织化"个人行动提供志愿服务，凸显了志愿性。而这种"非组织化"志愿者队伍比重也在增加中。

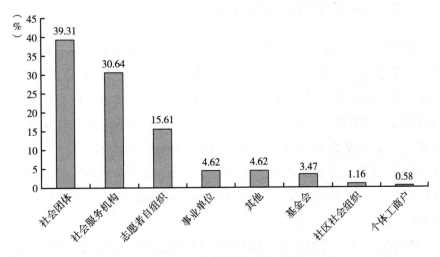

图4 2022年志愿服务组织类型

资料来源：2022年中国志愿服务发展指数报告。

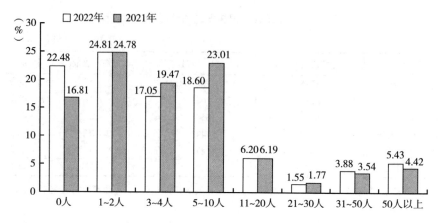

图5 2021~2022年志愿服务组织人员规模

资料来源：2022年中国志愿服务指数发展报告。

志愿服务组织全职人员和资金匮乏，以小微规模运营为主。2022年全职人员较2021年减少，有40%的组织仅有2人以下，超过八成的组织全职人员不足10人。志愿服务经费中的51%由志愿者个人承担，经费来源主要是志愿者和社会捐赠（占60%）。

（三）志愿服务项目（业务模式）

志愿服务项目是在一定周期内，面向特定服务对象或领域开展的具有明确的服务目标、服务时间、服务内容和服务保障的志愿服务活动。[1] 志愿服务项目根据社会需求确定服务目标和领域，开发志愿服务岗位，动员和招募志愿者参与临时性志愿服务，并且筹措相应资源，确保服务有效开展，这也是志愿服务组织开展服务的主要运营模式。2022年度80.99%的志愿服务组织开展了项目工作，56.2%的组织使用专业志愿者开展了专业志愿服务，体现出志愿服务组织向着专业化方向发展（见图6）。

联合国志愿人员组织于2022年提出五种志愿服务类型：（1）休闲类

---

① 参见民政部行业标准《志愿服务项目基本规范（征求意见稿）》，2022年9月。

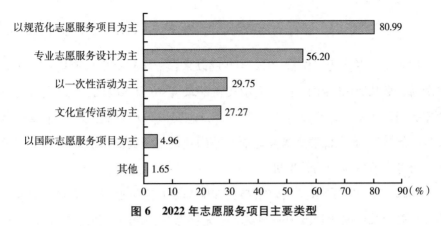

图6 2022年志愿服务项目主要类型

资料来源：2022年中国志愿服务发展指数报告。

（Leisure），主要是根据个人兴趣爱好参与的志愿服务活动，比如文化艺术和体育活动，这有助于形成更加广泛的社会福祉和凝聚力；（2）互助类（Mutual-aid），通常是邻里或熟人之间的关怀与相互帮助，基于共同的需求人们聚集在一起，自助和互助以共同解决问题；（3）服务类（Service），志愿者响应陌生人和社会需要，提供无偿公益服务，以正式志愿服务为主；（4）倡导类（Campaigning），代表所服务的边缘人群或团体发声和动员社会资源，为改善边缘人群的生活困难、社会问题和弱势地位而开展的集体行动；（5）参与类（Participation），是指志愿者利用其专长和智能，参与不同层面的社会治理与决策机制。[①] 目前，中国志愿服务组织所开展的服务类型以休闲、互助和服务类为主。

二 2022年志愿服务发展总体特征

2022年中国志愿服务发展总体呈现"大志愿"、"服务大局"、"服务下沉"、"项目化"和"数字化"五个主要特征。

---

① UNV：《2022年世界志愿服务状况报告——建设平等和包容的社会》，UNV官网，2022年12月。

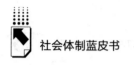
（一）"大志愿"号召人人参与，1.2亿名活跃志愿者参与志愿服务

中国志愿者注册工作自 2012 年开展以来，十年间呈现快速增长。注册志愿者人数从 2012 年的 292 万人增长到 2021 年 10 月 30 日的 2.17 亿人，志愿服务团体数从 2 万个增长到 113 万个，志愿服务项目数从 1 万个增长至 621 万个。[①] 广大人民群众参与志愿服务的热情不断提高，展现出中国特色志愿服务事业发展的勃勃生机。

2022 年，多个国家发展政策与文件中都涉及志愿服务。党的二十大报告在提高全社会文明程度中明确要求"完善志愿服务制度和工作体系"，在完善分配制度中指出，"引导、支持有意愿的企业、社会组织和个人积极参与公益慈善事业"。国家各相关部门贯彻落实推进相关政策与制度建设。中共中央和国务院印发的《扩大内需战略规划纲要（2022-2035 年）》在重视发挥第三次分配作用中强调要发展慈善事业和健全志愿服务体系，"发展社会工作服务机构和志愿服务组织，壮大志愿者队伍，搭建更多志愿服务平台，全面提升志愿服务水平"。[②] 民政部与市场监管总局发布的《关于全面推进新时代民政标准化工作的意见》[③] 在"加强基层社会治理标准研制，助力提升基层治理现代化水平"中提出，"加快完善志愿服务项目管理、信息数据等领域标准，推进志愿服务制度化、规范化"，同时强调"推动志愿服务等领域地方标准化工作"，"加强标准与科技互动，通过人工智能、大数据、区块链等新一代信息技术的综合应用，促进标准化快速回应技术进步"。民政部公布行业标准《志愿服务项目基本规范（征求意见稿）》，并同步推进《志愿者招募与培训工作指南》标准研制，引导和促进志愿服务规范化与专业化发展。

---

① 张翼主编《志愿服务蓝皮书：中国志愿服务发展报告（2021~2022）》，社会科学文献出版社，2022。

② 《中共中央 国务院印发〈扩大内需战略规划纲要（2022-2035 年）〉》，中国政府网，2022 年 12 月 14 日，https://www.gov.cn/zhengce/2022-12/14/content_ 5732067.htm。

③ 民政部、市场监督管理局：《关于全面推进新时代民政标准化工作的意见》（民发〔2022〕58 号），中国政府网，2022 年 7 月 21 日，https://www.gov.cn/zhengce/zhengceku/2022-07/21/content_ 5701938.htm。

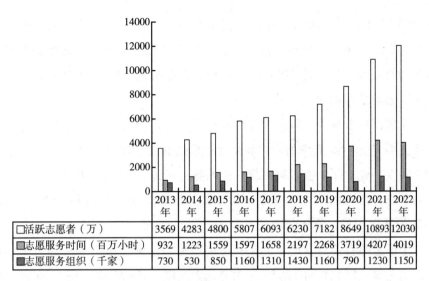

图7 中国志愿服务发展指数纵览

资料来源：2022年中国志愿服务指数发展报告。

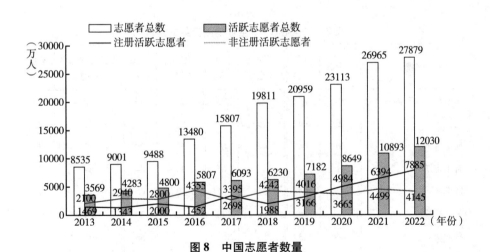

图8 中国志愿者数量

资料来源：2022年中国志愿服务指数发展报告。

2022年中国志愿服务指数发展报告显示，全国志愿者总量（注册志愿者与未注册志愿者合计）约有2.79亿人，其中2022年度活跃志愿者1.2亿人，志愿者无偿服务社会的时间约为40亿小时，折合社会服务人工成本价值 1915 亿元，超出当年资金捐赠总额，为社会服务领域无偿提供了相当于 203 万名全职雇员。从图 7 和图 8 可以看出十年来志愿服务发展指数的增长趋势，特别是 2021 年前参与志愿服务的活跃志愿者人数及其贡献的志愿服务时间增长显著。

对志愿者参与社会服务路径的调研发现，2022 年度社会动员的行政化特征更为突出。56.75% 的志愿者是通过单位组织参与志愿服务，比 2021 年增长 49%，超过了一直以来占据首位的熟人相传（47%）；互联网信息获得成为志愿者参与的第三大路径；而社区通知和动员也呈现稳定增长趋势，2022 年达到 21%，五年间增长 1.17 倍。

中国志愿者参与有组织的正式志愿服务的比例，2022 年达到近十年最高，占全国人口总数[1]的 8.5%，占劳动力人口（15~59 岁）的 13.42%。我国在全球 119 个国家慈善捐赠指数（World Giving Index）[2] 排行中首次晋升到中部位置，其中志愿服务排名第 35 位，超越现金捐赠排行（见表 2）。

表 2　中国在 CAF 全球捐赠指数的排行

国家	总指数	分值（%）	服务陌生人指数	分值（%）	捐赠现金指数	分值（%）	提供志愿服务时间指数	分值（%）
多米尼加共和国	38	44	25	73	82	25	10	36
巴拉圭	39	44	29	71	59	33	31	29
斯里兰卡	40	44	44	66	69	30	8	37
吉尔吉斯斯坦	41	44	47	65	33	44	64	23
波黑	42	44	66	62	12	60	110	10
哥斯达黎加	43	44	6	78	60	32	66	22
科索沃	44	43	59	64	19	56	106	11
玻利维亚	45	43	14	75	90	22	19	33

---

[1]　参考《第七次全国人口普查公报》，人口总数 14.43 亿，劳动力人口（15~59 岁）8.94 亿，中国政府网，2021 年 5 月 11 日，https://www.gov.cn/guoqing/2021-05/13/content_5606149.htm。

[2]　CAF：World Giving Index 2022，http://www.cafonline.org，2022 年 9 月。

续表

国家	总指数	分值（%）	服务陌生人指数	分值（%）	捐赠现金指数	分值（%）	提供志愿服务时间指数	分值（%）
加纳	46	43	69	61	50	35	16	33
越南	47	43	56	64	39	40	43	26
伊朗	48	43	55	64	27	49	91	15
中国	49	42	49	65	51	35	35	28
瑞典	50	42	101	51	16	58	81	17
哥伦比亚	51	42	9	76	80	25	50	24
厄瓜多尔	52	42	17	74	93	21	30	30
斯洛伐克	53	41	62	63	36	42	77	19
保加利亚	54	41	28	72	54	34	80	18
德国	55	41	91	54	28	48	72	20
尼泊尔	56	40	85	55	46	36	26	30
印度	57	40	82	57	61	31	18	33
尼加拉瓜	58	40	51	64	75	27	29	30
乌拉圭	59	40	27	72	68	30	78	19
塞浦路斯	60	40	64	63	49	35	65	22
塞内加尔	61	40	30	71	86	24	46	25
匈牙利	62	40	19	73	55	33	101	13
土耳其	63	40	16	75	57	33	104	11
爱沙尼亚	64	40	84	55	34	43	74	20
布基纳法索	65	39	72	61	83	24	22	32
塔吉克斯坦	66	39	75	60	108	15	5	43
马拉维	67	39	20	73	110	14	28	30

资料来源：CAF：World Giving Index 2022。

中国志愿服务在自上而下和自下而上的纵横协作机制中，初步形成了跨部门、跨领域、跨区域、线上线下融合式高速发展的"大志愿"格局。志愿服务主体更加丰富，组织形态、服务方式、服务领域细分等也更加具有多样性。

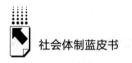
（二）"服务大局"促进国家建设和联合国可持续发展目标（SDG）

志愿服务在中国特色社会主义建设发展中主要有两种机制在交互运行。一种是自上而下，由党政领导和社会动员，参与国家重大活动和社会治理工作；另一种是自下而上，由民间自发开展的关爱弱势群体和公益利他的志愿服务。2022 年，党政各部门加大了对社会组织和民间志愿者的引导与管理，特别是在北京冬奥会和冬残奥会等大型活动、乡村振兴、灾难应急救援、疫情防控、社区基层治理等领域，吸纳和推动了全社会力量"服务大局"、参与国家建设与高质量发展。

与党政主导的志愿服务相向而行的是民间志愿服务组织，它们不仅积极参与重要领域的服务，而且日常基于身边和社区群众的具体需求，自筹资金汇聚社会力量，或是联合行动，或是微小关爱、扶弱济困、精准服务，亦是在为实现联合国 2030 年可持续发展目标添砖加瓦。2022 年中国志愿服务指数调研显示，各志愿服务组织所开展的志愿服务项目均衡覆盖了国家引导的服务大局，以及联合国可持续发展的 17 个可持续发展目标领域（见表 3）。有 90.91% 的组织开展了党建志愿服务，80% 以上的志愿服务组织开展的项目涉及城乡融合、跨界联合以及与政府部门和群团组织、企事业单位等合作。其中，与政府合作对话的占比 80.28%，与企业跨界合作开展志愿服务的占比 77.46%。关注企业社会责任（65.41%）和企业员工公益（49.62%）也不在少数。在促进共同富裕方面，志愿服务组织参与较多，增幅显著。在优质教育（94.80%）、消除贫困与消除饥饿领域（93.64%）、可持续城市和社区（92.49%）、良好健康与福祉（92.49%）、缩小差距（90.75%）等领域最为活跃。其次是和平、正义与强大机构（86.71%），负责任的消费和生产、气候行动、水下生物、陆地生物（84.39%），清洁饮水与卫生设施、廉价和清洁能源（82.08%），促进目标实现的伙伴关系（82.08%），性别平等（81.50%），体面工作和经济增长、工业创新和基础设施（76.88%）。

表3　2021~2022年志愿服务组织志愿服务领域

单位：%

志愿服务活动领域	2021年	2022年	领域	2021年	2022年
消除贫困与消除饥饿	95.87	93.64	乡村振兴（农业农村发展）	43.97	69.75
			扶贫济困	68.10	81.48
			帮老助残	77.59	71.60
			乡村留守儿童服务	78.45	38.89
良好健康与福祉	95.04	92.49	疫情防控	93.04	93.13
			拥军优属	36.52	35.63
			医疗护理	31.30	34.38
			心理服务	56.52	54.38
优质教育	96.69	94.80	支教助学	71.79	64.63
			科普宣传	80.34	83.54
			技能培训	64.10	61.59
性别平等	87.60	81.50	妇女发展	74.53	70.92
			反对性别歧视	55.66	58.16
			反对家庭和校园暴力	85.85	82.98
清洁饮水与卫生设施、廉价和清洁能源	82.64	82.08	河流海洋保护	64.00	68.31
			节能减排	80.00	74.65
			其他	17.00	12.68
体面工作和经济增长、工业创新和基础设施	83.47	76.88	企业社会责任	77.23	65.41
			职业劳动就业培训与服务	56.44	54.14
			企业员工公益	64.36	49.62
缩小差距	91.74	90.75	法律援助	22.52	27.39
			互联网志愿服务（公益信息传播、网络公益活动等）	61.26	64.97
			城乡协作	23.42	16.56
			外来人口融入	13.51	11.46
			新时代文明实践	76.58	77.71
			弱势群体赋能	63.06	47.77

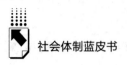

续表

志愿服务活动领域	2021 年	2022 年	领域	2021 年	2022 年
可持续城市和社区	95.04	92.49	垃圾分类	34.78	39.38
			社区治理与自治	53.04	46.88
			社区和城市服务	46.96	53.75
			公益培训	64.35	56.88
			治安防范	3.48	2.50
			抢险救灾与应急服务	40.87	25.00
			大型社会活动和体育赛会服务	32.17	40.63
负责任的消费和生产、气候行动、水下生物、陆地生物	88.43	84.39	环境保护	95.33	93.15
			动物保护	43.93	39.73
			自然教育	65.42	50.68
和平、正义与强大机构	95.04	86.71	志愿服务组织管理与运营	87.83	90.00
			为公益组织或项目筹资	66.09	62.67
			参与行业论坛	19.13	17.33
			公益研究与政策倡导	33.91	33.33
			公益调查	28.70	28.00
			媒体传播	26.96	29.33
促进目标实现的伙伴关系	94.21	82.08	与政府合作对话	87.72	80.28
			与企业跨界合作开展志愿服务	75.44	77.46
			国际援助	4.39	1.41
			国际交流与合作	14.04	2.11
其他社会公益活动	87.60	82.66	党建志愿服务	98.11	90.91
			其他	9.43	15.38

资料来源:2022 年中国志愿服务发展指数报告。

（三）"服务下沉"推动基层社区治理，本地化服务增加

在 2020 年新冠疫情全球大流行时，中国呈现继 2008 年汶川大地震救灾志愿服务浪潮之后的更大规模的志愿行动，约有 2300 万名志愿者参与到紧急抗疫、生命救援、物资捐赠、疫情防控等志愿服务中。到 2022 年底，疫情防控志愿服务依然是志愿者参与人次最多的。调研发现，政府机关干部和党员被要求到社区报到或下沉到社区，以志愿者身份就地参与疫情防控工作。而民间志愿服务下沉社区开展疫情防控工作并不容易，有 71% 的组织受疫情影响无法开展常态化志愿服务，65% 的志愿服务组织只能在本地区开展活动；而 92% 的组织都参与了本地区疫情防控志愿服务工作，社会组织参与的各类型服务平均增长 18%（见表 4）。

表 4　2021~2022 年组织参与疫情防控志愿服务类型

单位：%，个百分点

领域	比例		增长
	2021 年	2022 年	
募捐类	63.38	83.86	20.48
执勤排查类	65.51	85.75	20.24
救护类	54.99	71.75	16.76
服务类	61.48	78.46	16.98
支持类	58.91	76.17	17.26

资料来源：2022 年中国志愿服务发展指数报告。

在疫情防控中，有许多地区居民自愿主动参与到本社区抗疫工作和邻里互助关爱行动中。志愿者参与疫情防控志愿服务的主要路径是志愿者自组织（41.93%），单位组织（40.34%），参与正式志愿服务组织（31.39%）、社会组织（28.62%）和社区两委（22.95%），以上各参与路径占比均较 2021 年增加，体现志愿服务平台和路径有所增长；而由志愿者本人直接参与社区或其他服务岗位（16.06%）的行为占比较 2021 年减少（见图 9）。

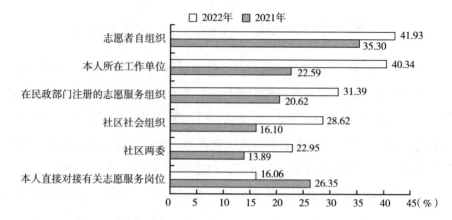

图9　2021~2022年志愿者参与疫情防控服务的路径

资料来源：2022年中国志愿服务发展指数报告。

在日常志愿服务中，65%的志愿者从事线下志愿服务，其服务场所主要在城乡社区和基层服务站点（68%），其次为一些公共服务场所，如学校、医疗单位、博物馆等（40%），服务于公益机构和社会组织的志愿者约占33%，参与政府和机关单位大型活动的占比25%，参与养老院、孤独院等社会福利机构活动的占15%（主要原因是外部进入受限）。而在乡村志愿服务中，为学校和医疗机构等提供志愿服务的占比最高（43%），主要是开展支教和关爱服务。9月，团中央发布《青年志愿者服务社区行动指引（2022年版）》①，动员青年志愿者深入基层一线城乡社区，开展常态化志愿服务，积极参与基层社区治理。

（四）"项目化"驱动促进志愿服务高质量发展

由共青团中央、中央文明办、民政部、水利部、文化和旅游部、国家卫生健康委员会、中国残疾人联合会等单位联合举办的每年一届的中国青年志愿服务项目大赛暨志愿服务交流会，自2014年举办首届项目大赛以来，经过持续9年不懈努力与推动，已经成为集中展示和促进全国志愿服务项目发展的志愿者

---

① 《〈青年志愿者服务社区行动指引（2022年版）〉全文发布》，共青团中央百家号，2022年8月31日，https：//baijiahao.baidu.com/s？id＝1742677865953685461&wfr＝spider&for＝pc，最后访问时间：2023年4月1日。

嘉年华，也是志愿服务高质量发展的风向标。2022年第六届大赛暨交流会在山东济南举办。按照统筹分配的名额，各省级和行业赛会单位推报项目共1210个，项目服务领域涵盖国家发展重大领域，如乡村振兴、环境保护、文明实践、关爱少年儿童、为老服务、阳光助残、卫生健康、应急救援与疫情防控、社区治理与邻里守望等13项，经过各级评审与公示，最终确定500个金银项目进行表彰和交流。由此，2022年也带动了全国十多个省和行业志愿服务项目赛会的举办，推动了全国志愿服务专业技术提升和行业建设与高质量发展。

（五）"数字化"志愿服务加速社会治理创新

数字科技发展日新月异，中国互联网用户已超过10亿人，互联网科技在影响人们日常生活的同时，也越来越深刻地影响着中国志愿服务发展。自2016年《慈善法》实施以来，民政部先后共指定30家互联网募捐信息平台，掀起了互联网众筹和技术公益浪潮。截至2021年底，各类平台有超百亿人次捐款，筹集慈善捐款近260亿元，各类公益短视频与直播等播放量已经超过百亿次[1]，公众参与在线公益活动和志愿服务也超过百亿人次。志愿服务组织应用信息技术和互联网平台工具开展在线志愿服务，提升了服务管理与组织运营效率，促进了社会沟通和资源优化配置。2022年调研发现，95%的志愿服务组织应用信息化手段开展志愿者管理和项目运营，有1/3的组织有内部专用在线管理平台，并且开展在线志愿服务活动。特别是在疫情防控和应急救援志愿服务中，大量志愿服务组织和数以百万计的志愿者通过互联网在线开展志愿服务和管理、志愿者管理、内外沟通、资源动员、传播、调研与大数据信息化等工作，形成了数字化志愿服务的生机勃勃场景。

三　志愿服务主要问题与建议

中国志愿服务的发展存在不均衡状态，一是自下而上群众参与志愿服务热

---

[1] 《中国互联网公益观察报告（2020-2021）》，《南方周末》2021年11月25日，http：//www.infzm.com/contents/218810，最后访问时间：2022年8月9日。

情日益高涨，但是，乱象丛生；二是志愿服务管理部门相关理论与政策水平不够，依然用行政化方式管理志愿服务，对志愿服务保障不足；三是行业专业机构匮乏，缺少行业自治与技术支持。特别是近年来过度集中于大政方针所引导的领域，忽略了志愿服务主动弥补政府和市场之不足的社会功用，行政化和商业化资源主导，忽视甚至扭曲了志愿服务的本质特性与内在发展动力。

2022年，志愿者对参与志愿服务管理的主要问题是四少一多：缺少合适的志愿服务项目与岗位，难以找到参与志愿服务的便捷通道；缺少志愿者认可与激励机制；缺少评估与反馈；缺少培训与技术支持；行政主导干预过多。而志愿服务组织反馈政策支持和保障不足，组织能力与人员不足，服务渠道与工作机制不顺畅（见图10）。

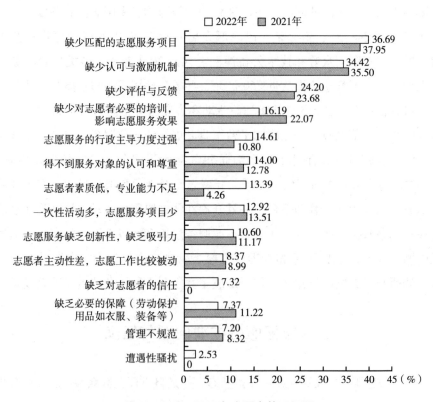

图10 2021~2022年志愿者管理问题

资料来源：2022年中国志愿服务发展指数报告。

（一）完善促进志愿服务的相关制度

志愿服务具有推动社会公平发展、促进社会融合的独特价值和作用，其精髓在于为公众参与社会治理和社会服务提供广阔的平台和渠道。志愿服务组织具有独特性和多样性，志愿者广泛分布于各行各业且数量庞大、规模上亿；志愿服务项目更是涉及社会各个领域，志愿服务有其自我发展的路径模式，有自发的社会互助功能和内在的自我驱动机制。为此，既需要规范志愿服务组织发展，更需要充分激活和发挥志愿服务组织的作用，大力扶持志愿服务组织和行业发展。

一是建议尽快完善志愿服务顶层设计，制定志愿服务法及战略发展规划。志愿服务发展到现阶段，需要制定独立的兼具整体性和具体性的发展规划。二是加快行业基础设施建设，包括志愿服务信息系统、志愿服务平台和阵地、志愿服务资金保障、行业规范与服务设施等。建立志愿服务供需对接及外部资源链接机制，搭建社会参与平台，加强公众参与基层治理机制与渠道建设，配合立法推进标准化建设及整体战略发展，建立健全政策引导和支持的长效机制。三是加大志愿服务保障激励，将志愿服务纳入财政预算和相关社会保障体系，鼓励志愿服务组织开展规范和专业有效的服务活动。四是加强志愿文化环境营造，在全社会营造尊重和关爱志愿者的浓厚氛围，通过信用激励、社会褒奖等切实有效的措施，引导和鼓励公众更加主动积极参与到志愿服务中来，营造更加良好的志愿文化氛围。

（二）培育和促进组织和队伍发展

分类培育志愿服务组织。一是重点培育行业型、支持型组织。赋能一线志愿服务组织，加强行业交流、行业培训、基础数据统计、行业调研、标准制定、行业自律，补齐行业生态各要素。加强对社区社会组织的培育，重视大学生志愿服务组织的能力建设，倡导国际化志愿服务的发展。二是鼓励专业志愿者参与，倡导履行社会责任，促进专业志愿服务发展；挖掘企事业单位专业志愿者，突破志愿服务组织专职人员不足的困境。三是加强志愿服务组织能力建设，促进组织完善内部治理和管理，提高组织规范化运作水平。提高组织自我造血能力，创新管理和运作，运用互联网技术，降低管理成本，提高管理效率，同时开发有价值的品牌项目，提高创收能力。以项目化运作提升组织发展水平，按照科学程序实施与评估活动，全方位促进志愿服务组织和志愿者、志愿服务对象三方共赢。四是重点发展壮大志愿者队伍，扎根基层的非正式志愿者队伍应该是发展重点，也是完善基层治理的重要抓手。在全国志愿服务信息系统中，90%左右是以非法人形式存在的志愿者队伍，在扶持和发展、管理和监督方面，还需要更多的政策支持。针对大量非正式的志愿者队伍，应建立和完善志愿者队伍备案制度，引导未注册的以及不具备登记条件的志愿者队伍，通过备案纳入扶持和监管视野。鼓励行业性社会组织赋能非正式志愿者队伍，提升其服务效能，发挥其在基层治理和基层服务中的重要作用。加强对志愿者队伍的经费支持。政府在加大对基层志愿者队伍经费支持力度的同时，搭建并推动五社联动，引导社会各界资源流向志愿者队伍，发挥志愿者队伍"小钱办大事"的优势。创新志愿者激励措施，打造志愿者成长发展平台。发挥志愿者队伍的凝聚力，特别是对年轻人、专业人士的吸引力，这是为志愿者服务的核心功能之一。

（三）应用科技力量促进数字化志愿服务

创新推动虚拟志愿服务组织发展，发挥在线（远程）志愿服务价值。在线（远程）志愿服务属于非接触式服务，"其背后的强大支撑是人工智能、大数据、物联网等一系列新兴科技手段，能让服务链条更加集成、透明、可追溯"，已经在推动政府和企业管理运营加速升级。[①] 远程志愿服务包括虚拟志愿服务（即线上志愿服务）和数字志愿服务。线上志愿服务是指志愿者通过互联网实现对受益对象的帮扶，如 i will 抗疫联合行动就是通过专业志愿者在线（微信群、互联网平台和直播等）提供运营管理，实现

---

① 董碧娟：《让更多"非接触式"服务兴旺起来》，人民网，2020 年 2 月 27 日，http：//theory. people. com. cn/n1/2020/0227/c40531-31606565. html，最后访问时间：2022 年 10 月 18 日。

社工师、心理师、医师、律师等专业志愿者对社区居民中的受益人的识别、筛选、帮扶等工作；数字志愿服务，是利用数字技术和互联网创新来扩大项目的范围、提升其质量和影响，如腾讯发起的"公益 404 互联网寻人平台"。① 信息技术也推动了志愿服务的升级和迭代，志愿者管理和志愿服务组织管理信息化水平不断提高，特别是疫情防控也推动了越来越多的志愿服务组织探索开展在线志愿服务，如云课堂、云督导等。新时代也是技术飞快创新变革的时代，我国应该大力培育虚拟志愿服务组织，一方面可以降低管理成本，提高志愿服务的灵活性，另一方面可以突破时间和空间的局限性，推动远程非接触式志愿服务发展，拓展志愿服务的广度、深度、透明度、集成度。促进商业科技向善，促进高科技应用于志愿服务发展，通过技术互联和大数据应用等，提高志愿服务效率、服务广度和深度，方便广大群众通过互联网参与志愿服务，并以信息技术促进志愿服务管理和服务模式的迭代。

---

① 顾磊：《志愿服务新趋势："不接触"的爱心同样温暖》，人民政协网，2021 年 7 月 27 日，http://www.rmzxb.com.cn/c/2021-07-27/2915286.shtml，最后访问时间：2022 年 10 月 18 日。

B.17
我国数字公益发展的现状、问题和对策建议

赵小平*

摘　要： 数字公益是当前我国公益事业发展的创新现象，公益组织数字化的功能类型不断增加，应用场景不断细化，公益组织对数字化的需求整体上呈现不断上升的趋势。虽然取得了一定的成就，但我国数字公益的发展也存在若干挑战，包括组织层面对数字公益利用的意识、能力和条件欠缺，行业层面缺乏完整的生态链条、足够的行业资助和有效的行业自律，政策层面存在个人求助法律责任不明确、互联网募捐平台法律定位不清晰等问题。对此，一要提升公益组织合规、科学利用数字平台和技术的能力，二要促进行业中个性化产品推出、公益资助方发展和行业标准的建设，三要加快完善以个人求助和互联网平台为重点的法律政策体系。

关键词： 数字公益　专业能力　行业治理　政策优化

一　数字公益发展的背景

数字公益是指利用数字信息技术实现共创、共建、共治、共享的新公益模式，旨在结合数字新技术与新手段来实现慈善公益事业的发展。[①] 与之相

---

* 赵小平，北京市社会科学院科研处副处长、副研究员，北京师范大学国际 NGO 与基金会研究中心兼职研究员，主要研究方向为公益慈善、基层治理、乡村振兴。

① 吴磊：《数字化赋能第三次分配：应用逻辑、议题界定与优化机制》，《社会科学》2022 年第 8 期；王丽荣：《公益慈善何以更透明——基于区块链的数字证书认证策略》，《兰州学刊》2020 年第 4 期。

关的概念还包括"数字赋能公益""数字慈善""数字赋能第三次分配"等。

事实上数字技术并不是一个新概念，但其在慈善事业的运用，特别是在实现第三次分配方面却有着创设性意义①。在现实表现形态方面，数字公益主要有线上渠道捐赠与社会组织公益两种模式：线上渠道捐赠主要为筹集资金以促成慈善事业的发展，社会组织公益则主要为通过线上渠道实现社会组织人员招募、人员活动等来实现慈善事业的发展，同时利用新技术来实现公益活动的变革，如乡村振兴、养老助老等方面的管理方式、技术变革。

数字赋能公益的意义主要表现为以下三个方面：首先，通过"数治"逐步代替"人治"，数字赋能慈善提高了慈善事业的效率与精准度，能实现慈善资源对受助者的精准救助，使公益慈善更加便捷、高效、高明；其次，数字赋能慈善具有更强的覆盖性，利用数字化的手段可以实现慈善事业的快速传播与普及，让更多人员参与的同时也能帮助受助者得到更多的平台与机会，得到救助与帮扶；最后，数字赋能慈善有助于慈善事业形成良性循环，区别于传统救助者捐赠完毕后难以知悉资金用处与后续实效，数字赋能慈善提供更为透明的渠道以了解资金去向，更有利于形成慈善事业的良性循环，从而推动慈善事业的发展。

二 数字公益发展的现状

目前，我国数字公益快速发展，主要特征有参与人数多、整体增速快。结合 2022 年中国数字公益发展研究报告的数据，最近三年来我国每年都有超过 100 亿人次点击、关注和参与互联网公益，互联网筹款额也从五年前的 25 亿元发展到近 100 亿元，增加了近 3 倍。不过，公益机构通过互联网募捐平台得到的资金总额相对仍然较低，不足全年全国捐赠总量的 1/10，仍

---

① 侯百谦：《互联网慈善募捐中的慈善组织合作研究》，《学习与实践》2022 年第 8 期。

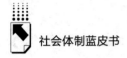

然有较大提升的空间。本文基于 2021 年和 2023 年的中国数字公益调查报告的数据①，力图呈现当前我国数字公益发展的现状和面临的主要挑战。

（一）政策发展脉络梳理

我国最早与数字公益相关的政策莫过于对互联网募捐行为的管理。2010年以来，互联网公益众筹快速兴起。由于互联网效应具有的即时性、广泛性、同步性等特点，加之新兴行业缺乏规制，互联网公益众筹领域虚假募捐、资金挪用等乱象迭起，引发了整个公益慈善行业的信任危机。国务院在2014 年 12 月发布了《关于促进慈善事业健康发展的指导意见》，该文件虽然规定互联网信息发布者有义务对利用其平台发起募捐活动的慈善组织进行合法性验证，但是内容简单、层级偏低。与此同时，我国慈善事业存在的政策法规体系不够健全、监督管理措施不够完善、慈善活动不够规范、社会氛围不够浓厚、与社会救助工作衔接不够紧密等问题，长久以来制约着我国慈善事业的良性发展，相关现状的改善急需慈善法的问世。

2016 年 9 月 1 日，《中华人民共和国慈善法》正式施行。《慈善法》第 33 条在公开募捐方式中明文写入"互联网"，此举标志互联网募捐正式成为公开募捐的合法渠道。依据《慈善法》的规定，民政部统一或者指定的慈善信息平台（即"慈善中国"，该平台通过网络对慈善组织开展的公开募捐活动进行备案，持续动态公开慈善募捐和慈善活动进展情况）是慈善组织在互联网进行公开募捐的信息发布平台，同时慈善组织也可以在其自身网站发布募捐活动相关信息。官方慈善信息平台的公布有力保障了互联网公开募捐活动的真实性、公开性。

与此同时，民政部、工信部、国家新闻出版广电总局以及国家互联网信息办公室四部门联合发布的《公开募捐平台服务管理办法》，亦于同年 9 月正式施行，规定了募捐平台在信息查验、信息保存、协助调查、信息透明、风险提示、信息报告等方面的细化义务，互联网慈善募捐平台作为募捐平台

---

① 本文主要数据基于两个报告，一个是腾讯基金会、腾讯研究院 2021 年发布的《公益数字化研究报告》，另一个是中国互联网基金会、腾讯基金会、腾讯技术公益发布的《2023 年公益组织数字化洞察报告》。

的一种，受此约束。

同日，民政部根据《慈善法》的授权，公示了其指定的首批"慈善组织互联网公开募捐信息平台"（online fundraising platform）（以下简称"互联网公募平台"），包括腾讯公益、蚂蚁金服（现已更名"支付宝公益"）、淘宝公益、轻松筹等13家，对能够发布慈善公募信息的互联网募捐平台设定了资格门槛，解决了互联网募捐平台庞杂混乱、公开募捐信息与其他信息混杂的问题。该名单是在对最初提交申报材料的47家互联网平台进行初选的基础上，再由多方代表择优遴选后产生。

2017年7月20日，民政部发布《慈善组织互联网公开募捐信息平台基本管理规范》和《慈善组织互联网公开募捐信息平台基本技术规范》两项专门针对经过指定的互联网公募平台的推荐性行业标准，自8月1日起施行，对互联网公募平台的技术性标准以及指定、运行、服务、监管等方面进行了规范，从有序引导、加强审查、信息公开、风险防范、责任追溯等方面对互联网公募平台提出要求，切实维护慈善活动参与主体（如捐赠人、受益人及慈善组织等）的合法权益，对提高平台的规范性安全性起到重要作用。

2018年4月，民政部社会组织管理局按照"统筹规划、循序渐进，公开透明、自愿申请，依法依规、优中选优"的原则，再次进行慈善组织互联网募捐信息平台遴选工作，最终指定了美团公益、滴滴公益、水滴公益等9家互联网平台。后来，中国慈善信息平台、基金会中心网两家退出，民政部于2018年6月发布了互联网公募平台名录，共有20家（见表1）。

表1　互联网公募平台名录

序号	平台名称	运营主体
1	腾讯公益	腾讯公益慈善基金会
2	淘宝公益	浙江淘宝网络有限公司
3	蚂蚁金服公益	浙江蚂蚁小微金融服务集团有限公司
4	新浪微公益	北京微梦创科网络技术有限公司
5	京东公益	网银在线（北京）科技有限公司

序号	平台名称	运营主体
6	百度公益	百度在线网络技术（北京）有限公司
7	公益宝	北京厚普聚益科技有限公司
8	新华公益	新华网股份有限公司
9	轻松公益	北京轻松筹网络科技有限公司
10	联劝网	上海联劝公益基金会
11	广益联募	广州市广益联合募捐发展中心
12	美团公益	北京三快云计算有限公司
13	滴滴公益	北京小桔科技有限公司
14	善源公益	北京善源公益基金会（中国银行发起成立）
15	融e购公益	中国工商银行股份有限公司
16	水滴公益	北京水滴互保科技有限公司
17	苏宁公益	江苏苏宁易购电子商务有限公司
18	帮帮公益	中华思源工程扶贫基金会
19	易宝公益	易宝支付有限公司
20	中国社会扶贫网	社会扶贫网科技有限公司（国务院扶贫办指导）

2018年底，《民政部职能配置、内设机构和人员编制规定》印发。根据规定，民政部新成立了慈善事业促进和社会工作司。慈善社工司设立以来，紧抓《慈善法》及其配套政策的落实，将加强对互联网募捐的监管、指导督促互联网个人大病求助平台加强自律、促进全国慈善信息平台建设等作为重点工作持续推进。

除此之外，我国还颁布施行了一批非专门性配套法律规范性文件，如《网络安全法》《互联网信息服务管理办法》《互联网用户账号名称管理规定》《非金融机构支付管理办法》《社会团体登记管理条例》《基金会管理条例》《慈善组织信息公开办法》《民办非企业单位管理暂行条例》《慈善组织认定办法》等，从侧面对于互联网慈善事业的规范发展发挥着重要作用。如针对互联网公募平台乱象，2018年12月，民政部发布《公开募捐违法案件管辖规定（试行）》，对于具有公募资格的慈善组织、不具有公募资格的慈善组织和其他社会组织、社会组织以外的组织和个人三类违法主体作出规制，并针对社会组织以外的组织或者个人通过互联网开展公募活动的，规定了政府部门的地域管辖的确定原则。

2018 年，民政部联合多部委印发《关于对慈善捐赠领域相关主体实施守信联合激励和失信联合惩戒的合作备忘录》，明确将从国民经济、市场监管等多个领域对慈善捐赠的有关主体进行联合激励和惩戒。该备忘录印发以来，成效卓著，截至 2018 年底，全国先后将 58 个慈善组织列入守信红名单，将 8 个慈善组织列入失信黑（灰）名单。同时，通过各级民政部门与其他部门联动，有力遏制了假慈善，使其"一处失信，处处受限"，为慈善事业包括互联网慈善募捐的健康发展创造更加良好的政策环境。

（二）实践领域的现状

对数字公益在实践领域的现状描绘，主要通过 2021 年和 2023 年（部分数据为 2022 年）中国数字公益调查报告的数据对照来呈现。

1. 数字化需求

2021 年的调查表明，66% 的公益组织负责人表示对于数字化有迫切需求，其中 38% 表示非常迫切（见图 1）。

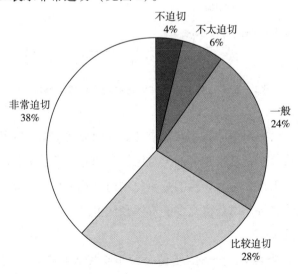

图 1　公益组织负责人对于数字化迫切程度的看法

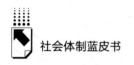

2023 年的调查表明，超过九成的受访公益组织在目前的工作开展过程中希望得到数字化产品/服务/工具的帮助，仅 4% 的受访公益组织表示目前暂无工作场景存在数字化需求（见图 2）。

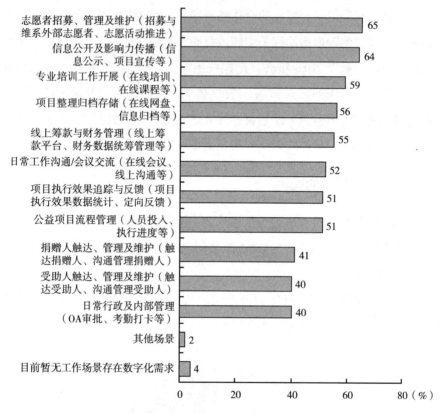

图 2　受访公益组织工作场景的数字化需求情况

由此可见，公益组织的数字化需求还是有明显增加的。究其原因，一方面受三年的疫情影响，越来越多的公益组织意识到公益数字化的重要性；另一方面则是公众工作和生活场景的数字化倒逼公益组织通过公益数字化与主流社会建立新的链接，以获得更多的资源和认可。

2. 数字化投入

2021 年的调查表明，66% 的受访公益组织投入数字化的资金占募资总额的 1% 以下，其中没有投入的约占 19%（见图 3）。

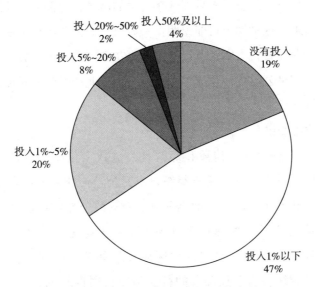

图3　公益组织数字化投入金额在募资总额占比情况

2022 年的调查表明，超七成公益组织对投入数字化预算热情不高。32%的公益组织基本没有预算，36%的公益组织对数字化的投入低于总体预算的3%。

2023 年的调查，也进一步表明公益组织在数字化投入行动上明显不高，约有 32%的公益组织表示过去一年并未在数字化上有投入（见图4）。

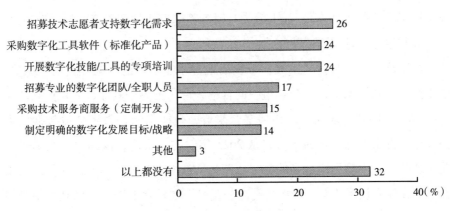

图4　受访公益组织过去一年数字化投入情况

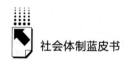

这表明，公益组织虽然有发展数字公益的需求，但部分公益组织并未在行动中体现出来，这种情况可能说明：一方面，对公益组织来说，数字化还不是刚需或者存在替代方案，所以机构不愿花太多财力投入数字化建设；另一方面，则可能是公益数字化更多应该以一个行业产品的方式提供，单靠某家机构很难承担开发的成本。

3. 数字化的场景

2022年的调查表明，传播和筹款是公益数字化的热点环节，在数年发展的过程中，社会公众及慈善组织自身对公益传播和公益筹款数字化的接受度较高，普及率也较大。数据显示，88%的公益组织已开通社交媒体账号，如微信公众号、短视频账号等，85%已实现互联网平台筹款。不过，在"解决社会问题"等"深水区环节"如项目管理，公益数字化的发展速度明显减缓。由于该环节的行业和项目属性较强，个性化程度高、研发难度大，市面上很难找到符合要求的产品，限制了项目环节的数字化程度，但同时公益组织对于项目环节的数字化需求较高，还存在较大未被满足的功能缺口。

不过，从未来计划来看，公益组织对利用数字化在深度解决社会问题方面有明显的期待。在2023年，研究团队对公益组织的具体数字化需求进行了调查，结果表明受访公益组织对于数字化需求较大的三大工作场景分别是志愿者招募、管理及维护（65%），信息公开及影响力传播（64%）以及专业培训工作开展（59%），线上筹款与财务管理反倒排到了第五位（55%）。

4. 数字化工具/手段/平台

数字化是需要具体的工具、手段或平台才能实现的。调查表明，免费、通用型、基础性工具仍是公益组织的首选，占比远高于其他数字化产品。比如，2022年的调查表明，从传播平台来看，微博仍然是数字公益传播的主要渠道，占据全部声量的65%；从2023年的调查来看，沟通类工具是目前受访公益组织中使用率最高的数字化工具。71%的受访公益组织在使用腾讯会议等在线会议类工具，63%的受访公益组织在日常工作中会用到微信等即时通信类工具（见图5）。

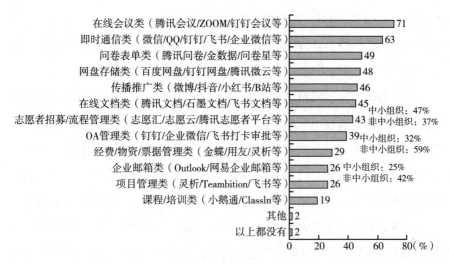

图 5　受访公益组织当前使用数字化工具/服务类型

因此，免费、通用型、基础性的在线会议类和即时通信类数字化工具在公益组织中的使用范围不断扩大，使用基数不断增长。除此之外，不同公益组织所处的数字化阶段不同，有些数字化程度高的公益组织在标准化工具之外寻求定制化工具的开发和使用。

三　数字公益发展的问题及原因分析

（一）组织层面的问题及原因

1. 用不上：没有需求或需求得不到满足

第一，部分公益组织（尤其是小规模的组织）对数字化并没有迫切的需求。现有的免费工具（如微信、腾讯会议、腾讯 99 公益平台等）已经可以满足其日常工作需要，因而并没有进一步做数字化投入的意愿。正如2021 年调查数据所显示的那样，当前公益数字化在行业内尚未得到广泛验证和推广，围绕公益数字化的必要性和有效性，不同公益组织之间存在认知差异。针对公益数字化的途径和手段，当前行业内部也并未形成有效共识，因此部分公益组织仍然处于观望状态，对数字化成本投入持保留态度。相关调查表明，66%的公益组织在数字化方面投入的资金不足其总募集资金的1%，由此可见行业整体缺乏公益数字化投入的信心和力度。

第二，部分公益组织虽然有对数字公益产品的需求，而且也有一定的支付能力，但是现有的数字公益产品难以满足其个性化的发展需求，因而也会出现"用不上"的现象。比如，某公益基金会在多年之前就希望能够帮助公益机构实现办公信息化、自动化的愿望，但一直没有很好地发展起来，其中一个重要原因就是不同的机构个性化太强，同一套系统不能很好地兼顾各自需求，而满足个性化需求的系统开发成本又太高。2021年的相关调查表明，约有30%的公益组织使用公益提供者提供的产品或服务。然而，由于公共服务有其特殊应用情景和强烈的个性化产品需求，专门为公益组织提供的数字产品在商业市场往往难以推广，由此导致供应商缺乏开发公益组织数字产品的动机。越来越多的机构认为"市场上没有符合需求的工具"，在使用公益数字化产品的机构中，61%的仍然认为基本不适用或只有部分功能适用（见图6）。

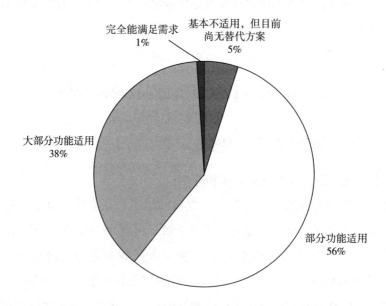

图6 公益组织使用公益数字化供应商产品的满意度

2. 用不起：独立开发和维护系统的成本太高

对那些管理线条很多、沟通对象较广的公益组织来讲，拥有一套个性化的信息管理系统是非常必要的。比如，一些公益组织不仅拥有大量志愿者而且还需要进行供需匹配和档案管理，一些公益组织募捐大量款物并将其递送到被帮助者手中（比如，壹基金的温暖包、中国乡村发展基金会的爱心包裹等），都需要一个系统进行统一管理，还有一些平台型公益组织对接着全国各省市的几十上百家草根组织（如义仓网络中的一线社工组织、北京新起点基金会帮扶的"金种子"），也是需要一个有效的系统来进行管理和服务的。

对于一些规模较大的机构（如全国性的公益组织）而言，请专业机构设计和运维一套信息系统是可以承担的，但对那些中小型机构而言，尤其是面向社区做志愿服务的机构，信息系统建设的成本是它们难以支付的。完善的信息系统的缺乏体现在公益组织所面临的数据困境中，调查发现，40%的公益组织没有制定统一的数据收集和存储标准，87%的公益组织只能管理部分数据，公益组织内部数据切割和数据孤岛的现象比比皆是，而支付不了信息系统建设的成本是导致这一问题的重要原因（见图7）。

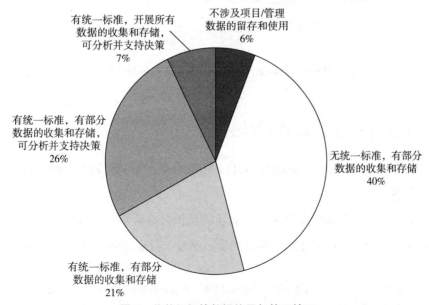

图 7　公益组织的数据使用与管理情况

3. 不会用：缺乏利用数字化提升组织能力的思路和方案

数字赋能公益，需要掌握数字化和公益事业两个专业的特点并进行融合，而这就对公益组织（尤其是负责人）的跨界专业能力提出了挑战。虽然 2022 年底我国社会组织数量已经达到 90 万家，但真正专业能力较强的组织所占比例并不高。在许多组织对自身专业发展都缺乏深度把握的情况下，就更谈不上利用数字技术来赋能了。2021 年的调查发现，尽管近 70% 的公益组织负责人渴望提高机构的数字化程度，但其中 46.8% 的人表示缺乏数字化规划，面对如何将数字化建设融入机构的发展规划中这一问题，他们束手无策（见图 8）。

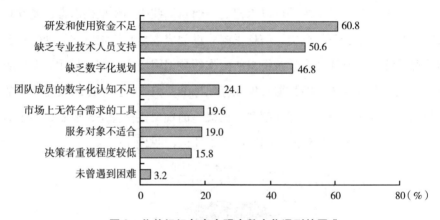

图 8　公益组织负责人眼中数字化遇到的困难

（二）行业生态层面的问题及原因

数字赋能公益，不能仅仅依靠公益组织自身，还需要较为完整的行业生态的支撑。[①]

首先，公益行业中需要有一定数量的提供公益数字化服务的供应商，以便满足公益组织对数字化的个性化需求。不过，截至 2019 年底，虽然我国的

---

① 林卡、李波：《互联网慈善平台运作的多重效应及其对慈善生态的影响》，《浙江社会科学》2021 年第 2 期。

社会组织达到了86.63万家，其中社会服务机构48万家、基金会约8000多家，而在行业中能够提供公益数字产品的供应商却只有10多家（见图9）。

图9 公益数字化产品分布

其次，数字公益的发展，需要行业中一些资助方（如基金会）的支持和推动，为其提供一些公共产品和基础设施。不过，目前国内仅不到5家资助型基金会将公益数字化作为重要的资助方向，大多数资助方都没有表露出明确的扶持数字赋能公益发展的信号。

最后，数字公益的发展，还离不开行业标准和行业协作机制的建立。一方面，从枢纽型社会组织来看，不少机构对数字赋能公益要么不予重视，要么一知半解，难以承担起制定公益事业数字化行业标准和构建协作机制的重要工作；另一方面，那些有心推动公益行业数字化的资助机构，目前尚处于探索阶段，还没有与公益机构建立广泛的和数字化相关的联系，也难以承担起建立行业标准和协同机制的重任。

（三）政策层面的问题及原因

法律政策对数字赋能公益也有重要的牵引和规范作用。尽管相关的法律法规和政策文件已经开始关注到数字赋能公益的重要意义，但整体还比较粗糙，具体体现为以下几个方面。

1. 个人网络求助相关法律法规不健全

第一，个人求助与公开募捐的法律界限不明。个人求助与公开募捐之间的模糊区别为法律监管留下了空白地带。具体来看，依据《慈善法》第 22 条规定，慈善组织开展公募活动必须取得公募资格，但现实生活中不具有公募资格的组织或者个人可以与具有公募资格的慈善组织合作以进行公募活动，只是应由具有公募资格的慈善组织执行并管理善款。据此，个人若不凭借具有公募资格的组织而进行公开募捐活动即违法。但是"公开"如何界定？与公募项目一样，个人求助也可以通过腾讯公益、轻松筹等民政部指定的公开募捐信息发布平台发布信息，虽然是通过微博、朋友圈转发这样面向熟人社会关系的形式，但网络具有传播力极强、受众范围广的特点，随着过程的推进可以逐渐接近不特定公众，这是否实质上相当于公开募捐？

第二，确认个人求助信息真实性的法律责任归属不合理。实践中，个人求助的发起人只要在平台上提交申请，通过审核后就可以在平台上发布募捐信息，而"水滴筹"等平台会发表信息真实性由发起人负责、与平台无关的免责声明，其法律依据是《公开募捐平台服务管理办法》第 10 条，依据该条规定，如个人为解决自己或家庭困难而发起网络求助，信息发布平台应向公众进行风险防范提示，告知公众该信息为个人求助信息，而非慈善公募信息，由发布者个人对信息的真实性负责。推荐性行业标准《基本管理规范》也对此作出了相同的规定。网络服务提供者虽是沟通求助者与潜在的公众捐赠人之间达成慈善捐赠关系的渠道和平台，但法律是否可以仅凭个人求助不属于公开募捐就排除了平台对于核查求助信息是否真实的责任，这一点有待商榷，且这种现状显著加大了捐助人进行慈善活动的风险，可能会降低其慈善热情。

第三，对个人求助骗捐诈捐的处罚缺乏法律依据。《慈善法》的规制范围并不包括个人求助，因此有学者主张个人求助需要依靠民事（违反赠与契约约定）、刑事（对诈骗、非法集资等行为处以刑罚）等其他部门法律来规制。但在《合同法》中，赠与合同属于民事合同的一类，而伴随个人求助所建立起来的多对一的捐赠关系，属于公益资源的聚集和再分配过程，超越了传统民事领域的意思自治，显然不能完全属于民事赠与合同的范畴。另外，如果个人求助出现了骗捐诈捐现象，需要怎样的情节或者善款数额才能达到入罪标准？这些问题在目前的法律规范里尚属空白。

2.互联网慈善募捐平台的法律定位不清晰

第一，对互联网慈善募捐平台的主体资格在法律中尚未有明确规定。根据《慈善法》及《公开募捐平台服务管理办法》，公募平台服务是指网络服务提供者为慈善组织开展公募活动或者发布公募信息提供的平台服务，慈善平台应当符合《广播电视管理条例》《出版管理条例》《电信条例》《互联网信息服务管理办法》等规定条件，并且根据优中选优的原则，依法由民政部门指定。但以上条件只是网络运营商的一般性资格准入的规定，并没有针对互联网慈善募捐平台做出专门的细节性调整。互联网慈善募捐平台的主体资格标准未明确，就容易导致平台管理组织构建、技术运作、权利义务等问题缺乏相应的政策和法律规制，比如对互联网平台应该具备何种资质才可以从事网络慈善活动、平台对发布人及其信息有何审查义务、若未尽职尽责会引发怎样的法律责任等问题，都需要进一步研究。

第二，对互联网慈善募捐平台的权利、义务及责任在法律中缺乏明确规定。《慈善法》第27条规定了互联网慈善募捐平台有义务对利用其平台开展公募的慈善组织的登记证书、公开募捐资格证书进行验证，并规定了相应的未履行验证义务的处罚措施，但是对于出现虚假信息的责任，《慈善法》没有提及。在《公开募捐平台服务管理办法》中，规定了公募平台的资格查验、签订协议、信息披露、记录保存、配合调查等一系列义务，但关于个人求助，该办法第10条只规定平台应当在显著位置向公众进行风险防范提示，告知其信息不属于慈善公开募捐信息，真实性由信息发布者个人负责。这就相当于从法律上免除了网络慈善平台的信息真实性保证义务。此外，对于未被民政部门指定的具有公募资格的网络平台，其进行网络慈善活动的权利、义务与法律责任，更是缺乏相关法律规制。由此可见，当前法律法规对于互联网公募平台的监管存在短板，存在权责不清的模糊领域，在这种情况下，个人求助这类监管盲区极易成为骗捐诈捐发生的温床。

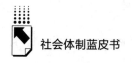
四 关于数字公益发展的建议

第一，提升公益组织合规、科学利用数字平台和技术的能力。首先，通过线上线下培训、相关材料转发等方式，切实提升公益组织对互联网公益行为规范性的重视程度，帮助其了解互联网公益相关的法律法规，避免在公益数字化过程中发生违法违规行为。其次，提升公益组织合理看待自身数字化需求、综合考察当前机构的生命周期和资源条件、科学利用数字化工具的能力，切忌没有明确问题导向地推动公益组织进行盲目数字化。再次，政府或相关基金会可以推动公益行业数字化的基础设施建设，比如服务器租赁补贴、统一共享的信息平台建设等，切实解决公益组织信息化、数字化经费短缺的难题。最后，要拓展公益组织利用数字化产品的眼界和思路。通过开展公益数字化产品展交会、公益数字化优秀案例路演、公益数字化前沿培训、个性化产品设计咨询等方式，切实提升公益组织（尤其是负责人）的信息化素养，拓展其利用数字手段解决问题的思路和眼界。

第二，促进行业中个性化产品出台、数字公益资助方发展和行业标准的建设。首先，通过政府补贴或基金会支持等方式，扶持一批数字公益产品供应商的发展，培养一批既懂社会公益又懂信息化、数字化的跨界人才。其次，加强行业内组织之间的交流互动，通过线上线下数字公益论坛、沙龙等方式交流使用数字化工具或产品的经验，推广优秀的数字公益产品和供应商。最后，加强数字产品品牌建设，制定行业标准，强化契约意识，促进行业内部各主体之间的有序互动。

第三，加快完善以个人求助和互联网平台为重点的法律政策体系。首先，要完善个人求助方面的法律法规。从法律上应当将"个人网络求助"和"个人公开募捐"两个行为进行明确区分，加强募捐平台对信息真实性的合理责任承担，建立多渠道的监督渠道、多元参与的监督协商机制，对个人求助诈捐骗捐行为的性质以及不同性质的惩罚方式予以明确。其次，要完善互联网慈善募捐平台的法律法规。要对互联网慈善募捐平台的主体资格从政策上进行清晰界定，尤其是补充完善慈善部分的资质；要对互联网慈善募捐平台的权利地位做清晰界定，比如平台是否可以收取管理费、比例应当是多少等；不断完善互联网慈善募捐相关利益链的治理体制，重点从法律层面对制作提供假材料、假证明等黑色制假贩假商业链进行严厉打击。

参考文献

吴磊：《数字化赋能第三次分配：应用逻辑、议题界定与优化机制》，《社会科学》2022 年第 8 期。

王丽荣：《公益慈善何以更透明——基于区块链的数字证书认证策略》，《兰州学刊》2020 年第 4 期。

崔军、颜梦洁：《区块链赋能慈善捐赠协同治理的框架与应用》，《学术探索》2022年第 10 期。

侯百谦：《互联网慈善募捐中的慈善组织合作研究》，《学习与实践》2022 年第8 期。

林卡、李波：《互联网慈善平台运作的多重效应及其对慈善生态的影响》，《浙江社会科学》2021 年第 2 期。

公共安全与应急管理篇
Public Safety and Contingency Management

B.18
2022年中国风险治理回顾和展望

詹承豫*

摘　要： 2022 年，中国风险治理取得积极进展。制度层面，围绕农产品质量安全、自然灾害防治、电信网络诈骗、道路交通等领域制定和修订了相关法律法规；实践层面，全国自然灾害综合风险普查成果进入应用阶段、危险化学品安全风险集中治理稳步推进、疫情防控取得重大决定性胜利、新时代"枫桥经验"助推更高水平的平安中国建设；理论层面，聚焦治理理念、对象、流程、风险防范化解策略等学术研究主题。未来，在国际国内各类风险挑战相互交织、相互作用情境下，要坚持以总体国家安全观为引领，推进国家安全体系和能力现代化，进一步完善风险治理体系，在更高层面统筹发展和安全，科学有效应对各类极端风险挑战。

---

* 詹承豫，北京航空航天大学公共管理学院副院长、教授、博士生导师，主要研究方向为应急管理、风险治理、统筹发展和安全等。

关键词： 风险治理　制度建设　国家安全体系　中国式现代化

2022年，中国风险治理工作坚持稳中求进，在制度建设、实践探索、理论创新方面都取得显著进展和突破。一是风险治理制度建设成果显著，陆续修订或制定了相关法律法规和政策规划；二是风险治理实践成绩斐然，全国自然灾害综合风险普查成果应用、危险化学品安全风险集中治理、坚持和发展新时代"枫桥经验"、城市综合风险治理等阶段性任务顺利推进，取得了统筹疫情防控和经济社会发展的重大积极成果；三是理论创新取得积极进展。面向未来，需要以总体国家安全观为引领，推进国家安全体系和能力现代化，进一步完善风险治理体系，在更高层面统筹发展和安全，科学有效应对各类极端风险挑战。

一　风险治理制度建设取得新进展

2022年，我国高度重视风险治理的相关制度建设，并取得诸多新进展。以"风险治理""国家安全""突发事件""应急管理"为关键词，在北大法宝数据库中对政策文件进行检索，阅读并筛选后共得到6项法律、22项行政法规、526项部门规章。通过内容统计，可以看到"安全生产"仍是重点，新冠疫情推动了"疫情防控""公共卫生"相关领域政策制定，"3·21"东航 MU5735 航空器飞行事故在一定程度上推动了"交通运输安全"相关领域政策制定，此外"金融风险""技术安全""风险排查""自然灾害"等领域文件也较多，涉及领域如图1所示。

1. 修订和制定相关法律法规

2022年，我国风险治理相关法律法规体系建设进展显著，围绕农产品质量安全、电信网络诈骗、保护妇女权益、黄河保护、预备役人员、灾害防治、道路运输等重点领域修订和制定法律法规，详见表1。

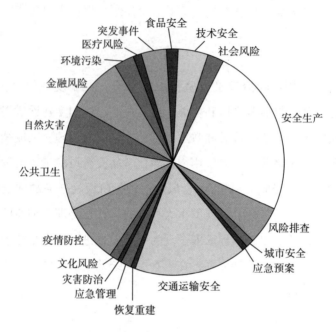

图1　2022年中国风险治理相关文件涉及领域统计（笔者自制）

表1　2022年中国风险治理相关法律法规

时间	名称	主要内容
2022年9月	中华人民共和国农产品质量安全法	保障农产品质量安全,维护公众健康,促进农业和农村经济发展
2022年9月	中华人民共和国反电信网络诈骗法	预防、遏制和惩治电信网络诈骗活动,加强反电信网络诈骗工作,保护公民和组织的合法权益,维护社会稳定和国家安全
2022年10月	中华人民共和国妇女权益保障法	为了保障妇女的合法权益、促进男女平等和妇女全面发展、充分发挥妇女在全面建设社会主义现代化国家中的作用、弘扬社会主义核心价值观,根据宪法,制定本法
2022年10月	中华人民共和国黄河保护法	加强黄河流域生态环境保护,保障黄河安澜,推进水资源节约集约利用,推动高质量发展,保护传承弘扬黄河文化,实现人与自然和谐共生、中华民族永续发展

续表

时间	名称	主要内容
2022年12月	中华人民共和国预备役人员法	健全预备役人员制度,规范预备役人员管理,维护预备役人员合法权益,保障预备役人员有效履行职责使命,加强国防力量建设
2022年7月	中华人民共和国自然灾害防治法(征求意见稿)	加快推进自然灾害防治体系和防治能力现代化,最大限度减少灾害损失,切实保障人民群众生命财产安全
2022年3月	中华人民共和国道路运输条例(2022年修订)	维护道路运输市场秩序,保障道路运输安全,保护道路运输有关各方当事人的合法权益,促进道路运输业的健康发展

2. 相关政策规划回顾

2022年,我国风险治理相关政策规划进展显著,围绕应急管理标准化、防灾减灾、食品安全、应急物资保障等领域制定相关政策规划,详见表2。

表2　2022年中国风险治理相关政策规划

时间	名称	主要内容
2022年5月	"十四五"应急管理标准化发展计划	健全优化应急管理标准体系,加快推进急需短缺和重要标准制修订,强化标准宣贯实施和监督管理,加强标准化基础保障工作,加强地方、团体和企业标准化工作,加强应急管理标准化国际合作与交流
2022年6月	"十四五"国家综合防灾减灾规划	研判防灾减灾的现状和形势,从推进自然灾害防治体系现代化和自然灾害防治能力现代化部署了12项重点任务以及3项重点提升工程
2022年8月	食品安全标准与监测评估"十四五"规划	完善最严谨的食品安全标准体系;提升食品安全风险监测评估工作水平;实施国民营养计划,落实合理膳食行动;健全支撑与保障
2022年10月	"十四五"应急物资保障规划	明确了"十四五"时期应急物资保障体系建设5个方面主要任务和6个重点建设工程项目

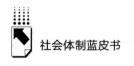
二 风险治理实践成效显著

2022 年，我国风险治理开展一系列创新实践，主要集中体现在自然灾害、公共卫生、安全生产、社会安全、城市安全风险综合治理等五个领域。

1. 自然灾害：全国自然灾害综合风险普查成果应用

第一次全国自然灾害综合风险普查成果已初步应用。在普查成果应用方面，国务院普查办出台普查成果应用指导意见和工作方案，按照"边普查、边应用、边见效"的原则，重点在提升灾害防治基础能力、应急管理能力，服务国家重大战略和社会综合治理等方面，指导各行业、各地区用好普查资料、软件系统平台和技术规范。在全面开展评估与区划工作方面，国务院普查办组织各有关部门和地方协同完成"一省一县""一省两市"评估与区划试点工作，验证技术规范和工作流程，培养锻炼地方评估与区划技术团队，为开展全国评估与区划工作打好基础。

2. 公共卫生：统筹疫情防控和经济社会发展

我国统筹疫情防控和经济社会发展取得重大积极成果。第一，我国有效应对了全球五波疫情冲击，有效处置了国内 100 多起聚集性疫情，重症、危重症比例从 2020 年的 16.47% 下降到 2022 年的 0.18%，中国人民生命安全和身体健康得到有效守护。第二，全力推动复工复产达产，畅通经济社会循环。2022 年落实分区分级精准防控，围绕复工复产所涉及的企业用工、资金、原材料供应等迫切需求，围绕重点产业链、龙头企业、重大投资项目有针对性地精准施策，打通堵点、连接断点，推动上下游、产供销、大中小企业协同复工复产达产。第三，充分发挥率先复工复产和产业门类齐全优势，积极组织重要生产生活物资出口，为世界抗击疫情和保障生产生活作出积极贡献。我国在应对疫情过程中发挥产业优势，成为抗疫物资最大供应国。2022 年，中国出口口罩额达 226.36 亿元、防护服额达 70.24 亿元、诊断检测试纸 702.91 亿元①，向全球累积提供疫苗 22 亿剂次，有力支援了各国特别是广大发展中国家抗疫行动。

3. 安全生产：危险化学品安全风险集中治理

我国中央和地方部门自 2022 年 1 月起，开展了为期一年的危险化学品安全风险集中治理工作。在国家部委层面，一是召开全国危险化学品安全风险集中治理视频推进会，安排全国危险化学品安全风险集中治理工作。二是印发《"十四五"危险化学品安全生产规划方案》，启动实施监测预警系统能力提升工程，进一步挖掘深度功能，全面提升系统综合应用水平。三是开展部分企业自查、市级交叉检查、省级抽查和部级督导核查，部署了危化品重大危险源企业安全专项检查。四是召开部党委会和部务会，审议《危险化学品生产建设项目安全风险防控指南（试行）》和《工贸行业安全生产专项整治"百日清零行动"工作方案》。五是派出 8 个工作组赴各地开展危化品重大危险源企业的部级督导核查。六是召开季度视频推进会，压茬推动重点任务落实落地，有效防控重大安全风险。在各地及各有关部门和单位层面，同步开展危险化学品安全风险集中治理工作，如北京市开展安全生产整治"百日行动"、河北省安委会印发《河北省危险化学品安全风险集中治理实施方案》、江苏省安委会印发《江苏省危险化学品安全风险集中治理实施方案》等。总体而言，危险化学品安全风险集中治理落地见效。

4. 社会安全：坚持和发展新时代"枫桥经验"

2022 年，坚持和发展新时代"枫桥经验"取得重要进展，主要表现在以下五个方面。第一，人民信访工作不断加强和改进。在政策法规的引领上，党中央、国务院于 2022 年 2 月发布《信访工作条例》；在基层信访工作机制常态化完善上，信访工作联席会议机制县级覆盖率近 80%；在人民信访工作实践创新上，安徽省实行"一人一专班"与"一事一方案"相结

---

① 数据来源：《根据国家海关总署官网公布的统计数据汇总》，http：//stats.customs.gov.cn/，2023 年 5 月 13 日。

合的工作办法，广东省构建省领导"双包双挂"的工作机制等。第二，基层治理平台不断完善。城乡社区治理体系不断健全，基层平台呈现管理网格化、服务精细化、支撑信息化的显著特点。第三，社会治安整体防控成效显著。在2022年全国公安机关夏季治安"百日行动"中，以家庭、感情、邻里、债务等纠纷为重点化解了矛盾纠纷273.5万余起，群众对该专项活动满意度达到97.72%①。第四，"枫桥经验"专题文献数据库正式启用。"枫桥经验"数据库收集、整理、归纳了"枫桥经验"相关的近万条历史资料数据，并将原始史料加工转化为可识别、可检索、可使用操作的数字化文档，为相关工作实践、学习宣传与学术科研等提供了数据与史料支撑。第五，新时代"枫桥经验"进一步数字标准化、精准化。2022年11月25日，新时代"枫桥经验"指数指标体系项目成果正式发布，该项目系统融合人工智能、大数据等技术工具构建了全流程实时监测、评估的指数监测平台，优化了新时代"枫桥经验"的应用场景，促进了新时代"枫桥经验"的坚持和发展。

5. 其他类型：城市安全风险综合治理

2022年，各地积极探索城市安全风险综合治理，全面提升城市安全风险发现、防范、化解、管控的智能化水平。第一，确定天津市、济宁市、彭州市、桂林市等12个城市（区）作为试点城市（区）开展基层应急预案建设。第二，建设风险综合监测预警平台，确定合肥、沈阳、南京等18个城市（区）作为国家城市安全风险综合监测预警平台建设试点，助力城市安全风险综合治理。第三，加快推进韧性城市建设，提升城市安全风险防范能力。多个城市因地制宜地持续推进韧性城市建设实践，如深圳市大力推进安全韧性城市建设，实施9项重点工程，计划3年内投入570余亿元，全面提升城市灾害防治能力，打造防灾减灾救灾"韧性城市"；如山东青岛市重点抓好"五个建设"，建设有青岛特色的"15分钟应急救援圈"，助力打造基层应急救援能力强的韧性城市。

---

① 《向人民报告！"百日行动"成绩单公布》，《人民公安报》2022年9月28日，第1版。

三 理论创新取得积极进展

2022年，无论是在十九届中央政治局第三十六次集体学习，还是参加十三届全国人大五次会议内蒙古代表团审议，抑或是党的二十大报告等重大会议和场合，习近平总书记都针对应对重大风险挑战、切实维护国家安全、推动"双碳"工作、构建新安全格局等方面提出了新论断新要求。学术界围绕风险治理领域展开深入研究，形成了丰富成果。

1. 风险治理研究的焦点主题

在中国知网以"风险"为主题词检索，2022年相关文献数量高达10.51万篇，数量在近年来相关研究中处于高位（见图2）。

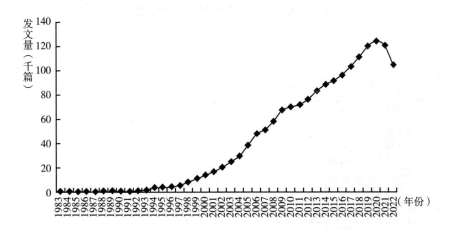

图2　以"风险"为主题词的文献发表年度趋势

资料来源：笔者自制，中国知网。

以CSSCI中文社会科学引文索引为来源的文章共1155篇。删除会议通知、传记资料、书评后得到文献文本1151篇。通过对相关文献文本信息的关键词进行处理，形成风险治理相关研究的主题可视化图，如图3所示。

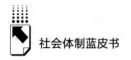

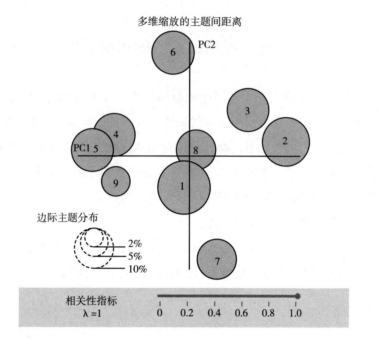

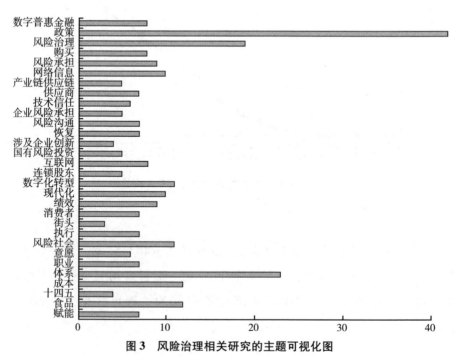

图3 风险治理相关研究的主题可视化图

基于主题建模的结果，对不同主题下的一系列关键词进行归纳总结，概括出该主题的名称，形成 2022 年风险治理领域的主题词表，见表 3。

表 3　LDA 主题建模结果

主题	主题名称	关键词	主题强度
1	理论研究	政策　中国　理论　基础研究　体系　制度　重大突发事件　共治　主体　机制	0.167
2	技术安全	风险社会　风险感知　监测　复杂性　网络　大数据　人工智能　模型　赋能　治理	0.149
3	治理能力	数字化转型　优化　技术信任　数字政府　债务视角　结构　公众　公开　范式	0.117
4	企业风险	股权　期货　企业财务　高管　薪酬　广告　质押职业　控股　规模	0.114
5	金融风险	税收征管　数字　普惠金融　遵从　行业　创新可持续　上市公司　去杠杆　十四五	0.109
6	风险沟通	沟通　网络　建设　平台　风险参量　承担　媒体信任　意愿　效应	0.106
7	供应链风险	供应链　供应商　商品　周期　投资　外资　民营增值　产业链　认证	0.098
8	政策执行	实践　执行者　传导　政策　模型　中国　目标框架　政策　制度	0.090
9	统筹发展和安全	现代化　创新　交通　双循环　发展　可持续　街头　空间　监管　数字中国	0.050

注：表 3 是主题和关键词分布，其中概率值的大小代表该主题词在相应主题中的重要程度。

从表 3 可以看出，理论研究、技术安全、治理能力、企业风险、金融风险是热门主题，其中主题 1（理论研究）强度最高，占比 16.70%，说明理论研究在当前的风险治理研究中占据主导。具体而言，其一，从理论研究中的具体关键词来看，在风险治理的相关理论研究中，强调健全国家安全体系，包含政策体系、国家应急管理体系等国家安全工作协调机制。同时，理论研究和政策执行两大主题在基于中国情景的大安全大应急框架下的政策执行、实践传导等方面关联度较强。其二，从技术安全主题中的具体关键词来看，在人工智能与大数据技术快速迭代的当今社会，数字依赖性和网络脆弱性风险在不断加强。一方面，新冠疫情背景下的线上办公需求激增直接加速了诸如人工智能、物联网、5G 通信等技术工具的数字化发展转型，同时技术工具有助于对风险的实时监测与态势感知；另一方面，新兴技术催生了网络犯罪等技术安全风险，造成的经济损失、社会危害等公共安全风险也越来越大。其三，从治理能力主题中的主题词来看，政府的数字化转型，有利于完善办事公开制度、拓宽基层各类群体有序参与的渠道、促进公众参与基层治理的便利化，使得基层民主得到积极发展、社会凝聚力得到较大增强、风险治理能力得到显著提升。

2. 风险治理研究的主要理论成果

2022 年，风险治理领域在治理理念、治理对象、治理流程、风险防范化解策略等方面取得一系列进展。在治理理念层面展现出战略化和法治化的重要理念更新。一方面，将安全问题由此前的行政管理层面上升为国家战略层面，将政府践行社会公共事务管理与提供社会公共服务的职能问题上升为维护国家稳定发展、保障社会长治久安的国家战略谋划[①]，将安全视为中国发展的一项头等大事，持续推进理念战略化。另一方面，通过完善法律体系和法律制度，合理配置行政应急权，建立动态调整机制，进一步探讨通过法治化使得治理理念在自由裁量和严格规制之间达到平衡[②]。

风险治理对象的研究则更加聚焦于技术安全、数字化、金融风险等重点领域。形成了在风险社会与数字时代的双重背景下，由被动适应向自主变革过渡的逻辑框架，构建了技术赋能与互动调适的创新模式[③]；提出了完善规范化的信息技术应用管理制度，指出了数字化技术能够增强对风险要素的感知、检测和研判能力[④]；明晰了经济下行时期，风险传染效应对经济冲击的

---

① 钟开斌、薛澜：《以理念现代化引领体系和能力现代化：对党的十八大以来中国应急管理事业发展的一个理论阐释》，《管理世界》2022 年第 8 期，第 11~25+66+26 页。

② 梁晨：《突发公共卫生事件防控法治化：理念、问题与路径》，《湘潭大学学报》（哲学社会科学版）2022 年第 1 期，第 98~103 页。

③ 郁建兴、陈韶晖：《从技术赋能到系统重塑：数字时代的应急管理体制机制创新》，《浙江社会科学》2022 年第 5 期，第 66~75+157 页。

④ 张铮、李政华：《中国特色应急管理制度体系构建：现实基础、存在问题与发展策略》，《管理世界》2022 年第 1 期，第 138~144 页。

催化作用将对我国金融体系带来的诸多挑战，提出了通过风险抑制策略与经营风险管理策略来有效应对金融风险①。

风险治理流程相关研究集中在主张以阶段性联动为导向和以系统性治理为导向两个方面。一方面，重大突发事件具有事前、事中、事后三个过程的显著阶段特征②；风险演进普遍发生于特定的情境中，自 1949 年新中国成立至今，中国以结构优化为中心先后形成了三代应急管理体系并走向了第四代应急管理体系③。另一方面，风险治理的各个流程是辩证的动态平衡、是有机互动的完整系统④。

在风险防范化解方面，研究者从时间累积和空间传导两个维度构建潜在风险的科学预判、态势分析与防范化解模型。在时间观测维度，为及时和高效地应对动态的风险，探讨了治理体系运行的全生命周期监控机制⑤。在空间场域维度，由于基层社会中的政策执行面对的是利益分化的多元主体，因此需要提升内部利益主体的共识度及外部监督的覆盖度⑥；由于开放的空间系统更容易实现对系统结构和要素构成的主动调整，因此强调动态调整系统边界，通过主动构建跨区域、跨层级、跨领域的开放系统来提升统筹发展和安全的开放韧性⑦，进一步实现对风险的防范化解。

---

① 谭智佳、张启路、朱武祥等：《从金融向实体：流动性风险的微观传染机制与防范手段——基于中小企业融资担保行业的多案例研究》，《管理世界》2022 年第 3 期，第 35~59 页。

② 任慧颖：《应急志愿服务的多主体—全过程联动研究——基于公共危机协同治理理论的视角》，《理论学刊》2022 年第 1 期，第 152~160 页。

③ 张海波：《中国第四代应急管理体系：逻辑与框架》，《中国行政管理》2022 年第 4 期，第 112~122 页。

④ 詹承豫、高叶、徐明婧：《系统韧性：一个统筹发展与安全的核心概念》，《广州大学学报》（社会科学版）2022 年第 4 期，第 17~32 页。

⑤ 陈琛、施国庆：《社会风险评估与治理的理论溯源与转型策略》，《南京社会科学》2022 年第 12 期，第 86~94 页。

⑥ 耿言虎、王少康：《折中治理：高风险约束情境下基层政府政策执行的策略研究——以 G 镇粉浆水治理为例》，《中国行政管理》2022 年第 4 期，第 63~71 页。

⑦ 詹承豫、高叶、徐明婧：《系统韧性：一个统筹发展与安全的核心概念》，《广州大学学报》（社会科学版）2022 年第 4 期，第 17~32 页。

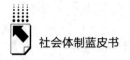

四　风险治理展望：推进国家安全体系和能力现代化

2023 年，全球政治态势受中美战略博弈、俄乌战争、台海风云、东北亚核导阴霾、全球供应链"链战"等多重冲击，国际系统的稳定性在未来将面临巨大的不确定性，整个系统的稳定变得相对脆弱，形成"政治—经济—军事—科技—能源—社会"复合型风险的可能性显著增加。为此，我们更需要保持更高的战略定力、着力推动高质量发展、建设更高水平的平安中国，推进国家安全体系和能力现代化，以中国式现代化全面引领中华民族伟大复兴。

第一，国际政治经济秩序面临大国博弈的不确定性冲击。一方面，中美关系正面临自 1972 年中美关系正常化进程开启以来最大的改变。拜登政府上任后的对华竞争政策既延续了特朗普政府的基本方向，同时更具针对性与系统化。在美国极力拉拢盟友的举措之下，大国关系逐渐展现出阵营化的趋势，西方国家在意识形态领域对中国进行污名化、在地缘政治领域对中国展开全面对抗的架势。另一方面，2023 年全球陷入经济灰暗前景的困境。其重要原因为新冠疫情后美联储采用量化宽松政策导致的高通胀以及为应对高通胀而采取的快速大幅加息，由于美元是全球最主要的结算货币和储备货币，因此产生的"潮汐效应"控制着全球资本、要素的流动，导致全球经济体都面临资金外逃、货币贬值等经济风险；同时美联储大幅加息将导致美元债券大幅下跌，引发美国银行业破产事件发生，并将传导至全球产生金融市场风险。

第二，在外部势力挑唆干预下，台海危机有进一步加剧的风险。台湾问题可能成为中国与包括美国在内的各国关系中最敏感、最重要的问题。一方面，某些不负责任的西方政客刻意用台湾问题刺激中国、试图挖"战略陷阱"，使台海成为中国与外部干涉势力发生大规模军事冲突的主要假想场景；另一方面，台湾问题是中国的核心利益，解决台湾问题是中国人自己的事，任何外国都无权干涉，中国不会因外部施压而在维护自身主权和领土完整问题上有任何退让。2022 年 8 月，美国时任议长南希·佩洛西不顾中方反对执意窜访台湾；2022 年 12 月美国国会通过《2023 财年国防授权法案》，授权向台湾提供合计约 120 亿美元的军事款项。基于上述背景，美台军事合作可能进一步升级，台海问题给中国带来的军事风险可能进一步增加。

第三，世界范围的军事风险仍然突出。一方面，难以在短期内解决的俄乌冲突严重冲击了当今世界政治经济秩序格局，虽然中国持续致力于劝和促谈、为政治解决乌克兰危机发挥建设性作用，但危机相关各方仍希望通过战场获得最大化的利益，导致风险不断累积并对当前及未来较长一段时间的世界范围内的风险形势产生重大影响。另一方面，美国持续推进印太战略、将乌克兰危机与地区安全形势挂钩，可能引发东北亚各国陷入军备竞赛、安全风险加剧的局面。具体而言，美日韩及其相关同盟军演在规模与频次上的升级、日韩部署波及中国的反导系统事件可能性增加、朝鲜进行新型洲际导弹发射与核试验的可能性增加等都对同为地区国家的中国产生直接的安全形势影响。

第四，全球供应链安全风险仍存在较大不确定性。全球供应链的战略逻辑正在发生从注重"效率"到注重"安全"的剧烈变化，2022 年 8 月 9 日美国总统拜登签署了《2022 年芯片与科学法案》，该法案整体涉及金额约 2800 亿美元，既吸引相关供应链上的企业赴美投资、激励美国本土科技创新，又试图在高科技领域对我国进行体系排异和生态孤立，体现出美国即使不惜违背国际产业分工和产业发展规律也要施行对华科技的遏制战略，满足其在短期内打压"竞争对手"的安全需求。美国在全球供应链与高科技领域充分利用意识形态分歧和安全话题，通过技术霸权来动员或要挟相关企业和盟友遵从其布局思路，对中国的芯片产业链实施断供脱钩方案，此类政策也可能持续延展到人工智能、清洁能源等科技领域。

第五，全球能源危机可能随着区域冲突进一步加剧。俄乌冲突及其引发的"能源危机"、货币信用危机等，使得能源交易方式、计价结算信用体系等发生质的变化，围绕能源短期、长期交易形成的金融衍生产品将更趋复杂，能源市场风险敞口或将进一步扩大。各类事件综合叠加为价格波动、供需矛盾激烈的能源行业持续带来新的风险，我国石油进口将面临成本上升、价格上涨的压力，并在产业链中向下游行业传导，有可能进一步推高国内物价水平。同时，在疫情、选情、恐情和美国等国外部干预的叠加影响下，中亚、非洲和拉美国家的政治局势动荡不安，可能波及我国现有的双边能源合作项目，从而对中国的石油供应造成影响。中国是对外能源依赖程度相对较高的国家，在当前多变的国际安全环境下，如何最大程度增强化解能源安全风险的能力，将是中国长期需要应对的挑战。

第六，重大突发事件的极端风险冲击仍然存在。一方面，在经历了新冠疫情大流行后，中国、美国和欧盟三大经济体经济下行风险逐渐变成现实。全球陷入经济困境，虽然商品和服务贸易出现了一定的复苏，但是短期内较难回到新冠疫情前水平。正如党的二十大报告所指出的，我国还有一系列长期积累及新出现的突出矛盾和问题亟待解决，经济结构性体制性矛盾突出，由此产生的经济失速现象也极易引发相关社会问题。另一方面，当前安全生产形势异常严峻复杂，但应对各种重大风险的能力还有待进一步增强，重大生产事故、火灾等与气候变化引发的自然灾害叠加，可能造成人民群众生命财产安全方面的重大损失。

在全面建设社会主义现代化国家开局起步的关键时期，我们需要直面新形势、新风险和新挑战。一方面，保持更高的战略定力，坚持国家利益为重、国内政治优先、发扬斗争精神、把握战略主动权；另一方面，在更高层面统筹发展和安全，着力推动高质量发展、建设更高水平的平安中国，以新安全格局保障新发展格局。

2022年社会治安综合治理改革进展与2023年展望

张　超*

摘　要： 深入推进社会治安综合治理、建设更高水平的平安中国不仅是保障民生的需要，更是在中国式现代化进程中实现高质量发展的必然要求。2022年在常态推进各项工作的基础上，社会治安综合治理呈现目标更加明确、主体更加多元、队伍更加过硬、特色更加鲜明、行动更加主动、运转更加高效等亮点。2023年将继续强化党的全面领导，加大国家安全保障和社会治安领域改革力度，强化基层综合治理力量，加快推进市域社会治理现代化，以社会治理现代化推动建设更高水平的平安中国。

关键词： 社会治安综合治理　更高水平平安中国　社会治理现代化

进入新时代，社会主要矛盾发生改变，人民群众对美好生活的向往日益多元，在基本生活需求满足的基础上，安全需求日益凸显。习近平总书记指出："平安是老百姓解决温饱后的第一需求，是极重要的民生，也是最基本的发展环境。"[1] 安全是民生的重要组成部分，平安中国建设是保障和提高民生水平的题中应有之义。现代化强国的建设需要高质量发展，而高质量发

---

* 张超，安徽省委党校（安徽行政学院）社会和生态文明教研部主任、教授，主要研究方向为社会治理和三农问题。

[1] 中共中央文献研究室编《习近平关于社会主义社会建设论述摘编》，中央文献出版社，2017，第148页。

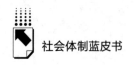

展的特征之一是更加安全的发展。因此，深入推进社会治安综合治理、建设平安中国不仅是保障民生的需要，更是在中国式现代化进程中实现高质量发展的必然要求。

一　2022年社会治安综合治理工作的挑战

2022年是"第二个百年"奋斗目标开启之年，在强国复兴的征程中，国内国际形势错综复杂，改革发展稳定任务繁重、风险与挑战并存前所未有，保障国家安全、社会稳定、人民安宁面临一系列新挑战新要求。

（一）经济下行压力较大影响社会预期

习近平总书记在2021年中央经济工作会议上就强调未来可能存在"供给冲击、需求收缩、预期转弱"的情况。供给冲击意味着生产成本上升；需求收缩意味着畅通国民经济循环受阻，企业无法进行再生产或扩大再生产；预期转弱意味着投资意愿降低，上述问题带来的最直接影响即企业收缩生产的可能性加大、就业压力增大。此外，增长速度放缓也会加大社会保障和社会救助压力，社会心理结构性分化会加剧社会风险。

（二）超预期冲击影响整体经济复苏

2022年初，我国经济高质量发展开局良好。但2022年2月爆发的俄乌冲突使中国经济产生新的变数，原油价格上涨、天然气供应受阻、油料作物减产均使我国本已生效的一揽子稳中求进的政策效用大打折扣。另外，中心枢纽城市深圳、北京、上海的疫情反复，全国多点散发的疫情使得本已逐步复苏的经济遭受重创，中小企业经营困难，金融领域以及类金融领域的房地产市场对经济拉动作用不足，居民对未来的预期再次减弱，保障性储蓄意愿增强，社会面出现一定程度的波动。

（三）重大活动举行对公共安全提出更高要求

2022年在常规社会治安治理行动的基础上，保障北京冬奥、冬残奥会等重大活动的如期举行，对维护国家政治安全、公共安全，将风险隐患防范在早、化解在小提出了更高要求。尤其是 2022 年 10 月召开党的二十大，对国家安全和社会稳定提出了更高要求。

二　2022年社会治安综合治理改革的主要亮点

（一）目标更加明确：维护国家总体安全

党的二十大报告将社会治理纳入国家安全模块之中，说明社会治安综合治理是国家安全的重要组成部分。社会治安综合治理就是通过强化社会治安整体防控，维护社会稳定，谋划推进更高水平的平安中国建设，确保国家安全。

1. 反恐维稳，确保国家政治安全

2022 年在对国内外形势深刻研判的基础上，深入推进严打暴恐专项行动，严格防范和严厉打击敌对势力的各种渗透、颠覆、破坏活动[1]，坚决维护国家政权、制度和意识形态安全。严格落实反恐和防恐措施，严防暴恐案件发生，坚决打击恐怖主义。

2. 防范风险，确保国家经济安全

在疫情防控关键时期，关注容易引发系统性风险的领域，敏锐洞察经济领域中的风险点，有效防范化解经济金融领域重大风险，切实维护经济安全。在河南部分村镇银行爆雷之后，在银保监会与地方政府开展风险处置工作的基础上，公安机关对村镇银行大股东涉嫌违法犯罪、利用第三方平台或通过资金捐客吸收公众资金的事实进行侦查立案。在"保交楼、防烂尾、稳预期"相关工作中，用好保交楼专项借款，防范重大风险，保持房地产市场平稳健康发展，推动经济运行保持在合理区间，稳住宏观经济大盘。

3. 打击犯罪，确保社会安定有序

2022 年共打掉涉黑组织 160 余个、恶势力犯罪集团 1520 余个，破获各

---

[1]　陈一新：《完善社会治理体系》，《人民日报》2023 年 1 月 11 日。

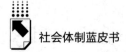
类刑事案件2万余起；依法严惩"沙霸""矿霸"违法犯罪，打掉涉及农村地区涉黑组织28个、恶势力犯罪集团229个。[①]；快查快处寻衅滋事、聚众斗殴等违法犯罪，依法审结涉黑涉恶案件3.9万件共26.1万人，"黑财"执行到位2461亿元。[②] 全国公安机关开展夏季治安打击整治"百日行动"，查获现行违法犯罪人员4.8万人，发现缉捕在逃人员2600余人，排查整改安全隐患20.5万处[③]。审结故意杀人、强奸、抢劫、绑架、纵火、爆炸等严重暴力犯罪案件23.8万件，审结毒品犯罪案件34.7万件共44.2万人[④]，人民群众安全感显著增强。

4. 完善制度，保护个人信息安全

我国陆续出台《网络安全法》《数据安全法》《个人信息保护法》《关键信息基础设施安全保护条例》《网络安全审查办法》《数据出境安全评估办法》等法律法规，国家互联网信息办公室对滴滴全球股份有限公司处人民币80.26亿元罚款，均表明国家不断加强对网络安全、数据安全、个人信息等的保护力度，避免企业泄露用户信息、不当利用用户信息，切实维护国家网络安全、数据安全和群众合法权益。

（二）主体更加多元：大力加强联防群治

1. 发挥党组织主体责任

通过压实党委领导责任、主要负责同志履行第一责任人责任，充分发挥党组织在基层的引领作用。将平安建设纳入日常工作，成立平安建设领导

---

① 《公安机关纵深推进常态化扫黑除恶斗争 打掉涉黑组织160余个、恶势力犯罪集团1520余个》，公安部网站，2023年2月27日，https：//www.mps.gov.cn/n2254314/n6409334/c8898448/content.html。

② 《最高人民法院工作报告》，求是网，2023年3月18日，http：//www.qstheory.cn/yaowen/2023-03/18/c_1129442032.htm。

③ 《为群众"守夜"为平安"站岗"全国公安机关开展夏夜治安巡查宣防集中统一行动 查获现行违法犯罪人员4.8万人，排查整改安全隐患20.5万处》，公安部网站，2022年7月25日，https：//www.mps.gov.cn/n2254314/n6409334/c8638107/content.html。

④ 《最高人民法院工作报告》，求是网，2023年3月18日，http：//www.qstheory.cn/yaowen/2023-03/18/c_1129442032.htm。

（协调）小组，全国有 23 个省（区、市）由党委书记担任组长统筹资源、协调工作，在医院、校园、乡村、工厂等领域开展一系列行业平安创建活动。

2. 加强社会面联动管控

最大限度把警力摆上街面、沉入社区，公安武警联勤武装巡逻、建立快速响应机制，采用"一村（格）一警""两队一室"等警务模式。在贴近社区开展行动、近距离服务社区的同时，最大限度把群众发动组织起来，实现群防群控，增强社会治安控制力。

3. 营造群防群治氛围

社会治安综合治理需要多主体参与，需要营造人人为我、我为人人群防群治的良好氛围。充分发挥人民群众主体作用、群众团体纽带作用、社会组织协同作用，推动人人争先参与社会综治。健全见义勇为权益保障制度机制，面对群众危难敢于见义勇为，形成崇尚、支持见义勇为的良好社会风尚。

（三）队伍更加过硬：不断推动自我革命

1. 开展教育整顿

把理想信念教育作为固本培元、凝心铸魂的战略工程来抓，解决"理想信念滑坡"问题。2022 年，在全国范围内加强对《中国共产党政法工作条例》贯彻落实情况的督查，以党的政治建设为统领深化巩固政法队伍教育整顿成果。将《反有组织犯罪法》纳入各级领导干部学法重点，以多种形式开展普法宣传。严肃查处孙力军政治团伙，以案警示，从政治上深化认识，切实优化政法机关政治生态。

2. 完善制度体系

完善选人用人监督制约和责任追究制度，对用人不当问题实行责任倒查。《最高人民法院关于审理涉执行司法赔偿案件适用法律若干问题的解释》于 2022 年 3 月 1 日实施，明确规定 11 种情况可申请司法赔偿。针对灵活变通、恶意规避、无视制度等问题，开展执法行为和司法案件质量抽查、考核和反向检查，严肃查纠。启动全国扫黑办特派督导工作，对重点地区、重点行业、重点线索开展精准督导。加大问责力度，健全执法司法责任追究、办案质量

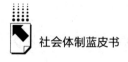

终身负责制、错案责任倒查问责机制和处罚机制。对领导干部和司法机关内部人员过问案件的，一律记录、全程留痕、定期通报、严肃追责。

3. 提高队伍水平

不断加强公安队伍法治化建设，深化人民警察管理和法官员额制度改革，提升其职业荣誉感和工作积极性，19个省出台辅警管理地方性法规。推动公安队伍专业化建设，持续推进全警实战大练兵，建立"情报、指挥、勤务、舆情"一体化实战化机制，应对复杂情况、驾驭复杂局面的实战能力得到有效提升。

（四）特色更加鲜明：坚持矛盾源头化解

构建治安防控体系，在源头提前介入是关键。2022年2月颁布的《信访工作条例》为强化源头治理、化解信访突出矛盾提供了更为有力的法治保障，推动地方创新方式方法，将矛盾纠纷化解在基层、化解在萌芽状态。

1. 培养法治思维

法治思维的培养必须找准落脚点，家庭是社会最基本的细胞，法治思维的培养体现在个体"衣食住行"等生活环节。安徽省宣城市实施"百千万法治家庭"培育工程，由点及面推进全民尊法学法守法用法，激活社会治理"最小细胞"，形成办事依法、遇事找法、解决问题用法、化解矛盾靠法的良好法治氛围。

2. 满足调解需要

坚持和发展新时代"枫桥经验"，关键在于近距离了解和满足群众的调解需要。挖掘群众力量，通过"百姓说事点""法律明白人"提供便捷、精准的公共服务。借助委员代表贴近群众的优势，建设"代表委员联络站"，帮助群众调解纠纷。打造矛盾纠纷联调化解的联动机制，推行"一街镇一法官""一庭两所""一村一辅警"。开通"车载便民法庭"和"云上共享法庭"，满足群众多元司法需求。

3. 善用网格力量

多地开展以网格为抓手的治理探索，就近发现问题、解决问题，建立问题解决的闭环，从源头化解社会治安隐患。福建漳州在全市2070个社区（村）推行"2+N"基层网格治理模式，福建三明市也开展动员"五员"进村（居）担任网格员活动。福建宁德增加2135名辅警作为综治网格员，增强综治力量。安徽宣城旌德县通过"多网合一"，实现了"全县一张网、人在网中走、事在网中办"；宁国市发动快递小哥、外卖小哥作为治安志愿者充实网格力量，就近便捷解决矛盾隐患。

（五）行动更加主动：持续增进人民福祉

1. 聚焦民生关切，开展综合治理

针对群众最关心的教育、住房、食品药品、网络安全、公共交通等问题开展一系列专项行动。整治教育培训市场，打击中小学培训、成人"心灵沟通"、"领导力培训"中的有害培训。妥善审理房地产纠纷案件460.4万件，助力保交楼、保民生、保稳定。针对河湖生态环境和资源保护、饮用水供水安全、食品安全、校园周边环境安全和公共安全案件开展公益诉讼。审结危害食品药品安全犯罪案件3万件[①]，维护了群众餐桌安全、用药安全。深入组织开展"断卡""断流""拔钉"等专项行动，持续严打电信网络诈骗犯罪。扎实抓好道路交通、地铁公交等公共安全风险隐患排查整治。

2. 聚焦重点人群，保护群众权益

广东省珠海市检察院办理了一批"保障农民工工资支付"的行政检察监督案件，助力农民工方便快捷讨薪。2022年4月，全国开展打击整治养老诈骗专项行动。半年内，排查发现涉诈问题隐患23169个，已整治完成22398个，全国共立案侦办养老诈骗刑事案件41090起、破案39294起，打掉犯罪团伙4735个，抓获犯罪嫌疑人6.6万余人，追回赃款308亿余元[②]，维护了老年人合法权益。安徽省亳州市将易受骗老人作为重点对象，综合运用各类媒体，

---

① 《最高人民法院工作报告》，求是网，2023年3月18日，http：//www.qstheory.cn/yaowen/2023-03/18/c_1129442032.htm。

② 《全国打击整治养老诈骗专项行动总结会召开》，https：//www.mca.gov.cn/article/xw/mtbd/202209/20220900044037.shtml，2022年9月27日。

深入揭批养老诈骗套路手法，帮助老年人提高识骗防骗意识和能力。在徐州"丰县生育八孩女子"事件后，各地深入开展打击拐卖妇女儿童犯罪专项行动，依法查处侵犯妇女儿童、精神残疾人、残疾人权益的行为。创新家事审判工作机制，通过《家庭教育责任告知书》为未成年人的父母开展正确的家庭教育提供明确指引，通过强制报告制度及时发现不法侵害，切实加大对未成年人的保护力度。通过家事回访促使丈夫回归家庭，助力妇女有效维权。

3. 聚焦重点领域，维护社会稳定

强化重点物品动态管控，严管枪支弹药、危爆物品等，着力消除安全隐患。聚焦审理医药、电信、建材、文化消费等领域垄断案件和侵犯商业秘密、恶意抢注商标、大数据权属交易、公共数据不正当竞争等案件，有效维护市场公平竞争。温州法院探索数据资源专业审判机制，北京、上海等法院对盗播北京冬奥会、世界杯赛事等行为作出禁令，依法促进数字经济健康发展。

（六）运转更加高效：加快要素系统集成

1. 消弭多部门之间"缝隙"

以社会治安防控体系建设为抓手，聚合多部门力量、多领域开展执法活动，推动多部门在项目立项、机制建设、经费保障等方面协同支持，解决社会纠纷、打击犯罪活动。河北省保定市人民检察院、市公安局联合成立侦查监督与协作配合办公室，强化"事前、事中、事后"立体监督，重点抓好重大疑难复杂案件的会商督办，着力解决涉及受立案、侦查取证、行刑衔接等方面的突出问题，形成了办案合力，提高了办案效率。2022年底，全国市县两级农业综合行政执法机构组建完成，执法范围涵盖种子、农药、兽药、饲料、农机、动植物检疫防疫、农产品质量安全、渔政等多个领域。2022年各级农业综合行政执法机构查办违法案件11.35万件，调处农业生产经营类纠纷6400余件，为农民群众挽回损失4.94亿元。[①]

---

① 《全国农业综合行政执法"稳粮保供"专项行动启动》，中国新闻网，2023年3月31日，https：//www.chinanews.com/gn/2023/03-31/9981854.shtml。

2. 提供专业化多层次的服务

在特殊行业领域引入专业人士协同开展司法行动或专项司法行动，推动专业性案件得到公平公正处理。成都武侯区推出医疗法庭，增强法院审理医疗纠纷案件的公信力。西湖区成立西湖景区旅游法庭，集中审理旅游纠纷、环境资源、涉茶产业知识产权纠纷以及其他民商事纠纷案件。贵州惠水县大数据法庭，集中管辖涉大数据产业方面的民商事案件。甘肃静宁县挂牌成立苹果产业巡回法庭，将司法服务延伸到产业链，切实解决果农、果商"急难愁盼"问题。四川省创新性建设天府中央法务区，为各类市场主体、企业及老百姓提供了从高级人民法院到基层人民法庭，从律师、公证到仲裁、司法鉴定等多层次、全链条的法律服务。

3. 推动科技赋能精准治理

针对涉诈风险，多地通过科技手段抓取信息，开展数据比对，通过实战经验丰富的团队对获取线索开展专业研判，通过实体运作、科技手段和大数据研判，找出涉诈高危人员以及潜在的涉诈人员，逐人清查、深挖扩线，找出涉诈团伙。重庆南岸区公安分局依托"反诈狙击手""南岸金钟罩"小程序预警推送数据，精准找到潜在受害对象，按照"低危、中危、高危、特危"分类处置，拓展"预警劝阻"路径，明确"通话—上门—阻断—止损"工作步骤，努力减小群众涉诈风险。

三 2023年社会治安综合治理改革展望

2023年1月，习近平总书记对政法工作作出重要指示，强调要坚持党对政法工作的绝对领导，全力履行维护国家政治安全、确保社会大局稳定、促进社会公平正义、保障人民安居乐业的职责使命。[①] 因此，2023年在强化党的全面领导背景下，社会治安综合治理将持续在防范风险、保障安全、维

[①] 《习近平对政法工作作出重要指示强调 坚持改革创新发扬斗争精神 奋力推进政法工作现代化》，新华网，2023年1月8日，http://www.news.cn/politics/leaders/2023-01/08/c_1129265068.htm。

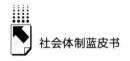

护稳定，深化改革、加强队伍、促进发展上出实招见实效，以新安全格局构建新发展格局，以高水平安全促高质量发展。

（一）继续强化党的全面领导

一是贯彻落实党内法规，确保党对政法工作的领导。坚决贯彻《中国共产党政法工作条例》，党中央组织领导平安中国建设工作，研究建设平安中国重大政策，协调解决重大问题。二是继续推进国家机构改革，确保党对社会工作的领导。新一轮机构改革方案提出，组建中央社会工作部，将党对社会工作的领导作为党组织的职能而非议事协调的一方力量。未来，从中央到地方明确社会工作部的职责与职能，厘清社会工作部与政法委、组织部以及政府相关职能部门之间的关系，做好各项社会工作的衔接，将成为强化党对社会治安综合治理工作绝对领导的重要内容。

（二）继续加大国家安全保障力度

一是建立健全政治安全风险研判、防范化解机制，坚决依法打击敌对势力渗透破坏活动，防控政治安全风险。二是健全社会心理服务体系和疏导机制、危机干预机制，严防发生个人极端暴力事件，推进扫黑除恶常态化，防控化解社会治安风险。三是加强重点行业、领域安全监管，坚决防范和遏制重特大事故发生，推动城乡公共安全监管执法和综合治理一体化，公共安全治理模式向事前预防转型，防控化解公共安全风险。四是健全网络综合治理体系，加强关键信息基础设施安全防护，依法打击侵犯公民隐私、窃取数据秘密等违法犯罪活动，防控化解网络安全风险。

（三）继续加大社会治安领域改革力度

一是加强源头治理。继续坚持和发展新时代"枫桥经验"，落实"三到位一处理"，解决信访积案，完善各类调解联动工作体系和衔接联动工作机制，推动建立"综合性""一站式"调解工作平台。二是加强依法治理。健全完善执法司法制约监督体系和责任体系、诉讼制度体系、政法公共服务体系，加大基层社会治理领域法律供给力度，加强对社会治安领域执法合法性的监督与审查，加大对法院判决决议的执行力度。三是加大系统治理力度。在工作机制方面，进一步强化区域联动、联防联动，优化"防管控打"综合治理机制。在工作内容方面，关注城乡结合风险高发区、流动人口聚集区和经济发展脆弱地区，聚焦高危险人群、弱势群体，综合性、常态化打击黄赌毒、食药环、盗抢骗等违法犯罪，有效治理新型网络犯罪、侵犯公民个人信息犯罪等。

（四）继续强化基层综合治理力量

一是推动主体多元。加强城乡社区综合警务工作，充实专职治安巡查、警务辅助、平安志愿服务等队伍，形成共建共治共享的格局。二是做强综治队伍。推动资源下沉，在人员编制、人员录用方面赋予基层更多的权力，在执法权力、执法资源等方面向基层倾斜，着力提升基层工作人员素质和能力，真正做到让基层有人办事、有权力办事、有能力办事。三是创新基层治理体系。构建"综治中心+网格化+信息化"基层社会治理体系，加大对基层五级综治平台的建设力度，通过人防加技防，夯实基层在风险预警、提前干预、矛盾化解、打击犯罪以及公共安全管理等方面的工作基础。

（五）继续加快推进市域社会治理现代化

在第一批次市域社会治理试点结束之后，谋划实施全新的试点工作方案，按照"五分法"推进分类指导。在试点工作成果的基础上，依靠现有的市域社会治理机制与平台，整合各方资源，形成权责明晰、高效联动、上下贯通的市域风险防控机制。将市域打造成撬动国家治理的战略支点、重大风险终结地、治理方式现代化的集成体。

B.20
2022年信访工作回顾和展望

胡颖廉　宫宇彤*

摘　要： 信访工作是党和政府了解民情、集中民智、维护民利、凝聚民心的重要工作，是实现社会治理体系和治理能力现代化的重要抓手。2022年，我国信访工作坚持稳中求进，取得了一系列突破性标志性成果，为服务经济发展、维护国家安全和社会稳定作出了重要贡献。一是第九次全国信访工作会议胜利召开，指明了新时代信访工作的前进方向；二是《信访工作条例》出台实施，阐释了新征程信访工作的道路遵循；三是全国信访形势持续平稳向好，呈现多样有效的地方信访工作改革模式。未来，随着我国信访体制和机构改革进程的不断深化，信访工作或将针对顶层设计、统筹管理及整体发展格局等维度持续赋能，使人民信访工作焕发勃勃生机。

关键词： 信访工作　《信访工作条例》　社会治理　行政体制改革

党的十八大以来，以习近平同志为核心的党中央围绕信访工作是什么、怎么看、怎么干的理论和实践问题提出一系列重要论断和决策部署，这是习近平新时代中国特色社会主义思想的重要组成部分，开创了新时代信访工作的新局面。2022年，我国信访工作坚持稳中求进总基调，在顶层设计、体制机制等方

---

* 胡颖廉，中共中央党校（国家行政学院）社会和生态文明教研部教授、博士生导师，主要研究方向为基层治理；宫宇彤，中共中央党校（国家行政学院）社会和生态文明教研部博士研究生，主要研究方向为基层治理。

面持续深耕，取得了一系列突破性标志性成果，展现了中国共产党的"人本"情怀，发挥了信访工作服务经济发展、维护国家安全和社会稳定的重要作用。

一 第九次全国信访工作会议胜利召开

（一）第九次全国信访工作会议的重大意义

2022年5月25~26日，第九次全国信访工作会议（以下简称"会议"）在北京召开，这是我国进入全面建设社会主义现代化国家、向第二个百年奋斗目标进军新征程的重要时刻，是在党的二十大胜利召开之际，党中央、国务院召开的一次十分重要的会议。习近平总书记等党和国家领导同志在人民大会堂亲切会见全国信访系统先进集体、先进个人代表及与会同志，体现了党中央对做好新时代信访工作的殷切期望。会议指明了新时代信访工作的前进方向，坚定了做好新时代信访工作的决心，明确了新时代信访工作重点任务和具体要求。

（二）会议要点

此次会议围绕当前工作形势和总体要求、高质量统筹全局同时突出重点工作、提升工作责任和态度三个层面展开，这三个层面包含从新形势到实践的要求，由"面"至"点"层层递进，体现党中央力争持续增强信访工作活力和提升信访工作能力水平的决心。

准确把握新时代我国信访工作形势和总体要求，履行好服务党和国家工作大局、维护群众合法权益、化解信访突出问题、促进社会和谐稳定的职责使命。[①] 一是要抓好政治建设，学深、悟透、做实习近平总书记关于加强和改进人民信访工作的重要指示精神。二是系统推进《信访工作条例》的实施，解决信

---

① 《国家信访局召开学习贯彻第九次全国信访工作会议精神视频部署会》，国家信访局门户网站，www.gjxfj.gov.cn，2022年6月2日。

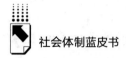

访突出问题，防范化解风险，助力更高水平的平安中国建设。三是要不断拓展改革成果，把信访制度优势转化为社会治理效能。四是要筑牢信访工作基层基础，夯实信访工作发展根基，强化组织保障，为新时代信访工作提供坚强支撑。五是充分发挥信访工作获知社情民意的窗口作用，不断厚植党执政的群众基础。

统一规划信访工作各方问题，保障全局平衡，并在此基础上突出重点工作，高标准高质量抓好各项任务。第一，始终坚持政治旗帜鲜明，把党的政治建设贯穿于信访工作全过程、各方面，永葆绝对忠诚、纯洁、可靠的政治本色。第二，深入贯彻《信访工作条例》，加强情况梳理、规范检查、督查指导等相关工作，保证条例各项规定落地见效，使信访工作制度化规范化水平得到有效提升。第三，强力推进解决重复信访和信访积案专项工作，将调度指导、重点推动、工作统筹相协同，确保实现既定工作目标。第四，持续推进信访制度改革和体制机制创新，稳步实施"十四五"时期信访工作发展规划，加强新时代针对网上信访工作意见的贯彻落实。第五，坚持和发展新时代"枫桥经验"，高标准推进信访工作示范县建设，提升基层信访工作能力，确保高质高效推动信访工作。

在信访工作的各环节勇于担当、积极作为，以高度的政治自觉和饱满的精神状态做好工作。第一，要提高政治站位，坚定不移贯彻落实党中央、国务院的方针政策和决策部署，在办理信访事项中维护群众合法权益，让群众确实感受到公平正义。第二，加强组织协调，牢固树立"一盘棋"思想，各地各部门要密切配合、通力协作，共同做好当前信访各项重点工作。第三，强化责任担当，在工作中把握新形势、谋划新思路、创造新方法、打开新局面。第四，发扬过硬作风，勇挑重担、勇毅前行，在服务基层和群众中提高工作效率，深入开展"大督查大接访大调研"，确保信访各项工作取得实际效果。

二 《信访工作条例》：全面规范信访工作的第一部党内法规

自 2022 年 5 月开始施行的《信访工作条例》（以下简称《条例》），围绕重要原则、工作体制、事项受理办理、监督追责等方面加以规范部署，将信访工作领域的覆盖面进一步拓展，实现适用主体和范围的全覆盖。《条例》是推进信访工作法治化进程中具有划时代意义的重大创新，"把涉及信访工作的行政法规、党内法规和规范性文件整合起来，形成高位阶、全覆盖、整合性的综合性党内法规"①，为新时代信访工作提供了基本遵循和有力的制度保障。

（一）明确新时代信访工作的总纲领、总要求

一是深刻揭示信访工作的地位作用。《条例》中"三个定位"明确信访工作的根本属性，信访工作政治参与、权利保障、民主监督的协同功能，集中展现信访工作的政治性和人民性，进一步明确了新时代信访工作的发展方向和着力点。

二是深刻揭示信访工作的鲜明政治性。相比 2005 年发布的《信访条例》，《条例》进一步强化了党对信访工作的领导。党的领导是总揽全局、协调各方的指南针，是信访工作最重要、最突出、最关键的先决条件。以党的创新理论成果指导信访工作实践，保障了信访工作指导思想的与时俱进。

三是深刻揭示信访工作的原则遵循。《条例》强调以加强党的领导为统领，明确党中央在政治引领、工作遵循、组织保证三个方面统一领导信访工作，要求地方党委负责引领本地区信访工作，全面贯彻落实党中央关于信访工作的方针政策和决策部署，执行上级党组织的部署要求。

（二）系统重塑新时代信访工作体制机制

信访工作是统揽全局的系统性工作，《条例》对新时代信访工作格局作出谋划，提出"构建党委统一领导、政府组织落实、信访工作联席会议协调、信访部门推动、各方齐抓共管的信访工作格局"②，为推动信访工作体

---

① 孔凡义：《新时代党的全面领导的实现机制——以〈信访工作条例〉为对象的考察》，《党内法规研究》2023 年第 2 期，第 19 页。

② 《中共中央 国务院印发〈信访工作条例〉》，新华社网站，2022 年 4 月 7 日，http：//www.gov.cn/zhengce/2022-04/07/content_ 5683923. htm。

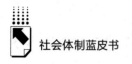

制机制变革明确了正确方向，主要彰显以下三大特点。

第一，突出统筹协作。建立信访工作联席会议是《条例》的重大创新和突破。2005 年的《信访条例》只是提到以联席会议的方式化解矛盾纠纷，缺少详尽而细化的制度规定，《条例》不仅将"信访工作联席会议协调"作为新工作格局的重要组成部分，而且明晰了从中央到地方各级信访联席会议的职权、构成和运行机制。信访工作联席会议成为联结各级党委、政府、信访部门、社会力量的桥梁纽带，有效整合多方力量资源，发挥议事协调作用，增强信访工作的系统性、联动性、协同性。

第二，突出程序规范。《条例》坚持法治思维，不仅对各机关单位进行全面规范，要求严格依照法定权限和程序行使权力，也兼顾了不同机关、单位的特殊性。同时，针对长期存在的诉求分类不清的问题，此次规定在个人或组织反映问题、提出意见、建议或相关投诉请求后的业务受理办理过程中，围绕建议意见、检举控告、申诉求决三种类型区分不同事项，依照法律规定程序分类处理。申诉求决类事项则细化为六种情形，依据情形确定办事机关。

第三，突出职责明晰。在 2016 年出台的《信访工作责任制实施办法》相关责任规定的基础上，《条例》进一步明确信访工作的责任主体和具体工作职责，并更强化"党政同责、一岗双责"的重要性。强调党委和政府对待信访工作事项要做到同抓同责，具有更鲜明的时代特性。同时，明确提出各级党委和政府信访部门是开展信访工作的专门机构，赋予其相应的事项办理、形势研判、督促落实等具体职责，并从制度层面深化社会力量的融入和基层政权组织功能的发挥，有利于形成信访工作合力。

（三）筑牢党全面领导信访工作的坚实保障

作为《条例》的亮点内容，加强党对信访工作的全面领导不仅体现在工作原则和体制谋划上，更反映在一系列具体的制度设计之中，通过队伍建设、监督体系和技术变革得以筑牢党全面领导信访工作的坚实保障。

其一，加强能力提升。相比旧条例仅仅关注信访事项受理办理流程，《条例》着眼于各级信访工作队伍建设，不仅要选优配强领导班子，还要关注干部能力素质的培养和提升，从教育培训、岗位锻炼、预算支持等方面予以保障。贯彻新条例，就是要求领导干部在自身政治能力、调查研究能力、科学决策能力、群众工作能力、防范和化解社会矛盾风险能力上实现全面进步，切实增强履职尽责能力。

其二，加强追责问责。压实信访工作责任离不开责任追究的制度设计和有效执行。《条例》从党委和政府监督、信访部门督查、信访人违法行为处理等方面构建起完善的信访工作监督体系。在统筹运用考核机制和督办机制的基础上，发挥责任追究机制的刚性约束功能。对于承担信访工作领导责任的主体，细化具体的情境后果，运用惩戒手段对涉及严重情形的人员加以严肃处理。同时，对信访人在信访过程中违反条例中"六个不得"的行为，给出了明确的处理方式和依据。

其三，加强科技支撑。提高信访治理效能，需要适应时代变革，推动信访部门的数字化转型。《条例》高度重视信访工作的信息化、智能化建设，这是对近年来地方信访工作创新探索实践经验深入总结的结果，也是推动社会治理现代化的题中应有之义。将网络信访和群众路线有机融合，充分运用新技术新手段，不断拓宽民意诉求的反映通道，提高信访工作的效率和监督实效。

三　2022年地方信访改革典型经验

2022 年，各地信访部门积极回应党中央的要求，大力践行新时代"枫桥经验"，创新信访工作机制，力求探索新路径以解决群众合理诉求。维护群众合法权益，呈现"百花齐放"的地方信访工作改革新局面。

（一）上海："人性化＋制度化"，用心听群众声音

上海市信访干部走在化解矛盾的第一线，冲向"第一信号"，力求"件件有着落、事事有回音"，推动多项信访事项有效化解。

处理信访工作以情暖心、以心换心，坚持换位思考。嘉定区江桥镇信访干部们坚持"信访工作要走入社区和村居"的工作基调，在两年多的努力

下，化解重复信访积案 41 件。① 面对因家中几十年前被拆的 134 平方米祖宅索要巨额补偿未果，近 20 年来常年上访的老人反映问题时，信访干部们在保证处理工作专业性基础上，凸显人性关怀，把老人当成自家人聊天，主动协调帮助老人落实租赁保障住房，及时同老人儿子交流，劝说其陪伴赡养父亲，通过以心换心，让老人主动提出接受政策允许的补偿方案。

创造无障碍的沟通平台，牢牢抓住"群众满意度"。普陀区石泉路街道在针对旧改征收施工过程中产生的影响群众日常生活的噪声、扬尘等问题，剖析问题缘由，及时沟通，邀请多方对话，通过有效沟通实现矛盾化解；有时遇到投资受损上访的问题，邀请第三方律师配合，引导群众通过司法途径解决问题。近年来，普陀区为群众搭建对话平台 30 余次，化解僵局 10 余次。②

复核复查，信"访"变信"法"。在上海垃圾分类政策施行不久时，浦东新区某市场为减少对周边环境产生影响的裸露垃圾，改建成封闭式垃圾箱房，此举引来紧邻垃圾箱房的部分居民频繁信访。街道及时进行了回复和解释，但居民们并不认可，并坚持要求复查复核。通过复核过程得知，虽然改建垃圾箱房未经审批，但拆除垃圾箱房市场会恢复脏乱差，这一问题并不是个例。浦东新区积极运用征集人民建议和市领导接待机制，最终不仅解决了这一单项问题，而且形成了分类分步的推进方案，可规范全市范围内的垃圾箱房建设。此外，为更好地保障复查复核工作的法治化工作路线，引入律师顾问机制，目前律师参与办件总数超过 800 件。

重心下移、端口前移，将问题解决在基层。上海市信访办积极探索"上门办信"模式，真正做到走进群众、面对面"纳民智"。通过上门走访、现场协调，推动解决了一批信访矛盾，提高工作能力的同时更助力城市软实

---

① 《上海：把了解社情民意重要"窗口"越擦越亮》，腾讯网，2022 年 5 月 27 日，https://new.qq.com/rain/a/20220527 A00YDB00。

② 《在上海这座人民城市怎样做好"送上门的群众工作"？这几个信访故事道破真相》，上观新闻网，2022 年 5 月 27 日，https://www.shobserver.com/staticsg/res/html/web/newsDetail.html？id=491217&sid=67。

力的提升，得到了国家信访局肯定。松江区信访办面对不理解某市政项目的附近居民，提前安排工作人员进小区对180余名居民逐一走访解释，实现该建设顺利推进。另外，上海在全市各区打造"家门口"信访服务体系，建好上海信访"家门口"服务指数，年末开展上海信访"家门口"服务体系十大优秀案例评比会。"家门口"服务指数重点考察街镇信访工作，服务指数包含领导责任、法治规范、多元化解、建议征集和基层治理五大部分，覆盖"信""访""网""建议征集""三大机制""复查复核"等业务，把信访工作中的每一项规范性要求都转化为可量化的指标。

（二）辽宁："横纵+协同"，塑造工作联动网

2022年，辽宁省信访工作秉承"用心用情用力"的工作态度，拓宽信访渠道，倾听群众呼声，解决信访诉求。本年度出台了多项常态化信访矛盾化解工作文件，同时将信访工作纳入净化基层政治生态若干意见重要措施和巡视工作的重点事项。

建立省级领导"包市包领域包案"督导机制，凸显责任意识在信访工作中的重要性。省委常委和省政协主席、省人大党组副书记每人负责一市，督促落实属地责任；副省长和省法院院长、省检察院检察长包分管领域，敦促各部门落实属事责任。利用垂直指导方式，解决系统性、共性信访问题，推进政策性化解批量矛盾，注重督导机制示范作用，提升信访工作效能。

建立信访部门与纪检监察机关协调联动机制，推动信访工作向链条化、协同化发展。组织成立辽宁省处置检举举报和化解信访问题指导督导工作领导小组，每月定期召开调度会议，开展综合分析、组织协调、统筹督导、处置检举举报、信访问题化解等工作；纪委监委与信访部门协同，共同解决信访难题。

持续健全疑难问题综合调处工作，使各级信访工作联席会议的化解矛盾纠纷的实战平台作用得到有效发挥。印发《中共辽宁省委办公厅关于狠抓调解化访强化源头治理的通知》，强调溯源治理，把矛盾化解在源头。2022

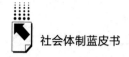

年上半年，通过深入开展"万件化访行动"，实行清单化管理、项目化落实、工程化推进，目前已排查信访积案 1 万余件①，大部分已化解。

（三）安徽："责任感 + 敢创新"，压实责任提质效

安徽全省信访系统带着感情和责任解决群众信访问题，信访形势发生积极可喜变化，逐步落实了"接访不走过场""写信真管用"等信访工作目标。

人民信访为人民，不让群众多费力。省委主要领导亲自挂帅，开展公开接访，认真批阅群众来信，作出批示 140 余次。厘清症结，让群众不费力地提出诉求，一线的问题一线解决，最大限度减轻群众"访累"，实现了群众来信率上升 28.3%、来访率下降 6.9%。

深化改革求创新，"慢进是退，不进更退"。建设省信访信息化综合平台，实现全省近 9000 家单位、1.8 万余名工作人员使用平台。建立"接诉即办、马上就办"机制，向信访群众推送办理进度的全过程，有效提升信访事项办理质效和公信力，实现网上信访占比 74%。

考核激励强责任，提升群众满意度。以季度为单位盘点工作，设置激励机制，努力将信访量降下去、将群众满意度提起来。基层党建的"一把手"必须被"述评考"，判断其是否落实了信访工作责任，其所做工作要在述职评议会上报告并被评议。

干事创业转作风，对重点工作事项及时开展调度，防止出现矛盾积累甚至上升至矛盾升级的情形。安徽省信访局成立了由局机关全员参与的 6 个信访帮扶工作队，16 个省直单位成立了帮扶工作专班，以"铁锤砸铁钉"的精神，开展"解民忧、清积案、助基层"工作，帮助基层真正解决信访难题。②

---

① 韩宇：《用心用情用力解决好群众急难愁盼问题 访辽宁省委副秘书长、省信访局局长姚世明》，《法治日报》2022 年 8 月 6 日，第 2 版。
② 李光明、范天娇：《带着感情带着责任做好信访工作 将心比心换位思考解决群众难题 访安徽省委副秘书长、省信访局局长马军》，《法治日报》2022 年 8 月 26 日，第 2 版。

（四）云南："高位齐抓+基层连心"，聚焦重点开新局

云南省不断健全信访工作体制机制，以信访制度改革、落实工作责任、解决信访突出问题作为改革主线、关键和核心。作为多民族边疆省份，云南省统筹推进区域社会治理，采用党建引领、重心下沉、条块联动的城乡基层治理体制机制，科学合理划分网格范围，尽早尽小化解矛盾纠纷；健全社会矛盾纠纷调处机制，不断拓宽"家门口"服务体系建设，把社会治理的触角尽力延伸，感受民生民情。

高位引领齐抓共管，协调各方。2022年9月，云南省委、省政府主要领导面对面倾听群众诉求，接待群众来访，并专门研究和部署全省信访工作，包括定期听取信访工作汇报，在落实工作责任、阅办群众来信、接待群众来访、包案化解疑难杂案等方面，形成了领导率先垂范、一级抓一级、层层抓落实的信访工作新格局。另外，完善信访工作规章制度，推进信访综合矛盾治理机制，95%以上的乡镇建立了联席会议机制，基本实现信访工作联席会议全覆盖。问题导向赋能考核机制，将信访工作纳入年度考核目标，聚焦"钉子案"，减存控增，政府公信力进一步增强。

打造高质量网上信访窗口，聆听更清晰的群众声音。引导群众多"上网"、少"走访"，各级信访部门发挥网上信访"足不出户、高效便捷、公开透明"优势，全省州、市、县、乡和部门接入达1.12万余家、2.11万余户，网上信访占比达66%以上；① 持续创新，优化网上信访体制，完善"阳光信访"新模式，及时疏导群众情绪、解决实际问题，架起了党和政府同人民群众间的"连心桥"。

（五）陕西："五位一体+合力接访"，多元治理多类难题

陕西省信访系统以"压实责任、解决问题"为信访工作导向，深入开

---

① 李海球：《坚持人民至上　坚守人民情怀　不断开创新时代信访工作新局面》，《云南日报》2022年10月16日，第4版。

展"信访矛盾源头治理多元化解创新年"和"信访积案化解攻坚年"活动，信访形势持续平稳向好，信访积案存量大幅下降，各项工作取得了"一年一大步、年年上台阶"的明显成效。

各级领导干部用心用情，严格落实"一岗双责"。建立健全领导干部接访下访工作制度，常态化深入信访接待场所和基层一线，全程参与案件的调查、协调和处理，推动信访问题一次性解决到位。加强督促检查，对回访中发现的问题，立即组织督办或专项督查，直到问题解决。

领导包抓纵深推进化解信访积案，深入各市（区）和信访问题突出的县（市、区）进行带案实地督查，推动疑难复杂信访事项化解。各地各部门同时出力、共同推进信访积案化解，目前 2 万余件重复信访事项中有 95% 以上得到有效化解；围绕群众关注的劳动社保、征地拆迁、教育等九大信访突出问题，统筹推动省、市（区）有关部门出台配套政策 40 余项①。

形成"信、访、网、电、视频"五位一体的信访受理新格局，省、市、县三级信访部门都设立了信访公众号和客户端。制定印发"最多访一次"和"首办责任制"实施细则，最大限度减轻群众信访成本，做到马上办、简易办，及时回应群众关切问题。在工作中充分运用信访听证、群众说事、"两说一商"等载体，将亟待处理的问题解决在基层。

推行联合接访。在省、市、县分别建立信访联合接待大厅，多部门联合进驻大厅接访，施行"一站式"受理、"一条龙"办理、"一揽子"解决工作模式。另外，联合会遇到较为复杂和较难解决的信访问题时，提请同级信访工作联席会议进行协调，保障就地解决问题。目前，陕西省所有县（市、区）及 90% 以上的乡镇建立了信访工作联席会议机制，信访工作已形成整体合力②。

---

① 郑剑峰：《奋力谱写陕西新时代信访工作高质量发展新篇章 访陕西省政府副秘书长、省信访局局长陈俊锋》，《法治日报》2022 年 7 月 7 日，第 2 版。
② 《陕西：健全信访矛盾综合治理机制》，中国新闻网，2022 年 11 月 1 日，http://www.chinanews.com.cn/sh/2022/11-01/9884634.shtml。

四　信访体制和机构改革展望

新时代，新征程，新任务。面对全面建设社会主义现代化国家、全面推进中华民族伟大复兴、实现国家治理体系和治理能力现代化、构建高水平社会主义市场经济体制等要求，党的二十大对深化党和国家机构改革工作作出重要部署，并于2023年2月审议通过《党和国家机构改革方案》。其中涉及将国家信访局由国务院办公厅管理的国家局调整为国务院直属机构，并由新组建的中央社会工作部统一领导国家信访局、统筹指导人民信访工作，这就对信访体制和机构改革提出了新方向、新要求。

（一）改革可能带来的新变化

机构规格提升。过去国家信访局作为副部级国家局，由国务院办公厅代管，机构规格与国务院组成部门不同。改革后，国家信访局将由中央社会工作部统筹指导打开新工作格局，其在国务院的政治地位会相应提高。

部门话语权增大。此次改革前，国家信访局的上级机关是国务院办公厅，重大信访问题要向国务院办公厅汇报，话语权较弱；机构调整后，在管理上直接接受国务院的领导，可直接参加国务院有关重要会议，重要事项可向国务院总理、副总理汇报，话语权将会增大。

协调职能增强。同国务院组成部门相比，国家信访局综合协调职能相对较弱，这次机构调整后，我们可能会看到职能关系更为顺畅、重大信访问题提交至国务院常务会议研究、自身综合协调职能持续增强、展现人民信访工作新局面的国家信访局。

职能地位凸显。可以看到，国家信访局调整为国务院直属机构，体现了党中央、国务院对人民信访工作的重视程度不断提升，信访工作的重要性得到提升，党和政府与人民群众沟通联系的这一重要"桥梁"将会越建越宽、越来越稳。

综上，国家信访局的调整改革，从顶层设计上提高了国家信访局的政治地位和职能作用，有利于从国家层面更好地推动信访工作。①

（二）分析展望

《党和国家机构改革方案》在深化党中央机构改革方面提出组建中央社会工作部作为党中央职能部门，由中央社会工作部管理国家信访局。有专家认为，成立中央社会工作部，有助于解决过去可能出现的政出多门、治理效能不高等问题，职责会进一步集中，便于社会治理整体推进；可以更好地统筹和协调相关部委，共同推进社会工作的整体部署，发挥统筹权威。

对于新一轮机构改革后国家信访局由国务院办公厅代管的副部级机构变为国务院直属单位，有专家认为，国家信访局在其所承担的具体职责上变化不会太大，但统筹能力会出现很大提升。其一，以往信访局作为政府机构，解决"老大难"信访问题时，会出现力不从心的现象，现在由中央社会工作部统一领导，在促进统筹协调相关部门解决信访问题上，会发挥重要作用。其二，在解决涉及其他部门的多方面问题尤其是社会治理问题时，同社会工作相关的职责相协调，为信访工作提供有效的支撑和配合。其三，相较过去信访局解决信访工作时常常"独木难支"的情形，现在中央社会工作部会进一步朝着疏解的方向，为中国信访工作打开局面，国家信访局也将在相关社会工作机构的配合和支持下实现相关问题的解决，使信访工作整体格局发生较大转变。②

参考文献

《国家信访局召开学习贯彻第九次全国信访工作会议精神视频部署会》，国家信访局

---

① 《国家信访局调整为国务院直属机构，将带来哪些新变化!》，网易，2023 年 3 月 28 日，https：//www.163.com/dy/article/IOU2RB530553FPT1.html。
② 《由中央社会工作部统筹指导后，国家信访局将打开新的工作格局》，界面新闻，2023 年 3 月 21 日，https：//www.jiemian.com/article/9105711.html。

门户网站，2022年6月2日。

李文章：《开创新时代信访工作高质量发展新局面》，《求是》2022年第9期。

金歆：《更好担负起为民解难、为党分忧的职责使命——国家信访局负责人就〈信访工作条例〉答记者问》，《人民日报》2022年4月9日。

《为加强和改进新时代信访工作提供有力制度保障——国家信访局负责人就〈信访工作条例〉答记者问》，中国政府网，2022年4月9日，http：//www. gov. cn/zhengce/2022-04/09/content_5684221. htm。

《中共中央 国务院印发〈信访工作条例〉》，新华社网站，2022年4月7日，http：//www. gov. cn/zhengce/2022-04/07/content_5683923. htm。

肖捷：《关于国务院机构改革方案的说明》，中国政府网，2022年3月8日，http：//www. gov. cn/guowuyuan/2023-03/08/content_5745356. htm。

《在上海这座人民城市怎样做好"送上门的群众工作"？这几个信访故事道破真相》，上观新闻网，2022年5月27日，https：//www. shobserver. com/staticsg/res/html/web/newsDetail. html？id＝491217&sid＝67。

《国家信访局调整为国务院直属机构，将带来哪些新变化!》，网易，2023年3月28日，https：//www. 163. com/dy/article/I0U2RB530553FPT1. html。

《由中央社会工作部统筹指导后，国家信访局将打开新的工作格局》，界面新闻，2023年3月21日，https：//www. jiemian. com/article/9105711. html。

孔凡义：《新时代党的全面领导的实现机制——以〈信访工作条例〉为对象的考察》，《党内法规研究》2023年第2期。

宋协娜：《再制度化与格局建构：信访治理的创新路径——基于〈信访工作条例〉的考察》，《中共中央党校（国家行政学院）学报》2023年第1期。

B.21
2022年中国药品安全监管
体制改革进展与展望

张　昊*

摘　要： 2022年中国药品安全监管体制改革在疫苗监管体系建设、智慧监管体系建设、监管科学体系建设、深化国际交流合作等方面取得重要进展，呈现以人民健康为中心、注重提升监管效能、强化全生命周期监管、鼓励中医药创新发展等几个特点。2023年，药品安全监管要全面落实党的二十大关于强化药品安全监管、促进中医药传承创新发展的重要部署，促进医保、医疗、医药协同发展和治理，提升监管效能，保障药品安全，促进医药产业高质量发展。

关键词： 药品安全　监管体制　体系建设　协同发展

　　保障药品安全是现代各国政府的重要职责。① 2018年，药品监管体制机制改革体现了党中央、国务院对药品监管工作特殊性、专业性、重要性的科学把握，强化了药品统一监管模式。在过去的五年，我国药品监管部门推出了多项创新性举措，推进了多项变革性实践，实现了新时代药监事业的大发展大变革大进步。2022年，我国深化药品安全监管体制改革，完善疫苗国家监管体系、打造药品智慧监管体系，同时，药品监管全力服务

---

　　* 张昊，北京中医药大学东方学院副教授，主要研究方向为药品监管法规与政策。
　　① 胡颖廉：《中国药品监管体制改革25年回顾》，《中国食品药品监管》2023年第3期。

疫情防控大局、保障公众用药安全。在各种艰难险阻的情况下，取得成就实属不易。

一 2022年药品安全监管体制改革总体趋势

（一）推进疫苗国家监管体系建设

2022年，国家药监局积极推进疫苗国家监管体系建设，取得了重要成果。一是疫苗国家监管体系通过世界卫生组织评估。世界卫生组织对国家医疗产品监管机构疫苗监管体系进行了成熟度排名，证实中国已经达到三级成熟度。我国疫苗监管体系已于2011年、2014年先后两次通过评估，在2022年7月迎来了WHO升级评估标准后的新一轮全面评估。① 此次评估指标大幅增加、内容更加全面、标准更加严格。我国疫苗监管体系通过WHO评估，彰显了我国疫苗监管体系对标国际标准、监管能力和水平提升，能够保障疫苗产品安全、有效、质量可控，从而更好地守护人民健康，也为我国疫苗产品走出国门、助力世界公共卫生事业发展创造了良好条件。二是持续完善疫苗监管质量管理体系。国家药监局继续修订完善《质量监管手册》，持续更新疫苗监管相关的程序文件；认真组织质量管理体系内审、管理评审和服务对象满意度调查，组织开展体系运行风险因素排查，推动体系持续优化。目标是推动体系运行和监管实际相结合，全面提升疫苗监管实效。三是进一步强化疫苗生产流通管理。为构建科学、有效的疫苗生产流通监管体系，2022年7月，国家药监局发布《疫苗生产流通管理规定》。该规定对疫苗生产、流通和变更等环节做了更全面、更具体的要求，例如药品上市许可持有人（以下简称持有人）提出疫苗委托生产的条件和程序、持有人销售疫苗的流程和要求等。

---

① 国家药品监督管理局：《我国疫苗监管体系通过世界卫生组织评估》，https：//www.nmpa.gov.cn/yaowen/ypjgyw/20220823170315135.html。

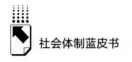

（二）加快药品智慧监管体系建设

智慧监管体系和能力建设是"十四五"国家药品安全及促进高质量发展规划的主要任务之一。2022年，国家药监局扎实推进智慧监管体系建设。一是制定《药品监管网络安全与信息化建设十四五规划》。[①] 该规划分为四大部分，总结了"十三五"时期药监部门信息化建设工作成效，提出"十四五"期间坚持"系统思维，统筹协同""业务引领，数据驱动""技术赋能，融合创新""集约建设，安全可控"4个基本原则，重点明确了升级"两品一械"智慧监管能力、提升政务一体化服务能力、推进监管数据融合与驱动、筑牢药品智慧监管数字底座、夯实网络安全综合保障能力5个方面重点任务。二是推动药品信息化追溯体系建设。药品追溯码是实现药品"一物一码、物码同追"的必要前提和重要基础，加强对药品追溯码标识的规范和引导，对促进药品追溯体系建设和落实药品追溯制度具有重要意义。国家药监局发布了《药品追溯码标识规范》等2项信息化标准的公告。三是强化化妆品监管信息共享和业务协同。相较于药品和医疗器械，我国化妆品监管信息化标准体系起步较晚，国家药监局根据化妆品监管法律法规，制定了涉及生产许可管理、备案管理、注册管理等环节的基本数据集，这为化妆品监管数据库的建设打下了坚实基础，加快了化妆品监管数据的横向和纵向共享，有力地推动了监管效能的提高。

（三）提升药品监管国际化水平

我国药品监管部门深入参与全球药品安全治理，国际化水平显著提升。在法律法规的推广、技术指南的制定和沟通交流机制等方面取得重要进展。一是参与国际药品注册技术指导原则的制定。近年来，国家药监局与国际药品监管机构联盟（ICMAR）、国际人用药品注册技术协调会（ICH）、世界

---

① 《国家药监局关于印发〈药品监管网络安全与信息化建设"十四五"规划〉的通知》［EB/OL］，国家药品监督管理局，2022年5月11日，https://www.nmpa.gov.cn/xxgk/fgwj/gzwj/gzwjzh/20220511110329171.html。

卫生组织（WHO）等国际组织深入交流合作，开展了较多的双边交流，在交流合作过程当中不断地提升标准的国际化水平和管理的国际化水平。目前，ICH 的 66 个指导原则已经在国内全面转化实施，与此同时，我国药监部门深度参与和引导 ICH 相关指导原则、相关规则制定工作。药品监管全球化水平持续提升，推动了整个医药行业的国际接轨，拓展了行业的国际市场。二是我国药品监管的国际话语权有力提升。2022 年 12 月 20 日，中国医疗器械国际监管会议（CIMDR）全球医疗器械法规协调会（GHWP）专场暨药品监管机构对话交流会议召开，国家药监局副局长成功当选 GHWP 主席，这标志着中国系统完善的医疗器械监管体系和卓有成效的监管工作得到了国际同行的广泛、高度认可。[①] 三是建立中药监管国际协调机制。国家药监局积极开展与国际草药监管合作组织（IRCH）、西太区草药监管协调论坛（FHH）等传统药监管国际组织和相关国家或地区药品监管、药典机构的交流，通过建立多边监管协调机制，加快了中药监管相关政策规定和技术指导原则推广，传递了中国传统药监管经验。

（四）深化监管科学研究合作机制

监管科学是开发新工具、方法和标准来评估药品监管部门监管产品的安全性、有效性、质量和性能的科学。[②] 开展监管科学研究目的是为药品审评评价人员和药物研发生产人员，提供评估药品安全性和有效性所需的知识和工具。药品监管科学研究和成果转化对药械产品创新和上市至关重要。药品监管科学是一门综合药学、生物工程、管理学、法律和统计学等学科理论和知识的交叉学科，发展药品监管科学需要经过几个步骤。第一，制定药品监管科学的发展规划，明确发展目标和主要任务。第二，建立监管科学研究的合作网络。鉴于监管科学的学科特点，需要多方主体协作完成任务，监管科

---

① 国家药品监督管理局：《徐景和出席中国医疗器械国际监管会议全球医疗器械法规协调会专场暨药品监管机构对话会议》［EB/OL］，https：//www.nmpa.gov.cn/directory/web/nmpa/yaowen/ypjgyw/hyxx/20221221165530135.html。
② 杨悦编著《美国药品监管科学研究》，中国医药科技出版社，2020。

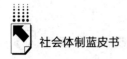

学研究协作主体应包括药品监管部门、高校、医疗机构、药品研发生产企业等。第三，基于监管科学研究合作网络建立协作机制。监管科学研究协作机制主要包括交流互访机制、信息共享机制、沟通联络机制、研究合作机制、联席会议机制等。第四，药品监管科学成果转化和利用阶段。监管科学研究的目的是科学评价药品安全有效性，加快产品创新。研究成果最终需要转化为技术指南和标准等，真正为药品研发人员、审评评价人员提供帮助。我国药品监管科学的发展正在从第二阶段迈向第三阶段。近几年来，我国药品监管科学发展迅速，国家药监局通过共建和认定的方式设立了 14 家监管科学研究基地，已认证两批 117 家重点实验室，覆盖中药、化学药、生物制品、医疗器械、化妆品等领域。基本完成了监管科学研究合作网络搭建。2022年，我国药品监管部门和相关机构加速推进监管科学研究交流合作，建立多项协作机制。一是建立监管科学研究基地考核评估制度。考核评估的目的是促进基地内部管理，推进监管科学学科建设，强化监管科学研究的需求导向。二是成立中国药品监管研究会监管科学分会。该机构是集结和调动社会各界力量与资源，围绕健康中国发展战略的实施，配合与支持国家监管科学行动计划，开展监管科学研究工作，为监管政策、法规制定和修订建言献策。三是举办监管科学主题论坛。2022 年，清华大学、首都经济贸易大学、中国药品监督管理研究会分别举办了监管科学论坛，在构建药品监管科学研究学术共同体、推进新时代药品监管等方面发挥越来越重要的作用。

二 2022年药品安全监管体制改革亮点

（一）以人民健康为中心，推进药品审评审批改革

药品审评审批改革一直是药品监管体制改革的重要环节，2022 年，国家药品监管部门不断优化疫情防控药械、儿童用药、罕见病用药审评机制，促进产品上市，更好地满足群众用药需求。一是建立疫情防控药械审评审批机制。国家药品监管部门听从党中央、国务院的号令，以人民为中心，全力

以赴尽锐出战，以超凡机制、非凡之力，加快批准疫情防控药械产品上市。① 在全球率先发布新冠核酸、抗原、抗体三大类新冠诊断产品审评要点，建立健全电子申报系统，24 小时不间断开展审评，第一时间服务和指导研发，药品监管技术与行政部门协同作战，确保了疫情防控用疫苗、药品、检测试剂以及重症救治所需 ECMO 等产品的质量安全和上市审批。二是完善儿童用药和罕见病用药审评审批机制。药品审评机构多措并举，助解儿童用药难题。一方面，与国家儿童医学中心合作设立"上市药品说明书儿童用药信息规范化项目"，利用医疗机构数据资源，采用真实世界研究方法，集中专家力量，解决临床用药的燃眉之急。另一方面，为了提高儿童用药技术审评工作的质量与效率，保障各项儿童用药专项工作顺利实施，国家药品审评中心启动儿童用药技术审评临床专家咨询委员会遴选工作。2022年，为促进罕见疾病药物研发，在国家药品监督管理局的部署下，药审中心组织制定了《罕见疾病药物临床研发技术指导原则》。该指导原则导向是在确保严谨科学的基础上，采用更为灵活的设计，基于有限的罕见病患者数据，获得更加充分的科学证据，满足获益与风险的评估，支持监管决策。三是推进药品审评标准体系建设。药品审评标准体系建设围绕着推进技术标准与国际接轨、技术指导原则全专业领域覆盖、突出临床急需和创新引领几个方面展开。近三年，我国药品审评指导原则发布速度已进入国际赛道，截至2022 年 12 月，发布指导原则总量达 422 个，接近欧盟和美国的发布数量，药学、临床、非临床药理各专业领域指导原则体系基本完备。

（二）加强协同联动，强化药品上市后监管

药品上市后监管涉及生产、流通和使用等环节，国家、省、市三级药品监管部门有不同的职责，需要衔接有序、加强协同、明晰职责。2022 年，药品上市后安全监管提质增效的趋势愈加明显。一是开展风险隐患排查和药

---

① 《徐景和：坚定不移改革创新，加快推进中国药品监管"四化"》[EB/OL]，中国药品监督管理研究会，2023 年 4 月 11 日，https://www.cncsdr.org/gzdt/yjhdt/202304/t20230411_387217.html。

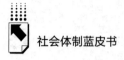
品安全专项整治。在全国药品监督管理暨党风廉政建设工作会议上，国家药监局部署深入开展药品安全专项整治行动。国家药监局设立药品安全专项整治办公室开展相关工作，通过专项整治行动强化药品全生命周期监管，查处一批大案要案，消除一批风险隐患，完善一系列长效机制，切实维护药品安全形势稳定，保障人民群众用药安全。专项整治行动也提升了监管队伍素质，强化了专业监管能力，完善了部门协同监管机制。二是出台"两品一械"落实企业主体责任的管理规定。"两品一械"管理规定在全面梳理相关监管领域法律、法规及规章、规范的基础上，对企业质量管理的有关要求进行了抽提、整合与系统化，指导督促企业依法落实质量主体责任，保障产品质量安全。以往，企业药品（医疗器械、化妆品）质量安全主体责任散落在各层级药品监管法律法规中，"两品一械"管理规定的发布是从整个药品生命周期的角度明确企业主体责任，同时明晰了企业关键岗位的职责、质量安全管理机制和监管部门的监督管理职责等。三是"两高"联合发布《关于办理危害药品安全刑事案件适用法律若干问题的解释》。该解释对司法实践中反映突出的法律适用问题提出了解决办法。主要明确了依法严惩假劣药犯罪、依法严惩妨害药品管理犯罪、依法严惩非法收购、销售骗保药品的犯罪等主要问题，体现依法严惩危害药品安全犯罪的政策导向，充分回应人民群众对用药安全的关切，对相关犯罪的定罪量刑标准作了全面系统的规定。四是加强药品网络销售监管。2022 年 8 月 3 日，国家市场监管总局发布《药品网络销售监督管理办法》（以下简称《管理办法》），这是我国针对药品网络销售制定的部门规章。近年来，我国医药电商发展迅速，也创新出不同的商业模式。《管理办法》对药品的网络销售、第三方平台管理以及各方责任义务做出了规定。全面加强药品网络销售监管，保证网络销售药品的质量安全，在提升群众用药可及性的同时，为维护人民群众生命安全和身体健康提供了坚实的保障。

（三）深化中药监管机制改革，促进中药传承与创新发展

中药作为我国独特的卫生资源与人民健康、幸福生活密切相关，是祖先

留给我们的宝贵财富。习总书记关于中医药工作的重要论述，强调"要遵循中医药发展规律，传承精华，守正创新，加快推进中医药现代化、产业化，坚持中西医并重，推动中医药和西医药相互补充、协调发展，推动中医药事业和产业高质量发展"。① 2022 年 3 月，国务院办公厅印发《"十四五"中医药发展规划》，进一步加大"十四五"期间中药发展支持力度，着力推动中医药振兴发展，一方面体现党中央、国务院对中医药发展的高度重视，另一方面，从国家战略层面建立健全适合中医药传承创新发展的体制机制，推动中医药事业产业发展进入新阶段。在推进中药安全监管机制改革与中药创新方面，有以下几个亮点：其一，组建成立中药管理战略决策专家咨询委员会。为进一步构建完善符合中药特点的审评审批体系，保障和促进中药监管工作重大决策的科学性、权威性，依据《药品注册管理办法》有关规定，国家药监局决定成立由两院院士、国医大师、资深专家组成的中药管理战略决策专家咨询委员会。国家药监局要求决咨委充分发挥智库作用，立足国情药情，助力推动实现中药治理体系和治理能力现代化。其二，加强中药材质量控制，促进中药高质量发展。国家药监局联合农业农村部、国家中医药局、国家林草局研究制定了《中药材生产质量管理规范》②，该规范提出完善中药材产业高质量发展工作机制；制定中药材产业发展规划；细化推进中药材规范化发展的激励政策；建立中药材生产企业及其生产基地台账和信用档案，实施动态监管；建立中药材规范化生产追溯信息化平台等。其三，优化中药注册管理。国家药品监督管理局研究起草《中药注册管理专门规定》，该规定的定位是介于法律还有部门规章与技术指导原则之间的一个规范性文件。主要内容是涉及中药注册方面的有关管理要求以及对于审评技术要求的一些总体概括，反映了新的理念、新的路径和新的体系。目的是构建

---

① 《习近平对中医药工作作出重要指示》，中国政府网，2019 年 10 月 25 日，http：//www. gov. cn/xinwen/2019－10/25/content_ 5444863. htm。

② 国家药品监督管理局：国家药监局　农业农村部　国家林草局　国家中医药局关于发布《中药材生产质量管理规范》的公告，https：//www. nmpa. gov. cn/xxgk/ggtg/qtggtg/202203 17110344133. html。

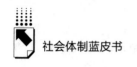

符合中药特点的审评审批制度新体系，其中要体现传承与创新并重，以临床价值为导向，重视中药人用经验三个要点。

三 药品安全监管体制改革展望

药品安全监管体制改革要全面落实党的二十大关于强化药品安全监管，促进中医药传承创新发展，促进医保、医疗、医药协同发展和治理等重大部署要求，按照"讲政治、强监管、保安全、促发展、惠民生"的总体思路推进改革进程。

（一）医保、医疗、医药协同治理

在治理目标方面，达成共同的、综合性的治理目标，是协同治理的动力。医保、医疗、医药协同治理的目标是通过共建共享实现全民健康。以新药研发上市使用为例，协同治理的目标是满足临床未被满足的治疗需求。所以在新药研发阶段应以为患者提供更有临床价值的治疗选择为最高目标，这个目标应该成为药物研发的普遍适用的指导原则。在新药使用阶段，如果新药的目标定位只是一个补充治疗方案，就会导致新药很难进医院，因此医疗机构应该给予新药进院的特别政策，例如"双通道"政策，解决以往创新药在传统医疗渠道获取难问题。在新药医保报销阶段，医保部门应为创新药制定医保政策，对于有充分证据能够证明临床价值高并且适应临床用药需求，且有利于医保基金持续稳定运行和医保基金高效利用的一些创新药，应当能够及时按照规定纳入基本医疗保险的支付范围，并且切实保障参保人员基本的医疗权益。

在治理主体方面，应增强医保、医疗和医药治理主体的协调性，部门协同治理应建立在利益相关者平等对话的基础之上，这是增进信任、打破各种阻碍利益相关者达成共识和共同行动障碍的关键。在协同治理下，医疗、医保、医药的职能是相互配合来体现的；这三大主管部门应在统一的领导下各司其职，但仍需要听取其他部门的建议。以医疗美容行业监管为例，需要构建多部门共同参与、齐抓共管的医疗美容行业综合监管工作机制，应将医疗美容诊疗活动、涉医疗美容经营活动以及医疗美容用药品医疗器械等纳入综合监管重点事项，而以上监管事项分属于医疗机构、市场监管部门和药品监管部门，迫切主要不同的治理主体加强协调，同时也要调动社会治理主体的积极性。

在治理工具方面，要加强协同性。治理工具是实现社会治理现代化的基本途径，社会治理工具一般包括规制性工具、激励型工具、参与性工具和文化信息工具。① 这里重点探讨文化信息工具，关于医保、医疗、医药三个部门之间的信息互通和共享，需要通过大数据手段来实现监管的科学化、精细化，以此提高治理水平。例如，国家医保局执行的"15 项医保信息业务编码"将所有药品耗材、医疗服务等项目进行编码统一，来实现监管标准化。因此，信息化建设和数据共享不仅需要在药品监管机构内部实现，还应该在医保、医疗、医药部门之间加快推进，提升治理效能。

（二）提升监管效能，保障药品安全

2021 年 12 月 17 日，习近平总书记主持召开中央全面深化改革委员会第二十三次会议时强调"要加快转变政府职能，提高政府监管效能，推动有效市场和有为政府更好结合"。这次会议审议通过了《关于进一步提高政府监管效能推动高质量发展的指导意见》等重要文件②。当前，药品安全监管需要高度重视投入与产出的关系，采取最优的路径和最佳的方法，努力以合理的投入获得最大的效益。提升药品安全监管效能，一是要增强监管能力。国务院办公厅出台了《关于全面加强药品监管能力建设的实施意见》，也出台了《关于建立职业化专业化药品检查员队伍的意见》，这为药品监管能力建设指明了方向。增强药品监管能力还应该进行能力评估，科学评价其

---

① 周超、毛胜根：《社会治理工具的分类与型构——基于社会治理靶向和行动逻辑的分析》，《社会科学》2020 年第 10 期。

② 《加快建设全国统一大市场提高政府监管效能　深入推进世界一流大学和一流学科建设》，人民网，2021 年 12 月 18 日，http://cpc.people.com.cn/n1/2021/1218/c64094-32311247.html。

能力水平，寻找差距，找出问题，精准发力。世界卫生组织（WHO）①、欧洲药品监管机构负责人②组织已经成熟使用评估工具、评价指标衡量监管机构的能力。虽然我国国家、省级已经开始对监管能力评估进行了探索尝试，但是还没有指定统一的评估指标和方法。二是持续完善法规制度体系。近年来，我国快速推进药品监管法律法规的修订，确立了风险管理、全程掌控、科学监管、社会共治的基本原则，巩固并深化了药品医疗器械审评审批制度改革成果。打造了新时代药品监管法律法规制度的升级版和现代版。但是，总体而言，仍然需要加快药品监管法治化步伐。"两品一械"法规制度体系建设应注重跟踪国际监管法规、结合我国监管实践、关注创新科技和行业发展，坚持以问题为导向。例如在药品审评注册领域，应坚持国际视野、立足我国国情，完善药品审评制度和指导原则体系，为鼓励研发创新、支持行业发展提供引导。三是创新监管方式方法。在药品上市前监管阶段，要加强新工具、新方法、新标准的研究和使用，例如临床试验设计方法、风险获益评价方法、动物模型工具、生物标志物工具、数据标准、质量标准等。同时，重视信息化基础设施建设、临床研究设施建设，这些都是创新方法和工具的产出载体。在药品上市后监管阶段，应在药品监测、网络销售、执法检查等方面进行创新。例如，建立哨点医院开展药械妆主动监测、通过"以网管网"的方式加强网络药品销售违法行为的筛查、建立稽查执法信息化系统等。通过创新药品监管方式，促进监管能力的提升。

（三）促进医药产业高质量发展

党的十八大以来，我国生物医药产业取得长足发展。截至 2022 年底，

---

① WHO, WHO Regulatory Systems Strengthening program and Overview of the WHO GBT + Blood ［EB/OL］. https：//cdn. who. int/media/docs/default-source/biologicals/blood-products/webinar/alireza-mohamed_ rss-program-and-gbt-plus-blood_ webinar_ v1. 2._ en. pdf？sfvrsn = 2d7e0eb1_ 5.

② Heads of Medicines Agencies. Guidance document for sponsors for a Voluntary Harmonisation Procedure（VHP）for the assessment of multinational Clinical Trial Applications ［EB/OL］. (2019-09). https：//www. hma. eu/fileadmin/dateien/Human_ Medicines/01-About_ HMA/ Working_ Groups/BEMA/2019_ 10_ BEMA_ IV_ Final_ Report. pdf.

我国药品生产许可证数量达 7974 件，药品经营企业许可 643857 家，医疗器械生产企业 32632 家，经营企业 122 万多家。① 但当前我国药品监管体系和监管能力建设与产业创新发展高质量发展、实现制药强国的目标还有很大的差距。产业"多、小、散、低"的格局尚未得到根本改变，我国的企业合规意识、风险意识、责任意识、法制意识、质量意识，有的还不够。改革开放到今天，全球药品产业各种排行榜前 20 名中还没中国药企的身影。在2022 年全球十大医药企业排名中，美国医药企业占据一半。中国医药企业与国家综合实力相比，还有很大的发展空间。在药械领域当中，还存在一些卡脖子的难题，地方政府监管责任的落实还需要进一步强化。② 我国医药产业高质量发展要抓住重点，建立保障措施，使得高质量发展可以形成良性循环、持续发展下去。一是突出重点，统筹布局。发挥长三角、大湾区创新政策带动作用，推进抗体药物、核酸药物、重组蛋白药物等创新生物药突破发展，推动新型医学影像、可穿戴设备、体外诊断试剂等高端医疗器械规模化发展。推进合同研究组织（CRO）、定制研发生产（CDMO）等生物医药新业态新模式布局。在产业链协同创新、技术制造、科技攻关等方面加强政策支持、做大做强龙头企业，培育"专精特新"中小企业。二是加强沟通，优化服务。沟通交流是监管与行业相向而行的过程，通过沟通交流形成共识，共同推进创新的高质量发展；通过沟通交流与发布指南相结合，对创新给予更多的支持和服务。例如，针对药品临床试验的一些特殊环节，包括单臂试验、肿瘤药临床试验、真实世界临床研究，国家药品监管部门出台了一些具体的沟通交流指导原则，期望围绕创新药的临床试验监管和企业双方共同研究、共同探讨。特别是原始创新方面，科学和行业已经走在监管的前面，这时候需要利益相关方一同努力把审评注册根据科学的配置资源、根据行业需要来向前推进。三是鼓励创新，同向发力。党的二十大报告强调，要

---

① 《药品监督管理统计年度数据（2022 年）》，国家药品监督管理局，2023 年 4 月 19 日，https：//www.nmpa.gov.cn/zwgk/tjxx/tjnb/20230419090931121.html。

② 《徐景和：坚定不移改革创新，加快推进中国药品监管"四化"》[EB/OL]，中国药品监管研究会，2023 年 4 月 11 日，https：//www.cncsdr.org/gzdt/yjhdt/202304/t20230411_ 387217.html。

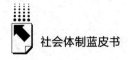

加快实施创新驱动发展战略，着力推动高质量发展。医药产品的创新靠源头创新，特别是基因组学、蛋白质组学以及病理、生理基础的研究，这些是创新药物的源头活水，需要行业和相关科技部门共同努力。与此同时，要全过程提质增效，才能加速创新药的研发。例如，在临床试验机构的选择、临床试验机构的启动、临床试验的进行等过程中都需要做出优化，保障高质量完成。必要时，还要进行跨区域、网络化的交流与合作。药物创新的链条比较长，离不开多方参与、同向发力。

B.22

2022年中国防灾减灾救灾体制改革：
进展与前瞻

张文杰　孙金阳　吴　涛*

摘　要： 防灾减灾救灾工作不仅与人民生命财产安全高度相关，而且是现代化的治理理念和能力水平的重要衡量标准之一。2022年，我国秉持"两个坚持、三个转变"新理念，继续深入推进防灾减灾救灾体制机制改革，在防治格局、工程建设、技术升级、宣传教育以及应急救援等方面均取得了新进展。"十四五"时期，我国将进一步健全防灾减灾救灾管理机制，从法律法规体系、规划保障、多方参与等方面进一步全面提升我国防灾减灾救灾现代化的能力和水平。

关键词： 防灾减灾救灾　社会治理现代化　体制改革

恩格斯指出："世界的真正统一性在于它的物质性，而这种物质性不是魔术师的三两句话所能证明的，而是由哲学和自然科学的长期和持续的发展来证明的。"[①] 自然界与人类社会也一直在佐证着这一认知：一方面，人类社会的发展始终离不开自然界的物质基础，另一方面，自然界的存在与发展

---

* 张文杰，应急管理部新闻宣传司宣传处三级调研员、北京师范大学社会发展与公共政策学院博士生，主要研究方向为社会治理、应急管理；孙金阳，博士，中共中央党校（国家行政学院）组织部干部监督处副处长、助理研究员，主要研究方向为社会治理、应急管理；吴涛，北京开放大学科研处干部、助理研究员。

① 中共中央马克思恩格斯列宁斯大林著作编译局编译《马克思恩格斯选集》（第三卷），人民出版社，1995。

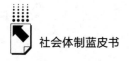

并不以人类的良好愿望为转移。于是，与各类自然灾害斗争成为人类社会发展史中不可或缺的重要内容。在我国，自然灾害不仅经年不绝，而且几乎涵盖自然灾害所能呈现的各个种类，长期困扰和制约着经济社会健康发展，并威胁着人民的生命财产安全。

2022年7月，国家减灾委员会制定印发了《"十四五"国家综合防灾减灾规划》，并提出了2025年"基本建立统筹高效、职责明确、防治结合、社会参与、与经济社会高质量发展相协调的自然灾害防治体系"和2035年"自然灾害防治体系和防治能力现代化基本实现，重特大灾害防范应对更加有力有序有效"两个阶段的体制机制改革目标。① 《规划》明确了新时代防灾减灾救灾工作的战略要求，在时间进度、分项目标、重点领域等方面做出具体设计，将进一步全面提升我国防灾减灾救灾现代化的能力和水平。

一 2022年我国自然灾害情况总体回顾

应急管理部发布的统计数据显示，我国2022年的自然灾害主要集中在气象水文灾害和地质地震灾害等方面，共造成1.12亿人次受灾，因灾死亡失踪554人，紧急转移安置242.8万人次，直接经济损失2386.5亿元。② 值得注意的变化是，人、财、物方面的损失均明显低于近5年的平均水平，因灾死亡失踪人数、倒塌房屋数量和直接经济损失分别下降30.8%、63.3%和25.3%。③

总体来看，时空分布不均依旧是我国自然灾害发生的基本特征。突发灾情主要从夏秋季开始，集中分布在我国中西部地区，各种自然灾害造成的损

---

① 《国家减灾委员会关于印发〈"十四五"国家综合防灾减灾规划〉的通知》，中国政府网，http://www.gov.cn/zhengce/zhengceku/2022-07/22/content_5702154.htm，最后访问时间：2023年5月4日。

② 《应急管理部发布2022年全国自然灾害基本情况》，应急管理部官网，2023年1月13日，https://www.mem.gov.cn/xw/yjglbgzdt/202301/t20230113_440478.shtml，最后访问时间：2023年5月4日。

③ 《应急管理部发布2022年全国自然灾害基本情况》，应急管理部官网，2023年1月13日，https://www.mem.gov.cn/xw/yjglbgzdt/202301/t20230113_440478.shtml，最后访问时间：2023年5月4日。

失占全年总损失的九成以上。不仅接连出现了珠江流域、闽赣湘三省、四川等地暴雨洪涝灾害和长江流域夏秋冬连旱等气象水文灾害，而且发生了川、黑、陇、青等局地山洪泥石流灾害以及四川芦山6.1级地震、马尔康6.0级震群、泸定6.8级地震等重大地质地震灾害，详见表1。

表1　2022年全国十大自然灾害统计（以时间为序）①

序号	灾害名称	灾害类型	发生时间	受灾范围	受灾人数（万人）	经济损失（亿元）
1	青海门源6.9级地震	地质地震	1月上旬	4省域	17.1	32.5
2	南方低温雨雪冰冻灾害	气象水文	2月中下旬	9省77个市447个县	609.2	78.9
3	珠江流域暴雨洪涝灾害	气象水文	6月上中旬	2省	648.9	278.2
4	闽赣湘三省暴雨洪涝灾害	气象水文	6月	3省	814.2	433
5	第3号台风"暹芭"	气象水文	7月上旬	3省39个市165个县	186.29	31.2
6	四川暴雨洪涝灾害	气象水文	7月中旬	13市76个县	27.9	24.8
7	长江流域夏秋冬连旱	气象水文	7月至11月上半月	12省	3978	408.5
8	辽宁暴雨洪涝灾害	气象水文	7月底至8月上旬	9市31个县	54.9	76
9	青海大通山洪灾害	气象水文	8月中下旬	5市11个县	6.5	6.9
10	四川泸定6.8级地震	地质地震	9月上旬	6市24个县	54.8	154.8

在气象水文灾害方面，区域性暴雨过程引发多地罕见的最大洪水，尤其是珠江流域和辽河流域最为突出，珠江水系干流之一的北江出现1915年以来最大洪水，辽河出现1995年以来的最大洪水，引发较为严重的洪涝灾害。

---

① 笔者自行整理，资料来源：《应急管理部发布2022年全国十大自然灾害》，应急管理部官网，2023年1月12日，https：//www.mem.gov.cn/xw/yjglbgzdt/202301/t20230112_440396.shtml，最后访问时间：2023年5月4日。

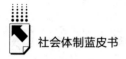
2022年，我国逾3300万人次遭受水灾，直接损失超过1200亿元。几乎与此同时，长江流域发生历史罕见夏秋冬连旱。这是有完整实测记载的最为恶劣的旱灾，中等程度以上高达77天，是往年同期平均的3倍。

在地质地震灾害方面，因暴雨、地震而引发各类滑坡、崩塌、泥石流约6000次。不过，仍旧以中小型为主，出现在中南、华南、西南等地。2022年，我国地震灾害损失偏重，主要集中在西部地区，共发生5级以上地震27次，高于往年平均值。其中，发生在青海门源的地震为全年最高震级，损失最重的是9月5日发生在四川泸定的6.8级地震。

二 2022年防灾减灾救灾体制机制改革新进展

2022年，我国踏上全面建设社会主义现代化国家、向第二个百年奋斗目标进军新征程的重要一年，在防灾减灾救灾体制机制改革方面注重齐抓共管、协同配合，在防治格局、工程建设、技术升级、宣传教育以及应急救援等方面均取得了新进展。

（一）初步形成齐抓共管、协同配合的自然灾害防治格局

防灾减灾救灾工作既要突出"保一方平安"的终极责任使命，更要与"促一地发展"有效融合。目前已初步建立健全灾害综合风险普查工作联席会议机制，全面实施风险普查，推动实现多部门监测预警系统互联互通和业务协同；完善灾害综合风险会商研判机制，规范开展不同时空尺度和重大灾害过程会商研判，发布针对性预警提示，形成报告供党委政府和部门参考使用。强化气象预警和应急响应联动，修订完善应急响应启动条件，督导落实联合会商研判、预警信息发布以及应急响应措施，有效减少人员伤亡。

在地方层面，重视出台自然灾害防治相关工作的实施意见，建立省、市、县三级联席会议制度，加快实施自然灾害防治九项重点工程。建立完善督导协调机制，充分发挥减灾委等议事协调机构统筹协调作用，强力推动自

然灾害防治各项工作落实到位。在应急、气象、自然资源、交通、地震等多个部门间协同开展灾害研判和应对处置，形成重大灾害上下联动、高效协同的应对机制，充分发挥应急部门综合优势和各行业部门专业优势。以广东省为例，在应对多强降雨、多台风侵袭的地域灾害特点中，坚持"主动避让、提前避让、预防避让"①的防灾减灾理念，同时注重与福建省、广西壮族自治区、海南省等多个相邻省份的渔船防台风协同，将抗灾联动从省内主管部门拓展至地方政府之间的协同互助。

（二）大力推进自然灾害防治重点工程建设

聚焦重点区域、重点领域，统筹资源，整合力量，加大投入，统筹应对各种灾害，有效覆盖防灾减灾救灾各环节，完善全方位全过程多层次的自然灾害防治体系。第一次全国自然灾害综合风险普查边实施边应用边见效。基本完成第一次全国自然灾害综合风险普查任务，初步掌握了6大类22种自然灾害要素、4大类27种承灾体、3大类16种减灾能力数据，形成了综合风险评估、风险区划和防治区划等图件。持续推进灾害风险普查基础数据库建设管理工作，普查成果被广泛应用于监测预警、重点隐患整治、智慧防灾、精准避险和国土空间规划等经济社会发展重大战略制定、社会综治、公共服务等领域，防灾减灾基础作用明显。

以地震易发区房屋设施加固工程为例，河北、河南、青海、湖南、辽宁、吉林、海南等省印发加固工程实施方案，结合棚户区改造、农村危房改造、病险水库桥梁等既有项目资金、地方配套资金和企业安全生产投入资金，逐步分批分类实施。云南、贵州、四川、甘肃、重庆、福建、江西将地质灾害工程治理、避险移民搬迁与生态修复、城镇化建设和新农村建设等相结合，强化监测预警技术推广应用，开展群测群防，使工程治理与周边环境相协调，统筹兼顾经济发展和生态环境恢复。通过工程实施，地质灾害危险

---

① 刘强整理《提高防灾减灾救灾和急难险重突发公共事件处置保障能力》，《中国应急管理报》2022年10月23日。

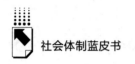
性、危害性大的重要隐患点呈现地质灾害隐患点数量、威胁人数、威胁财产减少的态势，显著降低地质灾害造成的群死群伤风险。

（三）以技术理性驱动防灾减灾救灾工作的科学化

自然灾害发生时，通常最难获取也是最重要的即灾情发生地的详细、准确的现场信息。这不仅决定了如何把控风险动态发展，而且是及时组织施救、正确指挥应对的最基础材料。应急管理部门推进各类自然灾害监测预警数据汇聚，搭建灾害综合监测预警平台，灾害综合风险研判能力逐步提升。全国城乡每个村（社区）至少有 1 名灾害信息员。"目前，我国已构建完成省、市、县、乡、村五级灾害信息员体系，总量达 100 余万人，多为基层干部兼职，覆盖全国所有城乡社区，多灾易灾地区还实现 A、B 角配备。"[1]

多地运用新兴科技手段，积极提升风险灾害预警的智慧化精准化水平。如湖北省花林寺镇政府重视建设防汛智能预警系统，将监控、预警、分析等专业设备重组设计。在河道水位发生变化时，系统会进行风险分析判断，划定警戒区域，以传感器保持实时监测，不断向进入警戒区人员发出警告，能够最大限度减轻灾害对村民的威胁，降低人防的安全风险。广东省则将预警信息发布精确传递至镇级政府，并快速层层传递到基层一线。江西省在微信朋友圈里展示、传播灾害预警信息，争取第一时间为公众提供更直观贴心的预警服务。

（四）继续推动防灾减灾救灾的宣传教育工作

广泛开展应急演练和宣教活动，筑牢防灾减灾救灾人民防线。完善基层防灾设施。上海、广东、山东等地构建由省突发事件预警信息发布平台和短信、网站、广播、电子显示屏、大喇叭等组成的预警信息发布传播"一张网"，开展预警和防灾减灾宣传短信全网发布。天津共建避难场所 2606 处，

---

① 《推进自然灾害防治体系和防治能力现代化——应急管理部解读"十四五"国家综合防灾减灾规划》，《湖南安全与防灾》2022 年第 8 期。

可容纳 2500 余万人临时避险，覆盖全市常住人口。湖北支持 4 个市、14 个县（市、区）建设体验式、互动式灾害识别、防范和应对宣传基地。山东积极提升城乡建设工程的抗震设防程度，城市工程Ⅶ度抗震设防率以及农村基础设施和公共建筑Ⅶ度抗震设防率均达 100%。

推进社区防灾减灾工作。从防灾宣传教育、筑牢社区防灾体系、应急救援能力等方面增强全民自救、互救、共同参与的防灾减灾意识和能力。持续组织开展主题宣传教育活动，全社会防灾减灾意识和自救互救能力大幅提升。全国综合减灾示范县创建 13 个试点县以应急演练为抓手，统筹推进基层应急预案、队伍、储备等各方面能力建设，取得了阶段性成效。福建、黑龙江、湖北、陕西、新疆结合 2022 年国际减灾日"早预警、早行动"宣传教育主题，面向社区居民开展灾害警示教育，提升应急避险和灾害防范应对技能。

（五）现代化工程的实施有力推动救援水平提升

我国积极推进防灾减灾技术研发，不断深化灾害监测预警、工程防治、应急救援、恢复重建等方面研究，减灾卫星、无人机、大数据和遥感技术等广泛应用，提高了抵御自然灾害的能力。应急管理部组建部级重点实验室，协调实施重大自然灾害监测预警与防范科技专项、重大应急装备工程化攻关，新型应急指挥通信、特种交通应急保障、智能无人应急救援多项装备领域实现突破，81 米超跨度应急桥、超轻多功能遥控抢险车、便携式急救机器人等应急装备达到国际先进水平。各地加强应急指挥救援装备采购配套，直升机、无人机、大型排涝车等应急装备在灾害救援处置领域得到有效应用。

在四川泸定抗震救灾中，将双尾蝎无人机等新型设备投入使用，及时帮助救援队伍恢复通信，不再像过去单纯依靠人力和应急通信车进行抢险救援。此外，还增加使用了 MIMO 雷达等装备对人体目标进行辨识、定位，助力搜救队伍展开全力救援。在 2022 年的重庆山火等重大森林火灾以及南方多地洪涝灾害当中，深圳大疆创新科技有限公司研发的无人机设备发挥优

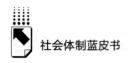

势，通过云端建图、信息实时共享、多部设备同时作业，精准研判火情汛情，做到早发现、早处置，高效协助抢险救灾。

三 2022年防灾减灾救灾体制改革新特点

伴随着全面贯彻落实习近平总书记关于防灾减灾救灾工作重要指示精神，我国防灾减灾救灾体制机制改革持续深化，初步形成"统一指挥、专常兼备、反应灵敏、上下联动"① 的中国特色应急管理体制，在应急体系、工作机制、应急管理能力等方面呈现新特点、新亮点。

（一）注重责任落实：健全完善联动协同的应急体系

明确地方、部门、经营单位等各方的应急管理责任，建立起更加清晰的防灾减灾救灾责任体系。一是始终坚持党对防灾减灾救灾工作的全面领导，持续落实责任、完善体系、整合资源、统筹力量，坚决扛起防范化解重大灾害风险政治责任。二是不断强化地方主体作用，层层压紧压实防灾减灾救灾责任。在重特大灾害应对中坚持分级负责、属地为主，地方各级党委政府切实承担属地责任，发挥主体作用，中央统筹指导、给予支持，形成上下协同、齐抓共管整体合力。例如，在地震安全监管方面，各地深化地震安评改革，研究出台安全性评价监督管理办法、实施细则、技术指南，从严监督管理、优化审批流程、深化服务创新，有序开展隐患摸排和安评检查，对达不到国家抗震设防标准的，由地震、教育、卫生健康、应急管理等部门联合跟踪督办，压实属地政府相关部门责任，逐项采取针对性措施、认真落实整改要求。三是落细落实"统"与"分"、"防"与"救"的职责界定。横向上推动相关部门间责任链条无缝对接，纵向上加强对地方的指导协调，实现重特大灾害上下高效联动。坚持中央和地方、政府和社会、实物和产能等不同

---

① 《国务院关于印发"十四五"国家应急体系规划的通知》，中国政府网，2022年2月14日，http：//www.gov.cn/zhengce/content/2022－02/14/content＿5673424.htm，最后访问时间：2023年5月4日。

储备主体和方式相结合，"中央—省—市—县—乡"五级应急物资储备体系逐步建立健全。大力开展灾害风险隐患信息报送，各地建立完善省市县乡村五级灾害风险隐患报送工作体系，灾害信息员"千里眼""顺风耳"的作用初见成效。

（二）注重纵横贯通：构筑应急指挥工作机制

加强重特大自然灾害风险防范，创新有关成员单位风险联合会商研判机制，密切关注每一次重特大灾害发生发展变化，及时调度指导重点地区、重要行业领域调整抗灾救灾工作内容和方式。健全统筹协调工作机制，国家减灾委、自然灾害防治工作部际联席会议等发挥统筹协调职能，军地各级分层逐级建立应急指挥协同、常态业务协调、灾情动态通报、救援力量需求对接等工作机制。此外，重视引导社会应急力量有序参与防灾减灾救灾，确保地震巨灾保险落地实施，进一步发挥灾害保险在风险普查、风险管控和灾后重建中的作用。"2018~2021年，全国自然灾害年均死亡失踪人数较前五年均值下降51.6%，新体制新机制发挥了重要作用。"①

（三）注重多措并举：全面提升应急管理能力

我国灾害风险治理进入全灾种和全过程管理的发展阶段，推进防灾减灾的现代化离不开应急管理能力的全面提升。一是强化监测预警，有效发挥新兴技术手段在灾害监测预警中的关键作用。以数字技术"治未病""防未然"，将理论研究与实践经验用科学建模的方式有机结合，尤其是重视提高针对多灾种和灾害链的综合研判预警的能力。二是提升救援队伍建设的专业化水平，建立快速反应力量、多元化救援力量、外部支援力量等，有效应对各类突发事件。新组建的国家综合性消防救援队伍加快转型升级，大力发展地震、危险化学品、矿山以及山岳、水域等专业救援队伍3561支，培育发

---

① 姚亚奇：《应急管理部：中国特色应急管理体制基本形成》，《光明日报》2022年8月31日，第3版。

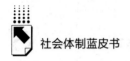
展应急队伍 60 余万人。三是适时推动应急救援力量的社会化，《关于进一步推进社会应急力量健康发展的意见》从顶层设计上为发挥社会组织、城乡社区应急志愿者在应急动员、救援行动等过程中的优势提供了政策和制度遵循。尤其值得关注的是，社会应急力量与国家综合性消防救援队伍、专业性救援队伍力量有效融合，做到资源共享、责任共担，同时要与企事业单位之间强化应急资源保障的联动。四是着重补齐基层应急管理短板，加强基层防灾救灾能力建设。比如，在乡镇街道设立应急管理办公室，在多灾易灾地区以行政村（社区）为单位布设应急值班值守系统，实现了五级指挥调度"一键通"等。

四 2023年防灾减灾救灾体制改革前瞻

党的二十大报告从"建立大安全大应急框架"的战略高度，坚持将公共安全治理模式由事中处置向事前预防转变的前置式治理理念，提出"提高防灾减灾救灾和重大突发公共事件处置保障能力，加强国家区域应急力量建设"。2023 年，要继续坚持安全第一、预防为主，着力提高防灾减灾救灾处置保障能力，继续探索风险普查长效机制，完善灾害风险监测预警体系，重视相关学科建设和专业人才培养，全力防范化解重大安全风险。

（一）推动构建大安全大应急框架

加强统筹协调，进一步优化整合各级减灾委和各成员单位作用，健全国家减灾委员会专家委运行机制，更好发挥专家决策咨询作用。推动建立党政同责的防灾减灾救灾工作责任制，探索制定自然灾害应对调查评估制度，规范灾害调查工作组织、结果运用等各环节流程和标准。推动尽快修订出台《突发事件应对管理法》《防洪法》《地质灾害防治条例》《自然灾害防治法》立法。开展各级各类应急预案评估与修订，推进以实战为导向的预案演练。

（二）提高防灾减灾救灾处置保障能力

推进实施"十四五"国家应急体系、综合防灾减灾、应急物资保障、公共安全与防灾减灾科技创新等系列规划，引导社会多方力量参与和提供资金支持。建立健全政策宣传和评估机制，尤其是监测评估制度的确立和完善；整合"央""地"、"政""企"、"储""产"资源并形成有效联动；建强国家综合性消防救援队伍，强化专业救援力量建设，加快建设航空应急救援体系；进一步优化军地协调机制；健全灾害救助机制，科学开展灾害损失评估，有序推进因灾倒损民房恢复重建。

（三）继续探索风险普查长效机制

积极推动建成国家自然灾害综合风险基础数据库，完成国家综合库、国家行业库和省级基础数据库建设，鼓励有条件的市县建设本地风险基础数据库。完善数据安全和保密管理制度，建立普查数据成果分发机制，支撑普查数据共享共用。特别突出以国家级战略规划、工程建设、发展规划、重点领域以及重大灾害为研究实践重点，将普查的成果与实际工作对接、输出应用，并在地域间和行业间等形成各具特色的应用成果。

（四）重视相关学科建设和专业人才培养

灾害治理呈现多学科交叉的特征，跨学科研究成为其发展的主要难点。目前，对于灾害的研究仍然局限于单一灾种，从事综合性灾害研究和相关应急处置的专业团队仍然不足，整体力量和水平与当前防灾减灾救灾要求不相匹配。为贯通基础理论与实践工作的双向融合，在深化技术研发的基础上，需进一步加强灾害治理相关领域的跨学科人才培养的力度，通过整合涉灾学科的教育资源，设立防灾减灾学院并重点培育涉及具体灾种的学科专业，推动灾害学科建设，不断壮大防灾减灾的研究型、技能型人才队伍。同时，针对专职队伍规模不足、社会队伍能力参差不齐，优化防灾减灾人才结构，围绕灾害预警、抢险救灾、卫生防疫、灾害救助等环节培养更多专业技能型人才。

后　记

本书是中国行政体制改革研究会行政改革研究基金自 2013 年以来连续资助的第 11 本《中国社会体制改革报告》，从 2020 年起纳入中共中央党校（国家行政学院）国家高端智库皮书，也纳入魏礼群、李韬主编的北京师范大学新型社会治理智库丛书智库报告系列。中国行政体制改革研究会首任会长、学术委员会主任，北京师范大学中国社会管理研究院/社会学院创始院长魏礼群教授一直关心和支持蓝皮书的编写与出版。中共中央党校（国家行政学院）公共管理教研部主任、中国行政体制改革研究会副会长兼秘书长王满传教授，中共中央党校（国家行政学院）科研部主任林振义对本书的编写和出版给予了指导和支持。

本书是集体合作的成果。主编龚维斌教授设计全书框架，并统修全部书稿。副主编赵秋雁教授协助设计框架和统校书稿。陈鹏副教授负责社会治理篇，李志明教授负责基本公共服务篇，杨丽副教授负责现代社会组织篇，胡颖廉教授负责公共安全与应急管理篇。每一位专题负责人都高度负责，与作者主动沟通联系，负责文稿的初审和前期编校工作；每一位作者都认真写作、积极配合、精益求精。本着文责自负的原则，编委会尊重每一位作者的研究成果，只是对文字和篇章结构进行一些必要的校订。因此，全书中有些方面的观点和数据可能在不同的报告中不尽一致。陈鹏等同志配合做了大量的沟通协调和服务保障工作。

社会科学文献出版社皮书分社一如既往地对本书的编辑出版倾注了大量心血。

编委会

2023 年 9 月

Abstract

Since the 18th National Congress of the Communist Party of China, socialism with Chinese characteristics has entered a new era. Social system reform, as an importantcomponent of comprehensive deepening reform and modernization of national governance capacity and governance system, and social construction, as an important component of the overall layout of the "Five in One" of the cause of socialism with Chinese characteristics, has also achieved a series of great achievements and created a series of important experiences.

The decade of the new era is a decade of proposing and implementing the new development concept, achieving a historic leap in China's economic strength, technological strength, comprehensive national strength, and international influence. It is also a decade of sustained growth in people's well-being and the most tangible benefits for the people. It is also a decade of steady progress in social system reform and significant progress in various aspects of social work. Firstly, the income of urban and rural residents continues to grow, and the quality of life of the people continues to improve. The second is to ensure and improve people's livelihoods during development, and continuously improve the basic public service system. The third is to steadily promote social system reform, promote reform and innovation in social undertakings, and innovate the social governance system.

The system has answered a series of directional, global, and strategic major issues related to social construction in the new era, forming a comprehensive and rich scientific theoretical system. Overall, in the past decade of the new era, China's social system reform has formed important experiences of the "Nine Persistences". Firstly, adhere to the Party's comprehensive leadership over social construction and social system reform; Secondly, adhere to putting the people at

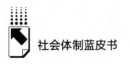

the center; Thirdly, we must adhere to promoting social fairness and justice; Fourthly, we must lead the people to create a better life through scientific planning; Fifth, adhere to ensuring and improving people's livelihoods in development; Sixth, adhere to strengthening and innovating social governance; Seventh, adhere to building a community of social governance; Eight is to adhere to building strong social construction forces; The ninth is to adhere to a systematic and scientific methodology for social construction.

The 20th National Congress of the Communist Partyof China held in 2022 made a new strategic deployment for the comprehensive construction of a socialist modern country in the future, marking a new stage of Chinese path to modernization. In 2022, China's social system reform has made positive progress. Firstly, the successful convening of the 20th National Congress of the Communist Party of China has guided the direction of social system reform; The second is to consolidate the foundation of ensuring people's livelihoods and continuously improve the level and ability of basic support; Thirdly, strengthen the government's administration in accordance with the law and continue to promote innovative social governance; Fourth, coordinate development and security, strengthen emergency response, and create conditions for social stability; Fifth, we continued to optimize the prevention and control measures for the COVID-19 to ensure normal economic and social life.

At present, China's development has entered a period of coexistence of strategic opportunities andrisks, as well as an increase in uncertain and unpredictable factors. On the one hand, the unprecedented changes in the world are accelerating their evolution, a new round of technological revolution and industrial transformation is deepening, and the international balance of power is undergoing profound adjustments. China's development is facing new strategic opportunities. At the same time, the global epidemic has had a profound impact, with the rise of anti globalization trends, a significant increase in unilateralism and protectionism, a weak recovery of the world economy, frequent local conflicts and turbulence, and the intensification of global problems. The world has entered a new period of turbulence and transformation. China's reform, development, and stability face many deep-seated contradictions, and the contradiction between the people's pursuit of high-quality living and high-quality economic development is quite prominent. The changes in domestic and international situations have raised many new topics for social construction and social system reform and innovation. Over the past forty years of reform and opening up, we have solved a series of problems in the development of the Party and the country through reform methods. Faced with a series of challenges and difficulties faced by China's social development, we must, guided by the spirit of the 20th National Congress, plan and deepen social system reform with strong historical responsibility and greater efforts, and promote social construction with high quality. Firstly, greater emphasis should be placed on the coordination and linkage of economic and social development. Secondly, accelerate the construction and improvement of a social policy system with Chinese characteristics. Thirdly, we will continue to promote the development and reform of social undertakings and the modernization of social governance, optimize the structural layout of social undertakings, and improve the service quality and efficiency of social undertakings and social governance, taking into account our financial capacity. Fourthly, while expanding the cake, we will focus on common prosperity and expanding the middle-income group, and further adjust and optimize the social structure. Fifth, maintain, cultivate, and tap into the hidden economic and social development momentum among the people. Sixth, improve the effectiveness of social governance by integrating order and vitality.

Contents

I   General Report

Abstract: In the past ten years of the new era, Chinese social system reform has made remarkable achievements, and at the same time, it has also formed an essential experience of "nine persistence", namely, first, upholding the overall leadership of the Communist Party of China over social construction and social system reform; second, persisting in taking the people as the centre; third, persisting in promoting social fairness and justice; fourth, persisting in leading the people to create a better life in the process of scientific planning; fifth, persisting in ensuring and improving people's livelihood in the process of development; sixth, persisting in strengthening and innovating social governance; seventh, persisting in building a community of social governance; eighth, persisting in strengthening the strength of social construction; ninth, persisting in systematic, Scientific methodology for social construction. In 2022, Chinese social system reform has made positive progress in five aspects, namely, first, the 20th meeting of the Communist Party of China was convened, which guided the direction of Chinese social system reform; second, the foundation of people's livelihood security has been strengthened, and the essential social security capacity and level of security have been continuously strengthened, third, the government's ability to administer according to law has been strengthened, and the ability of social innovation and governance has been continuously promoted, fourth, development and security have been planned as a whole, emergency response capabilities have been strengthened, and Chinese social stability has been strengthened, and fifth, the new crown epidemic prevention and control measures have been continuously optimized, and expected economic life has been guaranteed. Faced with the future, the domestic changes and international variations have created new issues for Chinese social construction and social system reform. Under the leadership of the core spirit conveyed by the 20th Session of the Communist Party of China, we should promote the high-quality development of Chinese social construction with a solid historical responsibility and excellent overall planning.

Keywords: Chinese Modernization; Social System Reform; People's Livelihood Security; Social Governance

II　Social Governance

B.2　Progress and Prospects in Urban Social Governance in 2022

Chen Peng / 020

Abstract: In 2022, China's urban social governance has made positive progress, presenting a number of new features and trends: Party building has led the comprehensive advancement of urban grass-roots governance, urban grass-roots governance institutional changes have become more in-depth, the digital transformation of urban governance has been accelerated, and the humanistic features of urban governance have become more apparent. At the same time, China's urban social governance is still facing a number of problems and challenges: the governance of "big city disease" needs to be further strengthened, the effectiveness of urban grass-roots governance needs to be further improved, the

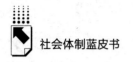

digital barriers of urban governance need to be further broken through, and the rule of law system of urban governance needs to be further improved. Looking to the future, the reform of urban social governance should comprehensively strengthen the construction of livable cities, resilient cities, smart cities and cities governed by the rule of law, and make efforts to enhance and upgrade the degree of well-being, resilience and the level of intelligence and the rule of law in urban governance.

Keywords: Party-building Leadership; Technology Empowerment; Institutional Change; Urban Governance

B.3 Rural Social Governance Review and Prospects 2022

Yuan Jinhui / 033

Abstract: Rural governance is the cornerstone of national governance, an important content and guarantee of rural revitalization. In 2022, the country has continued to promote the improvement of rural human settlements, vigorously strengthened rural construction, worked to enhance the supply of basic public services in the countryside, continued to improve the capacity of rural social governance, and improved the rural governance system day by day. However, compared with the full implementation of rural revitalization and modernization of agriculture and rural areas, rural social governance opportunities and challenges coexist, which can be described as a long way to go. Looking ahead, it is necessary to establish a sound rural governance system combining self-governance, the rule of law and good governance under the leadership of the Party; to continue to vigorously push forward the work of rural construction; to continue to carry out the construction of civilization in the countryside; to continue to deepen the promotion of rural reforms; and to make efforts to strengthen the construction of rural governance teams.

Keywords: Rural Governance; Rural Construction; Rural Customs and Civilization; Rural Reforms

B.4 2022 China's Digital Society Development and Trends

Abstract: 2022 was an extraordinary year for China. The 20th National Congress of the Communist Party of China (CPC) was held successfully, and the country hosted the 24th Winter Olympics. The prevention and control of the COVID-19 pandemic entered a new stage of normalization. China's digital society continued to develop rapidly, with infrastructure upgrading, environmental governance, legal and regulatory improvements, and infrastructure standards becoming increasingly refined. At the same time, the issue of technological security and ethics became increasingly prominent in the process of social digitalization. To promote the sustainable and healthy development of the digital society, it is necessary to pay more attention to soft areas such as supporting legal systems, humanistic literacy, social norms, security technology, and equal application.

Keywords: Digital Infrastructure; Digital Ethics; Digital Literacy; Digital Village

B.5 The Institutional Evolution and Prospects of China's

Digital Society Construction in 2022

Abstract: 2022 is an important year for the successful convening of the 20th National Congress of the Communist Party of China and the whole party and people of all ethnic groups to embark on a new journey of comprehensively building a socialist modernized country. The report of the 20th National Congress of the Communist Party of China clearly proposes to accelerate the construction of a strong cyber power and a digital China. With the number of Chinese netizens reaching 1.067 billion, digital information technologies such as metaverse, artificial intelligence and cloud computing have once again ushered in new breakthroughs

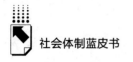

and applications. The construction of China's digital society has also undergone a series of changes at the institutional and institutional level, further accelerate the implementation of the national education digitalization strategy, the development of digital health and internet medical services, the implementation of the digital rural development strategy, and the promotion of precision in digital society governance. The convenience and inclusiveness of digital public services have been further improved, and the precision and intelligence level of digital society governance has been greatly improved. The order issues in the Internet space have been addressed, and the governance system of the digital society is gradually improving. In the future, facing the impact of new information technologies such as artificial intelligence on employment and social stability, a systematic social protection system should be established. At the same time, institutional norms and ethical constraints should be imposed on the application of artificial intelligence to further break down institutional barriers to data flow, balance the efficiency and security of data element flow.

Keywords: Digital Society; Digitalization of Education; Digital Health; Digital Society Governance; Artificial Intelligence

B.6   Process of Rule of Law in Social Governance in 2022 and

Outlook for 2023   *Zhao Qiuyan* / 070

Abstract: In 2022, the legalization of social governance has made positive progress. However, the task of comprehensively improving the level of rule of law in social governance is still arduous. In 2023, it is necessary to further strengthen the Party's comprehensive leadership in the legislative work, deepen the reform of the comprehensive administrative law enforcement system, empower modernization of social governance with digital intelligence, adhere to and develop the "Fengqiao Experience" in the new era, and promote universal respect for law.

Keywords: Xi Jinping's Thought on Rule of Law; Law-based Society; Chinese Path to Modernization in Social Governance

Abstract: Based on Baidu Index, this paper analyzes the public's attention to social phenomena and social attitudes in 2022. Analysis has found that the public's attention to major social phenomena in four dimensions: social cognition, social emotions, values, and behavioral tendencies has shown a certain degree of change compared to the previous year. Overall, the public has a good social attitude, with a decrease in attention to social security and conflict phenomena, and an increase in attention to altruistic behavior, reflecting an increase in public social security, a decrease in social conflict, and a strengthening tendency towards altruistic behavior. At the same time, the public's attention to social justice, social support, and social harmony has increased, indicating that the public has higher demands for economic and social development. It should be noted that the public's attention to social anxiety and pressure is increasing, especially among middle-aged and young people who are more concerned about social anxiety and pressure, as well as social conflicts and rights protection behaviors. In this regard, further optimizing policies to respond to public demands, implementing precise policies targeting key groups, guiding the public's social attitudes reasonably, and creating a good social environment are important aspects of current economic and social development.

Keywords: Social Issues; Livelihood Needs; Social Governance; Baidu Index

III   Basic Public Services

Abstract: In 2022, in the face of a complicated external environment and a

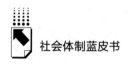
severe epidemic prevention and control situation, China's education system reform has made new progress, strengthened the comprehensive management of off-campus training institutions, and further deepened the work of the "Double Reduction". The CPC's overall leadership of the primary and secondary schools has been strengthened through the implementation of the principal accountability system in primary and secondary schools under the leadership of the CPC. China enacts and implements the newly revised Vocational Education Law to continue to deepen the reform of the vocational education system. A new round of "double first-class" construction has been launched to promote reform, innovation and high-quality development of higher education, and the digitalization of education has been steadily advanced through the strengthening of online education teaching management. Looking ahead, the reform of China's education system will be further deepened, focusing on adhering to the fundamental mission of fostering virtue and deepening the reform of education system in all aspects. China adheres to the development of people-centered education, and accelerating the construction of a fairer and higher-quality education system. Education will serve for the construction of socialist modernization, and the mechanism for adapting education to the development of the economy and society will be improved. China continues to deepen the comprehensive reform of the education, and accelerate the modernization of the education governance system and governance capacity. The national education digitalization strategy will be fully implemented to accelerate the digital transformation of education. China will continue to push forward the work of "double reduction" and accelerate the construction of a good education ecosystem.

Keywords: Education System Reform; 'Double Reduction' Policy; 'Double First Class' Construction; Digitalization of Education

B.9 Progress and Prospects of China's Social Security
　　　Reform in 2022　　　　　　　　　　　　*Li Zhiming* / 113

Abstract: In 2022, while continuing to make plans for social security during the 14th Five-Year Plan period, China has also made positive progress in many areas such as active maternity support policies, nationwide pooling of basic pension funds, private pension scheme, national health plan for 14th Five-Year Plan period, medical security information platform, services and support plan for retired servicemen, medical security system for entitled groups, and services for extremely disadvantaged groups and low-income groups. In 2023, China will continue to promote reform and development in various fields such as social insurance schemes, the population services system with a focus on elderly care and child care, housing security system, and protection of the rights and interests for key groups based on the established reform deployment.

Keywords: Social Security; Demographic Transition; Institutional Construction

B.10　Progress and Prospects of China's Employment System

　　　　　Reform in 2022　　　　　　　*Lai Desheng*, *Guan Qiyue* / 122

Abstract: Employment is the most basic component of the people's wellbeing. In 2022, China has done a good job of "stabilizing and preserving employment" by strengthening the employment priority policy, grasping and improving the employment of key groups and optimizing the public services for employment, and has achieved solid results in the employment work. However, it should be noted that due to the impact of multiple international and domestic factors, China is still facing many challenges in the field of employment: Firstly, under the multiple pressures of "supply shocks, demand contraction, and weak expectation", the employment demand of enterprises is not strong. Secondly, technological advances, industrial restructuring and upgrading have accelerated and structural contradictions in employment have further been highlighted. Thirdly, the employment situation of key groups represented by young people is grim. Going forward, we should strengthen the employment as a driving force for economic growth and increase the number and quality of jobs. We need focus on building the labor capacity of workers throughout their full-life cycle and effectively

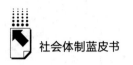
improve their skills. We will make efforts to do a good job in helping key groups to find employment and build a diversified employment support system. We should speed up the improvement of relevant laws and regulations, safeguard the lawful rights, interests of workers and strengthen the protection of the labor of workers in non-formal employment, so as to promote Chinese modernization through high-quality and full-employment.

Keywords: High-quality and Full Employment; Employment-first Policy; Livelihood Security

B.11　Elderly Care Services Development: Review of 2022 and

　　　　Outlook in 2023　　　　　　　　　　*Ye Xiangqun* / 134

Abstract: According to the Report to the 20th National Congress of the Communist Party of China in 2022, we should ensure that basic elderly care is accessible to the entire elderly population. This points out guideline for promoting high-quality development of elderly care services in the new era. Our main work over the last year is as follows. Firstly, the State Council issued Guideline to Promote the Development of National Undertakings for the Aged and Improve the Elderly Care Service System during the 14th Five-Year Plan Period (2021-2025), which enhanced top-level design for the elderly care service. Secondly, we intensified policies for the bailout and support of the elderly care service industry to improve its quality and performance. Thirdly, we implemented Basic Specification of Service Safety for Senior Care Organization and released Specification for Ability Assessment of Older Adults which supported the development of the elderly care services industry with standardization construction. Besides, we promoted 15 - minute home-based care services circle to improve the accessibility for the elderly. Additionally, information technology have been widely applied to the field of elderly care which implemented a digital elderly care service model. Looking forward, China should focus on improving the basic elderly care service system, promoting the development of community home-based health care services, and reinforcing the development of digital elderly care services, so as to meet betterly the ever-growing needs of the aged for a better life.

Keywords: Elderly Care Services; Aging Population; Health Care for the Elderly; Digital Elderly Care

B.12 Reform Progress and Prospect of China's Medical and

Healthcare System in 2022   *Hu Wei* / 144

Abstract: The 20th National Congress of CPC has planned the development of Healthy China in the future. Recent years, the high-quality development trend of the reform of medical and healthcare system is increasing. In 2022, the reform in the rural areas, gross-root areas and public-health field has made big progress. Lots of policies and measurements were issued in public hospital's high-quality development, primary medical ability promotion, online diagnosis and treatment, the development of medical consortium, reconstructions of disease control and prevention system in 2022. In the future years, the synergistic governance of medical services, medical insurance and pharmaceutical, the integration of medical treatment and disease prevention will be more and more important.

Keywords: 20th National Congress of CPC; Reform of the Medical and Health Care System; Reform of Disease Control System; Compact Urban Medical Group

B.13 Progress and Prospects of China's Low-income Population

Service Reform in 2022   *Wang Shencheng* / 156

Abstract: In 2022, China made significant progress in service reform for low-income population, with three major advancements. Firstly, the scope of defining low-income population has been determined in various regions. Secondly,

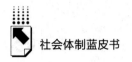

the national dynamic monitoring information platform for low-income population has been largely established. Thirdly, the assistance and support mechanism for low-income population, based on layered and categorized approaches, has been increasingly improved. Facing the new challenges and changes in the assistance needs of low-income population, such as the transition from single-dimensional to multi-dimensional, from passive to proactive, from cash-based to service-based, and from extensive to refined. Looking forward to 2023, it is suggested that innovation and optimization should be carried out from the aspects of mechanism establishment, content optimization, and institutional guarantee to meet the actual needs of low-income people, strengthen the guarantee of common prosperity, and promote the realization of common prosperity for all people.

Keywords: Low-income Population; Common Prosperity; Social Services

B.14 Development and Prospects of Early Childhood Care
　　　　Services in 2022 　　　　　　　　　　　*Chen Cai* / 171

Abstract: In 2022, China's early childhood care service policy will further develop, with policy goals focusing on providing positive fertility support and emphasizing the refinement and implementation of early childhood care services. At the same time, early childhood care services are further developing and facing some challenges: the supply of childcare services continues to grow, with supply and demand gaps and imbalances coexisting; Further development of inclusive childcare services, with private for-profit institutions still dominating; The quality of childcare services is an important concern, and the effectiveness of service supply needs to be improved; A few regions have innovatively explored guidance services for family scientific parenting, but overall development is insufficient. In the future, it is necessary to strengthen public resource investment and increase the supply of inclusive childcare services; Developing high-quality childcare services to further meet the needs of families for a better life; Clarify the status of the family as the main body and increase financial support for scientific parenting guidance services in the family.

Keywords: Early Childhood Care Services; Childcare Services; Family Science Parenting Guidance; Fertility Support

IV　Modern Social Organizations

B.15　Current Situation, Challenges and Strategies of
　　　　Volunteer Service Organizations in China

Teng Yun, Yang Yue / 183

Abstract: China's volunteer service stems from the spirit of Lei Feng. From Comrade Mao Zedong's call to "learn from Comrade Lei Feng" in March 1963, to the first batch of United Nations Volunteers in 1979 to engage in volunteer service work in remote areas of China in terms of environment and technology, to the establishment of the Central Department of Social Work in 2023, the organization of volunteer service in China has experienced 60 years of practice and exploration. Despite the rapid development of volunteer service in China, the specialization of volunteer service organizations is still in its infancy. There are many challenges, such as the differences between volunteer service regulations and policies in different regions, the needs of organizational development and the lack of internal "volunteer service spirit", the lack of coordination between volunteer service systems of different subjects, and the lack of provincial and municipal hub organizations. This paper proposes the following strategies: improve the grassroots volunteer service system with Chinese characteristics, strengthen the grassroots service capacity of volunteer service organizations, and rely on international volunteer cooperation to improve the talent pool.

Keywords: Voluntary Service Organizations; Grassroots Governance; Social Work; Public Welfare and Charity

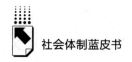
B.16　The Development Characteristics and Social Participation

　　　　Ways of Volunteer Service in China in 2022

Zhai Yan / 195

Abstract: Since 2008, volunteer service in China has played an increasingly important role in social service and social governance innovation. Individual citizens participate in urban and rural public affairs and national construction through organized volunteer services, learning social rules, mutual assistance and progress, unity and friendship in the service, and building resilient communities and a civilized society. In 2022, there were a total of 230 million registered volunteers and 1.35 million volunteer organizations (teams) nationwide. About 120 million active volunteers contributed 4 billion hours of volunteer service time without compensation, equivalent to a labor cost of social services worth 191.5 billion yuan. This exceeded the total amount of funding donations that year and provided the equivalent of 2.03 million full-time employees for free. Volunteers have become the main force of the third distribution, participating in and promoting innovation in social governance in more fields.

Keywords: Active Volunteers; Volunteer Service Organizations (teams); Volunteer Service Projects; Social Governance

B.17　The Current Situation, Problems, and Countermeasures of

　　　　Digital Charity Development in China

Zhao Xiaoping / 216

Abstract: Digital charity is an innovative phenomenon in the current development of charity in China. The types of digital functions and application scenarios of charity organizations are constantly increasing, and the overall demand for digitalization by charity organizations is showing a rising trend. Although certain achievements have been made, there are also several challenges in the development of digital charity in China, including a lack of awareness, ability, and conditions at the organizational level for the utilization of digital charity, a lack of a complete ecological chain at the industry level, sufficient industry funding and effective industry self-discipline, and unclear legal responsibilities for individual seeking help at the policy level, as well as unclear legal positioning of internet fundraising platforms. In this regard, firstly, we need to enhance the compliance of charity organizations and their ability to scientifically utilize digital platforms and technologies. Secondly, we need to promote the launch of personalized products in the industry, the development of charity sponsors, and the construction of industry standards. Thirdly, we need to accelerate the improvement of the legal and policy system with a focus on personal assistance and internet platforms.

Keywords: Digital Charity; Professional Competence; Industry Governance; Policy Optimization

V Public Safety and Contingency Management

B.18 Review and Prospects of Risk Governance in China in 2022

Zhan Chengyu / 234

Abstract: In 2022, significant progress was made in risk governance in China. At the institutional level, relevant laws and regulations were formulated and revised concerning fields such as agricultural product quality and safety, natural disaster prevention, telecommunications network fraud, and road traffic. On the practical front, the nationwide comprehensive risk assessment of natural disasters has entered its application phase. Steady progress was made in the concentrated management of hazardous chemicals' safety risks, achieving a decisive victory in epidemic prevention and control. Moreover, the 'Fengqiao Experience' in the new era has propelled the construction of a safer China at a higher level. Theoretical explorations have focused on governance concepts, subjects, processes, risk prevention, and resolution strategies in academic research. Looking ahead, amidst intertwined and interactive international and domestic risk challenges,

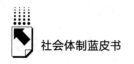

adhering to the overall national security perspective remains crucial. Further enhancements in the risk governance framework are necessary, advancing the modernization of national security systems and capabilities, harmonizing development and security at higher levels, and scientifically and effectively addressing various extreme risk challenges.

Keywords: Risk Governance; Institutional Development; National Security Systems; Chinese Path to Modernization

B.19 Progress and Prospects of Comprehensive Governance
Reform of Social Security in 2022 *Zhang Chao* / 249

Abstract: Thoroughly promoting the comprehensive governance of social security and building Safe China at a higher level is not only a need to ensure the livelihood of people, but also the inevitable requirements for achieving high-quality development in the process of Chinese-style modernization. On the basis of routinely promoting various tasks, the comprehensive governance of social security has shown highlights such as The clearer objectives, more diverse subjects, more qualified teams, more distinctive characteristics, more proactive actions, and more efficient operations. In 2023, efforts will be concentrated on further reinforcing the comprehensive leadership of the the CPC, intensify reforms in national security and social security, strengthen the comprehensive governance capacities at the grassroots level, accelerate the modernization of urban social governance to advance the construction of Safe China at a higher level through the modernization of social governance.

Keywords: Comprehensive Governance of Social Security; Safe China at a Higher Level; The Modernization of Social Governance

B. 20 Review and Prospects of Public Complaints and Proposals

Work in 2022 *Hu Yinglian, Gong Yutong* / 260

Abstract: Public Complaints and Proposals work is a significant function for the Communist Party of China and the government to comprehend the public's feelings, accumulate public intelligence, protect the welfare of the people, and consolidate public support. It serves as a key mechanism in realizing the modernization of the social governance system and enhancing governance capabilities. In 2022, China's Public Complaints and Proposals work adhered to the principle of seeking progress amidst stability and achieved a series of breakthrough and landmark accomplishments. These achievements played a pivotal role in supporting economic development, safeguarding national security, and maintaining social stability. First, the successful convening of the Ninth National Public Complaints and Proposals Work Conference delineated the future direction for Public Complaints and Proposals work in the new era. Second, the implementation of the 'Regulation on Handling Public Complaints and Proposals' elucidated the path to be followed for Public Complaints and Proposals work in the new journey. Third, the national situation regarding Public Complaints and Proposals continued to show a stable and positive trend, showcasing diverse and effective local reform models in Public Complaints and Proposals work. In the future, as the reform of China's petition system and institutions continues to deepen, the work of Public Complaints and Proposals is expected to continuously empower dimensions such as top-level design, comprehensive management, and the overall development pattern. This approach will rejuvenate the work of Public Complaints and Proposals for the people, infusing it with robust vitality.

Keywords: Public Complaints and Proposals Work; 'Regulation on Handling Public Complaints and Proposals'; Social Governance; Reform of Administrative System

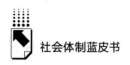
B.21   Progress and Prospects of China's Drug Safety

Regulatory System Reform in 2022   *Zhang Hao / 274*

Abstract: In 2022, significant advancements were made in the reform of China's drug safety regulatory system. This reform encompassed the construction of a comprehensive vaccine regulatory system, the development of a smart regulatory system, the enhancement of regulatory science, and the deepening of international exchanges and cooperation. The reform is characterized by a strong emphasis on public health, a focus on improving regulatory efficiency, the strengthening of whole-life cycle supervision of drugs, and the encouragement of innovation and development in traditional Chinese medicine. Looking ahead to 2023, it is imperative to fully implement the strategic directives of The 20th National Congress of the Communist Party of China. to strengthen drug safety supervision, promote the inheritance and innovation of traditional Chinese medicine, advance the coordinated development and governance of medical insurance, medical care, and medicine, enhance regulatory efficiency, ensure drug safety, and contribute high-quality development of the pharmaceutical industry.

Keywords: Drug Safety; Regulatory System; System Construction; Coordinated Development

B.22   The Reform of China's Disaster Prevention, Reduction and

Relief System in 2022: Progress and Prospects

Zhang Wenjie, Sun Jinyang and Wu Tao / 287

Abstract: Disaster prevention, reduction and relief work is not only highly related to the safety of people's lives and property, but also one of the most important measures of modern governance concepts and capabilities. In 2022, China adhered to the new concept of 'Two Adherences and Three Transformations' and persist in deeply advancing the reform of the institutional and mechanistic frameworks for disaster prevention, reduction, and relief. New progress has been made in many fields, such as the prevention and control pattern, engineering construction, technological upgrading, propaganda and education, and emergency rescue. During the 14th Five Year Plan period, China will further improve disaster prevention, reduction and relief management mechanism, comprehensively enhancing capacity and level of modernization in disaster prevention, reduction and relief through legal and regulatory systems, planning and implementation, as well as multi-participation mechanism etc.

Keywords: Disaster Prevention; Reduction and Relief; Modernization of Social Governance; Institutional Reform

社会科学文献出版社

皮 书

智库成果出版与传播平台

❖ 皮书定义 ❖

皮书是对中国与世界发展状况和热点问题进行年度监测，以专业的角度、专家的视野和实证研究方法，针对某一领域或区域现状与发展态势展开分析和预测，具备前沿性、原创性、实证性、连续性、时效性等特点的公开出版物，由一系列权威研究报告组成。

❖ 皮书作者 ❖

皮书系列报告作者以国内外一流研究机构、知名高校等重点智库的研究人员为主，多为相关领域一流专家学者，他们的观点代表了当下学界对中国与世界的现实和未来最高水平的解读与分析。

❖ 皮书荣誉 ❖

皮书作为中国社会科学院基础理论研究与应用对策研究融合发展的代表性成果，不仅是哲学社会科学工作者服务中国特色社会主义现代化建设的重要成果，更是助力中国特色新型智库建设、构建中国特色哲学社会科学"三大体系"的重要平台。皮书系列先后被列入"十二五""十三五""十四五"时期国家重点出版物出版专项规划项目；自2013年起，重点皮书被列入中国社会科学院国家哲学社会科学创新工程项目。

皮书网

（网址：www.pishu.cn）

发布皮书研创资讯，传播皮书精彩内容
引领皮书出版潮流，打造皮书服务平台

栏目设置

◆**关于皮书**
何谓皮书、皮书分类、皮书大事记、
皮书荣誉、皮书出版第一人、皮书编辑部

◆**最新资讯**
通知公告、新闻动态、媒体聚焦、
网站专题、视频直播、下载专区

◆**皮书研创**
皮书规范、皮书出版、
皮书研究、研创团队

◆**皮书评奖评价**
指标体系、皮书评价、皮书评奖

所获荣誉

◆2008年、2011年、2014年，皮书网均
在全国新闻出版业网站荣誉评选中获得
"最具商业价值网站"称号；
◆2012年,获得"出版业网站百强"称号。

网库合一

2014年，皮书网与皮书数据库端口合
一，实现资源共享，搭建智库成果融合创
新平台。

皮书网

"皮书说"
微信公众号

法律声明

"皮书系列"（含蓝皮书、绿皮书、黄皮书）之品牌由社会科学文献出版社最早使用并持续至今，现已被中国图书行业所熟知。"皮书系列"的相关商标已在国家商标管理部门商标局注册，包括但不限于 LOGO（▨）、皮书、Pishu、经济蓝皮书、社会蓝皮书等。"皮书系列"图书的注册商标专用权及封面设计、版式设计的著作权均为社会科学文献出版社所有。未经社会科学文献出版社书面授权许可，任何使用与"皮书系列"图书注册商标、封面设计、版式设计相同或者近似的文字、图形或其组合的行为均系侵权行为。

经作者授权，本书的专有出版权及信息网络传播权等为社会科学文献出版社享有。未经社会科学文献出版社书面授权许可，任何就本书内容的复制、发行或以数字形式进行网络传播的行为均系侵权行为。

社会科学文献出版社将通过法律途径追究上述侵权行为的法律责任，维护自身合法权益。

欢迎社会各界人士对侵犯社会科学文献出版社上述权利的侵权行为进行举报。电话：010-59367121，电子邮箱：fawubu@ssap.cn。

社会科学文献出版社